U0165494

商標法

以案例時事理解商標法之實務運用

曾勝珍、許琇雅 著

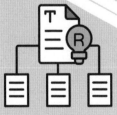

五南圖書出版公司 印行

　　本書的完成首先感謝五南圖書的靜芬副總編與伊眞責編的協助，五南圖書在我多年的學術生涯裡，扮演著非常重要的角色，我深感榮幸。

　　這本書的來源是我多年來醞釀內心的一個想法，直到在中國醫藥大學科技法律碩士學位學程教授「商標法專題」，遇到求知若渴的同學們，才有實踐的機會；課程中大家集思廣益，提供本書許多新聞、網站資料，老師在此特別感謝周奕汝、林晏廷、梁詠朝、張景富、施軍丞、葉沁怡、邱奕銓等同學。

　　我的研究生許琇雅在取得法學碩士學位後，即在臺北榮總工作，她有心從事學術研究，整理本書初稿辛勤付出，我很榮幸邀請她成爲共同作者，盼望師生情緣綿延不絕，亦期許她未來能更上一層樓，心想事成。

　　授課與指導研究生學位論文是我的本職工作，能夠持續出版專書，則是我溫暖的家人們的支持，我的母親一向以我爲榮，希望媽媽長壽健康；我的年邁狗兒子們平安，讓我安心持續寫作出書，分享多年研究的心得。

　　最感謝的是正在閱讀本書的讀者們～

曾勝珍
謹致於中國醫藥大學
2023年12月

圖目錄

商標法立法沿革

1930年4月26日制定
1930年5月6日公布
全文40條

1935年10月31日全文修正
1935年11月23日公布
全文39條

1940年8月30日修正
1940年10月19日公布
全文40條，增訂第37條、原第37條條文改為38條以下條文依次遞改

1958年10月14日全文修正
1958年10月24日公布
全文38條

1972年6月23日全文修正
1972年7月4日公布
全文69條

1983年1月14日修正
1983年1月26日公布
全文69條

1985年11月19日修正
1985年11月29日公布
全文69條

1989年5月9日修正
1989年5月26日公布
全文69條、修正公布第2、8、46、52、62-3條條文

1993年11月19日全文修正
1993年12月22日公布
全文79條

1997年4月15日修正
1997年5月7日公布
全文79條，修正公布第4、5、23、25、34、37、61、79條條文

2002年5月14日修正
2002年5月29日公布
全文79條，修正公布第79條條文；增訂第77-1條條文

2003年4月29日全文修正
2003年5月28日公布
全文94條

2010年8月17日修正
2010年8月25日公布
全文94條，修正公布第4、94條條文

2011年5月31日全文修正

2011年6月29日公布

全文111條

2016年11月15日修正

2016年11月30日公布

全文111條，修正公布第98條條文

2022年4月15日修正

2022年5月4日公布

全文111條，修正公布第68、70、95～97條條文

2023年5月9日修正

2023年5月24日公布

全文111條，修正公布第6、12、13、19、30、36、75、94、99、104、106、107條條文；增訂第98-1、109-1條條文

資料來源：本書自行製作。

|第一章|
總　則[*]

　　第一章總則乃各章共同適用之規定，其後各章皆總則適用，並爲解釋本法之共同原則，明定本法立法目的、註冊保護原則、主管機關、互惠原則、使用原則、委任代理人、共有申請及選定代表人、申請程序、申請方式、公示送達、註冊簿及代理人名簿之登載等事項。

　　目前商標法保障的商標包括商標權、證明標章權、團體標章權、團體商標權等。商標，指任何具有識別性之標識，得以文字、圖形、記號、顏色、立體形狀、動態（motion marks）、全像圖（hologram marks）、聲音等，或其聯合式所組成。或是上述工具彼此的混合使用，例如，文字加上圖形、圖形加上聲音，或顏色加上文字等不同的組合。所稱識別性，指足以使商品或服務之相關消費者認識爲指示商品或服務來源，並得與他人之商品或服務相區別者。

　　WIPO在新加坡舉辦的商標法條約（TLT）國際會議中，已正式通過「商標法新加坡條約」（Singapore Treaty on the Law of Trademarks, STLT），參酌商標法新加坡條約，國際間已開放各種非傳統商標得作爲註冊保護之態樣，爲順應國際潮流，並保障業者營業上之努力成果，所以開放任何足以識別商品或服務來源之標識，皆能成爲本法保護之客體，並例示商標得由文字、圖形、記號、顏色、立體形狀、動態、全像圖、聲音等之標識，或其聯合式標識所組成，也就是商標保護之客體不限於所例示之情形，是爲「商標多樣化」。

---

[*] 本章部分新聞來源與補充，感謝周奕汝、林晏廷協助提供。

　　「商標識別性」係指讓消費者可以透過商標直接可認知商品或其服務是哪一家企業的經營或提供。除了此一明顯的外觀要件外，還要達到「藉以與他人之商品或服務相區別」的功能，也就是相同的產業或服務不可用同一個商標，申請註冊之商標，必須使相關消費者可以區辨其為識別來源之標識，而判斷的標準應以「商品或服務之相關消費者」為判斷基準，例如一般日常用品，固應以一般大眾為判斷標準，但當商品或服務流通於專業人士之間，應依專業人士之觀點，例如對於精密醫療器材、特殊之建材，自應以醫師、建築師之觀點判斷，以保護消費者挑選商品不被誤導或欺騙，及各企業的公平競爭。

　　與貿易有關之智慧財產權協定（Agreement on Trade-Related Aspects of Intellectual Property Rights, TRIPS）第15條第1項規定：「任何足以區別不同企業之商品或服務之任何標識或任何標識之組合，應足以構成商標。此類標識，以特定文字，包括個人姓名、字母、數字、圖形和顏色之組合，及此類標識之任何聯合式，應得註冊為商標。當標識本身不足以區別相關之商品或服務時，會員得基於其使用而產生之顯著性而准其註冊。會員得規定，以視覺上可認知者作為註冊要件。」

小博士解說 —— 商標的意義

1. **引導消費者選購商品**：為能確實管控商標之使用，使用規範必須訂定相關的監督管理機制。換言之，消費者按商標來選購產品，認定具有其特定品質、聲譽或其他特性，即間接增進該企業的銷售量。

2. **提升企業產品的品質**：商標標示表現出企業對產品的各項保證，也隱藏該企業對於產品的服務，包含售後服務；即企業為維護該商標的信賴感，勢必對該產品品質有所把關。

3. **企業的另類資產**：消費者對於某特定商標心存良好印象，將促使該品牌價值不斷向上提升，此時，商標的良好商譽會逐漸形成該企業的資產，該商標等同於企業之品牌。從此一角度觀察，商標即公司無價之寶。

表1-1 何謂商標

文字商標	圖形商標	聯合商標
APPLE	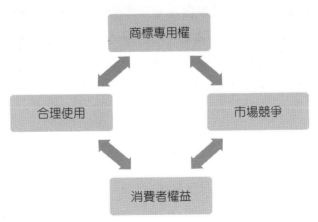	iPhone

動態商標	聲音商標
	綠油精、綠油精，爸爸愛用綠油精，哥哥姐姐妹妹都愛綠油精，氣味清香綠油精

資料來源：本章自行製作。

第一節 立法目的（§1）

第1條
為保障商標權、證明標章權、團體標章權、團體商標權及消費者利益，維護市場公平競爭，促進工商企業正常發展，特制定本法。

```
        商標專用權
      ↗         ↘
  合理使用      市場競爭
      ↘         ↗
        消費者權益
```

圖1-1 商標法立法目的

資料來源：本章自行製作。

第一項　定義

「商標」指用以區別自己與他人商品或服務的標誌，讓商標之受眾能明確辨識出其商品或服務的來源，商標型態可以為文字、圖形、記號、顏色、聲音、立體形狀、動態、氣味等或其聯合式所組成的任何標識。

第二項　種類

商標可分為一般商標，具有指示商品或服務來源、保證品質及作為廣告的功能（本法第18條）；證明標章，證明商品或服務具有一定品質、精密度、產地或其他特性（本法第80條）；團體標章，表彰其會員在該團體組織的身分，並非用以區別任何商品或服務的來源（本法第85條）；團體商標，與一般商標性質大致相同，唯一不同的是，團體商標需由團體會員共同使用（本法第88條）。

第三項　保護商標權之目的

商標權為財產權之一，依憲法第15條之規定，應予保障。商標或標章權之註冊取得與保護，同時具有揭示商標或標章所表彰之商品或服務來源，保障消費者利益，免於發生混淆誤認之情事，導致搭便車甚至損害商譽的事件發生，維護市場正常運作之功能[1]。維護市場公平競爭，係指保障商業上公平競爭與正當交易秩序，賦予權利人以商標權為中心，排除損害其權益之使用或註冊，以達促進工商企業正常發展。商標不僅可區別商品來源，亦為進入不同市場，認識新商品之指標，屬各大企業競爭新興市場之必備工具。

---

[1]　大法官釋字第594號。

第二節 註冊保護原則（§2）

第2條
欲取得商標權、證明標章權、團體標章權或團體商標權者，應依本法申請註冊。

第一項 商標權或標章權之取得

有關商標權或標章權之取得，目前國際間有採行「使用保護原則」及「註冊保護原則」二種制度。相對於註冊主義，另有國家採取使用主義，使用取得模式屬於英美法系傳統，商標使用主義較注重商標的實際使用，而非產生於商標的設計與選擇，當標註商標的商品投入市場，商標獲得標示和區分產品來源的功能，商標權立即產生。其優點為對實際使用商標之人，較為公平；缺點為難以認定誰先使用，如有糾紛時舉證較為困難。

使用保護原則以美國為代表，係根據實際使用提出註冊申請，同時應提出使用的相關證明以及使用日期；1998年之後美國放寬其申請，註冊時只要表明有使用意圖，於註冊前舉證有使用之事實即可，其註冊登記僅為表面證據之效力。

註冊保護原則，係指將欲專用的商標向主管機關申請註冊，於獲准註冊後，即取得專屬排他的權利，並受當地法律保護。此為大多數國家所採行之制度，我國亦採行此制度。

商標權的發生、延展、消滅等，皆以是否註冊或撤銷為判斷基準，商標權必須經過註冊程序，才能取得專屬權利。優點為商標何時申請皆有明確根據[2]；缺點則是無法避免註冊卻不使用之商標，容易有商標與市場實際情形脫節之情況，浪費商標資源，故我國於本法第63條第1項

---

[2] 曾勝珍，圖解智慧財產權法，臺北：五南圖書出版股份有限公司，2022年9月四版，頁190。

第2款中另外規定，無正當事由迄未使用或繼續停止使用（商標）已滿三年者，商標專責機關應依職權或據申請廢止其註冊。

第二項　註冊效力

商標權的註冊效力係採屬地保護原則，換言之，商標的取得、使用範圍、效力等皆以當地法律規定為準，因此，預期該商標能夠受他國法律保障時，應於該特定國家或地區取得商標權，取得方式則依各國法律規定，取得商標權後始能在當地主張商標權，其受保護範圍亦僅限於該註冊領域境內[3]。我國憑藉商標註冊原則，給予權利人專用已註冊之商標或標章，排除第三人未經權利人同意，作出損害其權益之行為。

第三節　主管機關（§3）

第3條
本法之主管機關為經濟部。
商標業務，由經濟部指定專責機關辦理。

本條規定商標業務主管機關為行政院經濟部，授權主管機關指定、設置智慧財產權專責機關，即經濟部智慧財產局以司各項業務之辦理；2011年修法，參考專利法、著作權法立法體例及用語作文字修正。

---

[3] 經濟部智慧財產局，商標入門 商標FAQ 1.3、商標在我國已經獲准註冊，商品如果要行銷到其他國家，在其他國家也要申請註冊？，2020年1月21日，https://topic.tipo.gov.tw/trademarks-tw/cp-508-858420-0582e-201.html（最後瀏覽日：2023年8月19日）。

第四節 外國人申請商標之互惠原則（§4）

第4條
外國人所屬之國家，與中華民國如未共同參加保護商標之國際條約或無互相保護商標之條約、協定，或對中華民國國民申請商標註冊不予受理者，其商標註冊之申請，得不予受理。

依據我國目前現況，關於共同參加保護商標之國際條約，主要為世界貿易組織（WTO），其中「與貿易有關之智慧財產權協定」第3條國民待遇中規定：「就智慧財產權保護而言，每一會員給予其他會員國民之待遇不得低於其給予本國國民之待遇。」上述條文符合本法第4條所稱保護商標之條約、協定，故我國對WTO其他會員國商標申請案應賦予與我國國民相同待遇，如該會員國向我國智慧財產局申請商標保護，應與我國國民申請之程序相同，不得因其外國人之身分而給予不合理的差別待遇。

第五節 商標之使用範圍（§5）

第5條
商標之使用，指為行銷之目的，而有下列情形之一，並足以使相關消費者認識其為商標：
一、將商標用於商品或其包裝容器。
二、持有、陳列、販賣、輸出或輸入前款之商品。
三、將商標用於與提供服務有關之物品。
四、將商標用於與商品或服務有關之商業文書或廣告。
前項各款情形，以數位影音、電子媒體、網路或其他媒介物方式為之者，亦同。

　　商標使用於商品，主要是指將商標標示在商品上，或標示在商品包裝、容器、標帖、說明書、標籤、價目表、廣告型錄等物件或文書上，或利用平面圖像、數位影音、電子媒體或其他媒介物等方式，以促銷其商品。故除將商標直接標示在商品或其包裝、容器上之典型商標使用型態之外，若在雜誌、電視等廣告媒體上顯示商標，因係在於促銷即將或已投入市場的商品，雖未與商品相結合，仍屬商標之使用。例如：藥品業者將藥品商標標示在藥錠。

　　使用人需有為行銷商品或服務之目的，商標的功能與註冊目的不僅在於取得商標權，還必須透過實際使用方可使消費者將商標與商品或服務產生連結，實現商標識別來源、品質保證及廣告等功能，彰顯商標的價值。由於商標法賦予先申請註冊者商標權，使原本未註冊的商標，轉化為申請人私有的權利。如果商標權人只是取得註冊，占有商標權利而不使用，不僅減少他人申請註冊的機會，有違商標法保護商標權之立法目的，也因此失去商標應有的功能與價值。

　　商標使用於服務，是指為他人提供勞務，將商標用在所提供服務營業上的相關物件或文書，或利用平面圖像、數位影音、電子媒體或其他媒介物等方式，以促銷其服務。例如：餐廳業者為表彰其提供的餐飲服務，將商標標示在營業招牌、餐廳員工制服、餐盤、菜單、價目表、名片等與餐飲服務相關的物件或文書上，或在網路、電視、廣播、新聞紙類、電子看板刊登播映廣告或參加美食展，以促銷其提供的餐飲服務。

　　又如：百貨公司或量販店等業者，為表彰其所提供的零售服務，將商標標示在營業招牌、各樓層賣場的介紹板、指示銷售區的招牌、店員制服、櫥窗、陳列架、購物推車、購物籃、購物袋、結帳用收銀機、收據、商品型錄等與零售服務相關的物件或文書上，或在網路、電視、廣播、新聞紙類、電子看板刊登播映廣告，或舉辦週年慶、折扣活動等，以促銷其提供的零售服務。

　　具備積極使用行為，為明確促使商標權人於商標註冊後，能持續、合法地使用商標，因此課予商標權人應使用註冊商標的義務；譬如，依商標法第5條，合法使用的行為態樣為：將商標用於商品或其包裝容

器;持有、陳列、販賣、輸出或輸入前款之商品;將商標用於與提供服務有關之物品;將商標用於與商品或服務有關之商業文書或廣告。前述各種情形,以數位影音、電子媒體、網路或其他媒介物方式為之者,亦同。

基於商標權使用對於商標的重要性,我國商標法第5條明文規定商標使用之定義,並於同法第63條第3款規定無正當事由迄未使用或繼續停止使用已滿三年者,商標專責機關應依職權或據申請廢止其註冊。課予商標權人應使用註冊商標的義務,規範商標註冊後應依法使用,如有三年以上未使用、使用其中一部分或變換加附記使用等違反第63條規定的使用行為,都將構成廢止註冊事由。而隨著商業資訊發達,交易型態及廣告宣傳方法不斷推陳出新,商標使用方式及使用型態亦隨之日新月異。爰訂定本注意事項,提醒及指導商標權人正確合法使用註冊商標,以有效維持商標權。

使相關消費者認識其為商標,即客觀上均應足以使相關消費者認識其為商標,才具商標識別功能,達到商標使用之目的。例如以「宜順」商標註冊使用於書籍商品,但實際使用時僅於書籍上標示「宜順印刷商務有限公司」,因該使用方式係用以表示營業主體的名稱,不足以使購買書籍的消費者認識「宜順」為商標,自非「宜順」商標之使用。

小博士解說

1. 所稱商標之使用,至少必須符合以下二要件:(1)使用人主觀上必須有為行銷目的;(2)其使用在客觀上必須足以使相關消費者認識它是商標。當商標權人證明有使用註冊商標,其舉證的事實應符合商業交易習慣。

2. 證明標章、團體標章及團體商標「使用」之認定,除分別適用本法第83條、第87條及第90條之定義規定外,其使用態樣依本法第17條規定「準用」第5條商標「使用」之規定。

3. 申請商標註冊應使用智慧財產局訂定的書表格式,相關書表格式公告於經濟部智慧財產局網站,申請人可免費下載使用(http://

www.tipo.gov.tw/ch/AllInOne_Show.aspx?path=3023&guid=
93549608-bc80-4170-bb59-435c0a38f1bb&lang=zh-tw）；若不方
便上網，亦可向經濟部智慧財產局資料服務組櫃檯洽購，電話詢
問、聯繫，或以郵政劃撥方式洽購。

第一項　將商標用於商品或其包裝容器

所謂將商標用於商品，例如將附有商標之領標、吊牌等，縫製、吊
掛或黏貼於商品上之行為；而所謂將商標用於包裝容器，則係因商業習
慣上亦有將商標直接貼附於商品之包裝容器者，或因商品之性質，商標
無法直接標示或附著在商品上（例如液態或氣體商品），而將商標用於
已經盛裝該等商品之包裝容器。該等已與商品結合之包裝容器，能立即
滿足消費者之需求，並足以使消費者認識該商標之商品，亦為商標使
態樣之一[4]，實務見解指名為行銷之目的，將商標用於商品或其包裝容
器，並足以使相關消費者認識其為商標者，為商標之使用。

揆諸立法理由，商標使用應就交易過程中，使用是否足以使消費者
認識該商標[5]，所謂「商標之使用」，至少須符合如下要件：使用人主
觀上須為行銷目的而使用，其使用在客觀上必須足以使相關消費者認識
其為商標等要件[6]。

例如知名精品品牌DIOR將其商標圖案「DIOR」於我國智慧財產
局註冊，並且將該商標用於其商品和包裝，藉以表彰其品牌；可口可樂
曲線瓶將商標用於盛裝該等商品之包裝容器等情形，其註冊之商標不僅
限於「可口可樂」之圖案字樣，該瓶身之曲線瓶立體圖樣亦屬於註冊之
商標，經註冊後受我國商標法保護。

---

[4] 商標法2011年5月31日修正條文第5條修正理由。
[5] 最高法院111年度台上字第835號民事判決。
[6] 最高法院106年度台上字第1224號民事判決。

申請案號	111091843		申請日期	111/12/21
註冊日			專用期限	
註冊公告日期(卷期)			審定公告日期(卷期)	
優先權日及首次申請國(地區)			展覽會優先權日及展覽會名稱	
申請人	中文名稱		法商克莉絲汀迪奧香水股份有限公司	
	中文地址		法國	
	英文名稱		PARFUMS CHRISTIAN DIOR	
	國籍		法國	
代理人	中文名稱		陳長文	
	中文地址		臺北市信義區忠孝東路4段555號8樓	
	中文名稱		丁靜玟	
	中文地址		臺北市信義區忠孝東路4段555號8樓	
商標名稱	DIOR			
商標型態／圖樣顏色	平面/墨色			
圖樣中文				
圖樣英文	DIOR		**DIOR**	
圖樣日文				
圖樣記號				
聲明不專用				
商標圖樣描述				
說明文字內容				
類別 044	商品/服務名稱		為人類提供美容服務，包括芳香療法服務、美容美體調理服務、上蠟脫毛；美容按摩服務；化妝服務（美容護理）；美容院和髮廊；美甲服務；按摩服務；桑拿浴服務；護膚服務。	
	頗似組群		0301、4402、4403	
撤銷公告日期			失效/撤銷原因	

說明：
本電腦查詢報表所示資料，為目前辦理狀態，僅供參考，不得作為申請案准駁、權利異動及侵害他人權益與否之依據，各項權利異動狀態，仍請洽本局相關單位確認。

圖1-2　法商克莉絲汀迪奧香水股份有限公司申請DIOR圖案商標報表

資料來源：經濟部智慧財產局，智慧財產局商標檢索系統，檢索文字：DIOR，https://
cloud.tipo.gov.tw/S282/OS0/OS0101.jsp（最後瀏覽日：2023年7月22日）。

圖1-3　法商克莉絲汀迪奧香水股份有限公司商品

資料來源：法商克莉絲汀迪奧香水股份有限公司官方網站，https://www.dior.com/zh_
tw/beauty/womens-fragrance/探索新品?atm_ctx=120587-GADS_KEYWORD-
135073058335-dior%20香氛&gclid=Cj0KCQjw2eilBhCCARIsAG0Pf8sfJjNEL
zA_Zi95yAt7nkeUPnooNKWmKfusS0SdgKipsj-9ePDfFEQaAorSEALw_wcB（最
後瀏覽日：2023年7月22日）。

註冊/審定號		商標01234960	正商標註冊/審定號		商標01234960
申請案號		094034958	申請日期		094/07/21
註冊日		095/11/01	專用期限		115/10/31
註冊公告日期(卷期)		095/11/01(33-021)	審定公告日期(卷期)		
優先權日及首次申請國(地區)			展覽會優先權日及展覽會名稱		
商標/標章權人	中文名稱	美商‧可口可樂公司			
	中文地址	美國			
	英文名稱	THE COCA-COLA COMPANY			
	國籍	美國			
代理人	中文名稱	譚璧德			
	中文地址	臺北市中正區重慶南路1段86號12樓			
商標名稱		3D ALUMINUM BOTTLE DESIGN 1			
商標樣態/圖樣顏色		立體/墨色			
圖樣中文					
圖樣英文		COCA COLA			
圖樣日文					
圖樣記號					
聲明不專用					
商標圖樣描述		曲線銀色鋁罐圖，中段為圓弧形，上寬下漸窄；至下段突為圓柱形。圓柱上印有Coca-Cola字樣，圓柱與中段間有一凹槽，便於手握。			
說明文字內容					
類別032	商品/服務名稱	飲料，意即飲用水、調味水、礦泉水及碳酸水；及其他不含酒精之飲料，意即汽水、清涼飲料及運動飲料；水果飲料及果汁；製前述飲料用之糖漿，濃縮液及粉。			
	類似組群	300102、300202、3202、351902、430201			
		目前在案狀況			
評定	無	異議　無	報撤　無	提評	無
撤銷廢止	無	再授權　無	授權　無	延展	無
移轉	無	禁止處分　無	設定質權　無	變更	無
舉發	無				
撤銷公告日期			失效/撤銷原因		

說明：
本電腦查詢報表所示資料，為目前辦理狀態，僅供參考，不得作為申請案准駁、權利異動及侵害他人權益與否之依據，各項權利異動狀態，仍請洽本局相關單位確認。

圖1-4　美商可口可樂公司申請曲線瓶商標詳細報表

資料來源：經濟部智慧財產局，智慧財產局商標檢索系統，檢索文字：3D COCA-COLA，https://cloud.tipo.gov.tw/S282/OS0/OS0101.jsp（最後瀏覽日：2023年7月22日）。

第二項　持有、陳列、販賣、輸出或輸入前款之商品

除為行銷之目的將商標直接用於商品、包裝容器外，亦包括交易過程中，持有、陳列、販賣、輸出或輸入已標示該商標商品之商業行為，爰明定於上述條文第1項第2款[7]。

第三項　將商標用於與提供服務有關之物品

商標法第5條第1款與第2款，皆為針對實體商品之規範，而商標除

---

[7]　商標法2011年5月31日修正條文第5條修正理由。

了表彰商品來源外，亦得表彰服務來源，特於立法理由中增訂此款，並述明服務為提供無形之勞務，與商品或其包裝容器之具體實物有別，於服務上之使用，多將商標標示於提供服務有關之物品，例如提供餐飲、旅宿服務之業者將商標製作招牌懸掛於營業場所或印製於員工制服、名牌、菜單或餐具提供服務；提供購物服務之百貨公司業者將商標印製於購物袋提供服務等[8]。

　　許多餐飲、百貨等以販售服務為主行業之「商標」皆屬於此款之使用，例如韓劇「梨泰院Class」劇中的「長家餐飲集團」商標，曾因近似於「牧荷精緻鍋物」（為販售火鍋之餐飲行業）之商標引發社會關注。此類型的商標亦能運用於服務之包裝上，例如太平洋崇光百貨（下稱SOGO百貨）所使用紙袋之菱紋圖，亦有商標註冊在案。

圖1-5　太平洋崇光百貨紙袋

資料來源：GOOGLE圖片搜尋，遠東SOGO紙袋，https://shopee.tw/遠東SOGO-紙袋-i.210892938.8772682724（最後瀏覽日：2023年7月22日）。

8　同前註7。

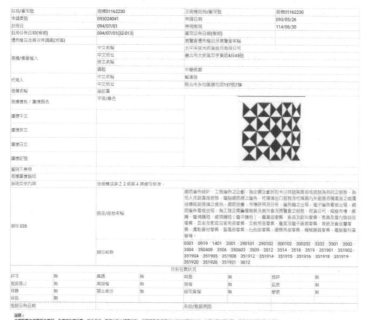

圖1-6　太平洋崇光百貨股份有限公司申請菱紋圖商標詳細報表

資料來源：經濟部智慧財產局，智慧財產局商標檢索系統，註冊／審定號：01162230，
https://cloud.tipo.gov.tw/S282/OS0/OS0101.jsp（最後瀏覽日：2023年7月22日）。

圖1-7　韓劇中「長家餐飲集團」商標與牧荷精緻鍋物商標圖案

資料來源：自由時報，韓劇「梨泰院CLASS」爆疑似抄襲台灣餐廳商標設計，2020年4
月7日，https://news.ltn.com.tw/news/life/breakingnews/3126200（最後瀏覽日：
2023年7月22日）。

第四項　將商標用於與商品或服務有關之商業文書或廣告

　　將商標用於訂購單、產品型錄、價目表、發票、產品說明書等商業文書，或報紙、雜誌、宣傳單、海報等廣告行為，為業者交易過程常有之促銷行為，應為商標使用具體態樣之一[9]。

第五項　以數位影音、電子媒體、網路或其他媒介物等方式為之

　　現代社會中，隨著科技進步，交易型態也大為改變，人人皆會網路購物，電商也大肆發展，面對這種新的消費浪潮，法律也因應修正，故於法明定，第5條第1項各款情形，若性質上得以數位影音、電子媒體、網路或其他媒介物方式為之者，亦屬商標使用之行為。使商標在網路世界中，依然受到法律的保護。

　　科技發展之下，多半業者皆會使用網路等方式提供商品或服務，故商標自然也使用於數位影音、電子媒體、網路或其他媒介物，而構成本條款稱之商標使用之行為，如將商標使用於自己或授權他人之媒介物，自無疑問，惟如將他人未經授權之商標運用在第三方平臺供應之關鍵字廣告上，是否構成商標使用而有侵權之虞，觀智慧財產法院107年度民商訴字第41號民事判決則將其區分為「帶出型」與「插入型」兩種不同態樣論之。

壹、「瑪麗蓮公司」案[10]

　　原告為瑪麗蓮公司，被告為與原告具有商業競爭關係之艾得思公司，原告主張被告基於行銷塑身衣等商品之目的，以「瑪麗蓮」商標，向搜尋引擎業者Google及Yahoo奇摩網站為被告維娜斯公司購買廣告，除設定「瑪麗蓮」作為廣告搜尋關鍵字外，更將瑪麗蓮公司商標使用於被告維娜斯公司廣告之標題及文案內容，使消費者於系爭網站之搜尋欄位鍵入「瑪麗蓮」字樣時，置頂之搜尋結果會出現標題顯示「維娜斯塑身衣週年慶優惠中」之相關內容，而被告公司網站連結與「祝妳完美瑪

---

[9]　商標法2011年5月31日修正條文第5條修正理由。
[10]　智慧財產法院107年度民商訴字第41號民事判決。

麗蓮」等文案內容，經點選後更連結至被告維娜斯公司之官方網站，而將系爭商標使用於同一或類似之塑身衣或內衣等商品，並使瀏覽網站之一般消費者混淆誤認被告維娜斯公司之商品及服務與原告屬同一來源或有一定關係，已侵害原告之商標權，且攀附原告長久經營之品牌聲譽，爰請求被告彼此間負連帶賠償責任。

貳、本案爭點[11]

系爭關鍵字廣告使用「瑪麗蓮」作為搜尋關鍵字，是否構成商標法第68條之侵害商標權行為？系爭廣告文案使用插入「瑪麗蓮」關鍵字，且出現含有該關鍵字之廣告內容，是否構成商標法第68條之侵害商標權行為？

參、法院見解[12]

所謂關鍵字廣告，係運用網路搜尋引擎之特性，由廣告主向搜尋引擎平臺業者購買並設定關鍵字，在網路使用者輸入該特定關鍵字以搜尋需要的資訊時，廣告主的網址或廣告連結將被置於網路使用者搜尋結果頁面的特定位置。一般區分為「帶出型」與「插入型」兩種不同態樣，「帶出型」之關鍵字廣告指廣告主僅設定若干關鍵字觸發並帶出其提供之廣告內容，該廣告內容之標題或文字並未使用該關鍵字；「插入型」之關鍵字廣告，廣告主除設定關鍵字以觸發並帶出廣告之外，該廣告文案之標題使用網路服務平臺提供之插入關鍵字功能，使廣告文案之標題與網路使用者搜尋之關鍵字有更緊密之連結。

倘廣告主僅購買關鍵字廣告，並未設定使用插入關鍵字之功能，且提供之廣告文案亦無該關鍵字用語，則其結果僅是在網路使用者輸入該特定關鍵字以搜尋需要的資訊時，廣告主的網址或廣告連結將被置於網路使用者搜尋結果頁面的置頂或特定位置而已。此時，因廣告主所設定之關鍵字並不會出現在廣告內容中，網路搜尋之相關消費者並無從透過

---

[11] 同前註10。
[12] 同前註10。

所搜尋之廣告標題或頁面認識其為商標，自無所謂商標使用之問題。職是，僅有在廣告主設定使用插入關鍵字功能，且所提供之廣告文案中亦含有該關鍵字之文字或用語，此時，可能足以讓搜尋之相關消費者認識該關鍵字為商標，方涉及該關鍵字是否為商標使用之判斷。

被告維娜斯公司雖委由被告艾得基思公司刊登系爭關鍵字廣告，因此當於搜尋引擎Google或奇摩首頁搜尋「瑪麗蓮」關鍵字時，上開相對應的廣告內容即會出現在搜尋結果頁面之置頂或特定位置，當點選該廣告時，即可進入廣告主所指定即被告維娜斯公司的官方網站瀏覽。縱使搜尋欄位所鍵入之「瑪麗蓮」關鍵字與所帶出廣告置於同一頁面，然該關鍵字係由網路使用者所鍵入，與廣告主或刊登者無涉，此種「帶出型」關鍵字廣告，其標題或文字由於並未使用該關鍵字，既未積極標示系爭商標，亦未以系爭商標用以表彰商品或服務之標識，且網路使用者鍵入關鍵字搜尋後，所見搜尋頁面之上開廣告內容，亦無從認識該系爭關鍵字廣告有使用系爭商標作為辨識商品或服務之來源，自非屬商標之使用。

惟系爭關鍵字廣告若使用廣告平臺提供之插入關鍵字功能，且搜尋出現之系爭廣告文案中確含有「瑪麗蓮」關鍵字，復與「維娜斯」並列，已足以讓搜尋之相關消費者認識該「瑪麗蓮」關鍵字即為商標，並透過網址點選連結至被告維娜斯公司之官網，顯有藉此在網路上積極行銷被告維娜斯公司之塑身衣等商品或服務之目的。

職是，系爭廣告文案與前述「帶出型」關鍵字廣告不同，並非僅為單純以關鍵字觸發廣告之內部無形使用而已，應為商標之使用無疑。有使相關消費者誤認被告維娜斯所提供之商品或服務來源與原告相同，或兩者間有授權、加盟或關係企業等類似關係存在，而有致相關消費者混淆誤認之虞，自應構成商標法第68條第1款之商標侵權行為[13]。

13　同前註10。

表1-2　瑪麗蓮公司系爭商標

瑪麗蓮	註冊第01592205號 第35類：廣告企劃；廣告設計；……；網路購物；為消費者提供商品資訊及購物建議服務；衣服零售批發……
瑪麗蓮	註冊第01596983號 第25類：胸罩；內衣；內褲；緊身褡；馬甲；睡衣；泳衣；衣服；服裝；婚紗；鞋；圍巾；領帶；圍兜；冠帽；襪子；服飾用手套；腰帶；圍裙；睡眠用眼罩

資料來源：智慧財產法院107年度民商訴字第41號民事判決。

第六項　不符合商標使用之情形

　　我國商標法所稱商標之使用，皆以正面表列的方式，因商標之主要用途為「行銷」，受眾為廣大消費者，故一般所列舉之商標使用方式，皆屬民眾於日常生活中得熟知者，但何種情況不足以被認定為商標之使用卻不如上述情形直觀，故下列將以最高法院109年度台上字第2573號民事裁定之案件事實為例，說明何種情形下，不符合商標法第5條所稱之商標使用，進而該行為不構成商標侵權。

壹、「精品鑑定公司」案[14]

　　本件原告為法商路易威登馬爾悌耶公司（Louis Vuitton Malletier），為知名精品品牌，下稱LV公司，並在我國註冊商標且均在商標權專用期間內，而其相關商品、店面陳列擺設及店鋪外觀之照片及影片，係原告委由專業攝影師所拍攝，均屬原告享有著作權之攝影、視聽著作。被告則為稱「阿邦師集團」之業者，包含阿邦師精品鑑定股份有限公司、社團法人中華民國名牌精品鑑價協會及其上述共同法定代理人李正邦。

　　LV公司主張，阿邦師集團自詡就二手精品市場提供精準鑑定服務，且對LV公司之商品最為精通，渠等為推展其二手精品銷售、鑑定服務及訓練課程等業績及獲利，竟擅自盜用原告如附表所示攝影、視

---

[14] 智慧財產法院106年度民著訴字第10號判決。

聽著作及據爭諸商標於其出版之《LV防偽鑑定書》、《求眞與防偽—國際精品系列鑑定—路易威登系列鑑定》等書籍、海報、教材、宣傳卡片，已侵害原告之著作權及商標權，其中又於商標權部分，原告認爲書籍中多處印有LV公司之商標與包包商品之內牌及製作地（Made in France），應屬構成侵害商標權之行爲，除了書籍外，被告等於臉書網站「阿邦師粉絲團」張貼之系爭宣傳小卡，擅自使用原告之商標，亦侵害原告商標權，此類行爲不勝枚舉，已對原告造成巨大損害。

　　被告則主張系爭書籍等固標有原告所有之商標，然此係重製原告攝影照片之必然結果或僅係美編之插圖，與擅自使用他人商標之行爲有別，均無法使消費者產生誤認該書之商品或服務之來源，難認已構成商標權之侵害，縱認有侵權，惟系爭書籍係爲幫助民眾如何防偽，對原告而言反係助益、提升其商品形象而非侵害等。

貳、本案爭點[15]

　　附表所示照片及影片是否具原創性？系爭繁體版書籍與簡體版書籍中是否擅自重製附表所示原告攝影著作及視聽著作？於該書封面右下角、書背下方、內頁每雙數頁左上角及每單數頁右上角等處使用商標，是否構成侵害原告商標權？臉書網站「阿邦師粉絲團」所張貼之系爭海報是否擅自重製及公開傳輸附表所示原告攝影著作？系爭教材中是否擅自重製及公開傳輸附表所示原告攝影著作？阿邦師桃園尊爵店鐵門所繪製之圖樣是否重製或改作附表所示原告攝影著作？臉書網站「阿邦師粉絲團」所張貼之「LV防偽密笈十大絕招」宣傳小卡是否構成侵害原告商標權？被告數人是否爲上開侵權行爲之共同侵權行爲人？如原告前開之商標權或著作權受有侵害，得請求之損害賠償額爲何？被告阿邦師公司、阿邦師鑑定公司及名牌鑑價協會就其代表人或受僱人之上開侵權行爲是否應負連帶損害賠償責任？原告請求被告等應於報紙刊登如起訴狀所示之道歉啓事，有無理由？原告主張被告等將本件最後事實審判決書之標題、案號、當事人欄、案由欄及主文欄等登載於報紙，有無理由？

15　同前註14。

參、法院見解[16]

　　一審法院認為被告系爭書籍使用原告所有之商標，應係基於銷售之目的，被告未經原告同意，依商標法第68條第1款規定構成侵害商標權；又於系爭書籍側背使用原告其他商標，雖該商標未註冊於書籍、出版品等類別，但易使相關消費者誤以為該書係經原告授權出版及印製，實有致減損該商標之識別性之虞，依商標法第70條第1款規定視為侵害原告之商標權。而被告發行之宣傳小卡部分，係為行銷其名牌二手商品而製作系爭宣傳小卡，是其將原告之商標用於與商品有關之商業文書，亦構成商標之使用。被告未經商標權人同意於同一之皮包類商品之行銷使用原告商標構成侵害商標權[17]。顯見一審法院認定阿邦師集團將LV商標用於書籍與二手精品，此舉符合商標法第5條規定之商標使用，如未經授權，則構成同法第68條或第70條規定之商標權侵害，然因實難以精確估算而據以論定原告實際所受之損害，故賠償金額由法院酌定之。

　　惟LV公司對於原審判決敗訴部分不服，提起部分上訴。二審法院卻認為，本件構成著作財產權之侵害，但未侵害上訴人商標權：係因法院認為按商標法第5條規定，商標之使用，應具備：一、使用人需有表彰自己之商品或服務來源之意思；二、使用人需有行銷商品或服務之目的；三、需有標示商標之積極行為；四、所標示者需足以使相關消費者認識其為商標。又按「下列情形，不受他人商標權之效力所拘束：一、以符合商業交易習慣之誠實信用方法，表示自己之姓名、名稱，或其商品或服務之名稱、形狀、品質、性質、特性、用途、產地或其他有關商品或服務本身之說明，非作為商標使用者。」商標法第36條第1項第1款亦有規定，本規定係指以符合商業交易習慣之誠實信用方法，提供商品或服務本身的有關資訊，而非作為商標使用之使用行為。

　　商標合理使用，包括描述性合理使用及指示性合理使用兩種，所謂「描述性合理使用」，指第三人以他人商標來描述自己商品或服務之名

16　同前註14。
17　同前註14。

稱、形狀、品質、性質、特性、產地等，所謂「指示性合理使用」，指第三人以他人之商標指示該他人（即商標權人）或該他人之商品或服務，此種方式之使用，係利用他人商標指示該他人商品或服務來源之功能，用以表示自己商品或服務之品質、性質、特性、用途等，凡此二者皆非作為自己商標使用，均不受商標權效力所拘束。判斷是否作為商標使用，應綜合審酌其平面圖像、數位影音或電子媒體等版（畫）面之前後配置、字體字型、字樣大小、顏色及設計有無特別顯著性，並考量其使用性質是否足使消費者藉以區別所表彰之商品或服務來源，暨其使用目的是否有攀附商標權人商譽之意圖等客觀證據綜合判斷，尚非一經標示於產品包裝或出現於產品廣告、說明書內之文字、圖樣，即當然構成商標之使用。又商標法第68條之侵害商標權，或同法第70條第1款之視為侵害商標權，均以「使用」商標為要件，自應符合上開商標使用之定義，才有侵權可言。

按上述見解，系爭書籍之書名為《LV防偽鑑定書》、《求眞與防偽─國際精品系列鑑定─路易威登系列鑑定》，該等書籍內文均是關於LV商品之介紹，及如何辨別LV商品眞假之方式，該書籍既然是一本LV商品鑑定書，而書中為說明LV商品之品質、特性，當然會大量使用到LV之商品或圖樣，是系爭書籍雖有使用到上開上訴人商標，惟依該等商標在書籍中的前後配置、編排方式可知，其僅是當作一般裝飾圖樣使用，增加其書籍版面豐富性而已，不僅無將之作為表彰系爭書籍來源是上訴人之意，消費者見上開商標圖樣使用方式，也不會認識到其為商標，因此難認符合商標使用之要件，自無構成侵害商標權可言。

宣傳小卡部分，雖使用LV公司之商標，但小卡上標示「LV防偽秘笈，十大絕招」，顯見該宣傳小卡是用來行銷如何辨識LV眞偽，是以他人商標來描述自己商品或服務之名稱、形狀、品質、性質、特性等，故亦非作為商標之使用。據上，有關上訴人主張之商標權部分，經審酌後，均非商標法第5條所稱「商標之使用」，是此部分自不構成商標法第68條或第70條之侵害商標權[18]。故二審法院為上訴駁回之判決，LV公

---

[18] 智慧財產法院107年度民著上字第17號民事判決。

司雖又向最高法院提出上訴，然最高法院亦認同二審之見解，駁回上訴。本案可見實務對於商標使用之認定，不含「描述性合理使用」與「指示性合理使用」，故上開兩種情形，非屬商標法第5條規定之商標使用。

　　按不法侵害他人之名譽，得請求回復名譽之適當處分，民法第195條第1項後段定有明文。所謂名譽，乃指人格之社會評價，名譽有無受侵害，應以社會上對其評價是否貶損，客觀判斷之。當仿冒之商品與眞品已造成消費者混淆，其流入市面稀釋商標權人之眞品或影響眞品之社會評價，即屬侵害商標權人業務上之信譽，商標權人固得依民法第195條規定，請求登報道歉爲回復商譽之適當處分。本件原告僅主張被告等為圖阿邦師集團宣傳行銷之私利，非法重製原告之攝影著作並予以散布，亦未經同意而使用原告之商標權，已侵害原告之名譽云云，並未舉證證明有何導致貶損原告社會評價之情事，是原告依民法第195條規定請求刊登道歉啓事，並無理由。

　　按被害人得請求由侵害人負擔費用，將判決書內容全部或一部登載新聞紙、雜誌，著作權法第89條定有明文。被告係故意侵害原告之著作財產權、商標權，已如前述，職是原告請求被告等將判決書主文登載於新聞紙，核與著作權法第89條規定尚無不合。本院認原告請求將本案最後事實審判決書之法院名稱、案號、當事人欄、案由欄及主文欄，以長25公分、寬19公分之篇幅，登載於經濟日報第一版下半頁一日，爲有理由。

第七項　明定商標使用之情形

　　一、本條之目的在於規範具有商業性質的使用商標行爲。所謂「行銷之目的」，與「與貿易有關之智慧財產權協定」第16條第1項所稱交易過程（in the course of trade）之概念類似。2011年修正前條文僅以概括方式定義商標之使用，所指使用情形是否包含商業過程中標示商標商品之陳列、販賣或輸出、輸入等行爲態樣，未臻清楚，爰分款明定交易過程中各種商標使用的情形，不僅包括將商標用於商品或其包裝容

器，或與提供服務有關的物品等狹義之商標使用情形，尚包括為行銷目的而持有、陳列、輸出或輸入已標示商標商品的廣義商標使用情形，或將商標用於有關商業文書或廣告之促銷商品／服務等商業行為。

二、統一規範商標之使用：商標之使用，可區分為商標權人為維持其權利所為之使用及他人侵害商標權之使用兩種樣態，二者規範的對象及目的雖有不同，惟實質內涵皆應就商業交易過程中，其使用是否足以使消費者認識該商標加以判斷，爰明定於總則，以資適用。

三、規範商標使用於新興之交易媒介物：透過數位影音、電子媒體、網路或其他媒介物方式提供商品或服務以吸引消費者，已逐漸成為新興的交易型態，為因應各種交易型態，明定本條第1項各款情形，若性質上得以數位影音、電子媒體、網路或其他媒介物方式為之者，亦屬商標使用的行為。

第六節　商標代理人之委任（§6）

第6條

申請商標註冊及其他程序事項，得委任代理人辦理之。但在中華民國境內無住所或營業所者，應委任代理人辦理之。

前項代理人以在國內有住所，並具備下列資格之一者為限：

一、依法得執行商標代理業務之專門職業人員。

二、商標代理人。

前項第二款規定之商標代理人，應經商標專責機關舉辦之商標專業能力認證考試及格或曾從事一定期間之商標審查工作，並申請登錄及每年完成在職訓練，始得執行商標代理業務。

前項商標專業能力認證考試之舉辦、商標審查工作之一定期間、登錄商標代理人之資格與應檢附文件、在職訓練之方式、時數、執行商標代理業務之管理措施、停止執行業務之申請、廢止登錄及其他應遵行事項之辦法，由主管機關定之。

　　2023年5月9日修法前[19]，我國原採行任意代理制度，開放任何在我國境內有住所、具有健全意思表示能力，即具備完全行為能力者，且熟諳商標法令之「自然人」，得受委任後以本人名義處理國內外商標申請註冊及其相關事務等事宜。目前國內商標代理業務，多由律師或具實務經驗之商標代理人辦理，不以設立事務所為必要，惟按照智慧財產局所明示，仍須以「自然人」之個人名義為商標代理人，無法僅以「事務所」或「公司」具名為商標代理人，代理申請人提出商標註冊申請及辦理其相關事務[20]，按上開見解，法人並不能作為商標代理人，然而其所引用見解為1983年與1996年之函釋[21]，故亦有人提出早期之解釋函令如今是否仍然具有拘束效力之疑義，但實務運作仍以自然人為限。

　　2023年5月9日修法後，我國建立完整的商標代理人資格及登錄制度，相關規定日後將訂立於「商標代理人登錄及管理辦法」，該制度認證考試類別為「商標申請管理類」及「商標維權運用類」，科目為「商標檢索及分析、商標申請註冊實務、商標相關國際規範及法規、商標爭議實務、商標法規」，方式包含「線上檢索、紙筆測驗」，題型共三種，即「簡答式及測驗式混合試題、簡答填充式及申論式混合試題、問答式及申論式混合試題」，每年考試資訊將公告於智慧財產人員能力認證網站，國人可自行上網查閱，詳情可見於TIPA智慧財產培訓學院網站（https://tipa-certify.com.tw/trademark/）[22]。

---

[19] 2023年5月9日修法前商標法第6條為：「申請商標註冊及其相關事務，得委任商標代理人辦理之。但在中華民國境內無住所或營業所者，應委任商標代理人辦理之。商標代理人應在國內有住所。」

[20] 經濟部智慧財產局，商標法專區，商標法令解釋、動態，可否以公司為商標代理人，代辦商標申請等相關問題，2018年2月23日，https://topic.tipo.gov.tw/trademarks-tw/cp-515-860222-b811b-201.html（最後瀏覽日：2023年2月19日）。

[21] （72）台商玖字第204339號函：「按商標法第8條第1項、及第2項條文規定，商標代理人以自然人為限，法人不得為之。所詢『營業所之人』並不繫括具有營業所之法人。又目前商標法對商標代理人之資格雖未設有若何限制。惟必需熟諳商標法令者，始合適擔任之。」
　　（85）台商924字第220597號函：「代理商標登記，以自然人為限，實務上國內律師代理商標事務，並不以設立公司或事務所為必要。」

[22] TIPA智慧財產培訓學院，TIPA智慧財產培訓學院>智慧財產人員能力認證>商標認證>認證簡介，https://tipa-certify.com.tw/trademark/（最後瀏覽日：2023年8月31日）。112年度「智慧財產人員—商標類」能力認證考試簡章，https://www.tipa-certify.com.tw/trademark/download/112-certify.pdf?20230425（最後瀏覽日：2023年9月30日）。

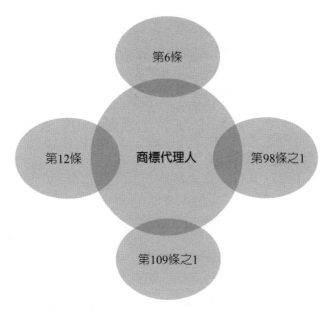

圖1-8　商標代理人適用條文

資料來源：本章自行製作。

第七節　商標共有申請及選定代表人（§7）

第7條

二人以上欲共有一商標，應由全體具名提出申請，並得選定其中一人為代表人，為全體共有人為各項申請程序及收受相關文件。

未為前項選定代表人者，商標專責機關應以申請書所載第一順序申請人為應受送達人，並應將送達事項通知其他共有商標之申請人。

　　共有商標之關係得按民法第831條規定，依共有情形準用「分別共有」或「公同共有」之規定：於分別共有之情形，為維護商標指示同一商品或服務來源與品質之功能，故雖民法第819條第1項規定「各共有人，得自由處分其應有部分」，但仍應依商標法第28條及第46條特別

規定，共有人未得其他共有人的同意，不得對其商標權爲授權、再授權、移轉、拋棄、設定質權或應有部分之移轉，排除民法第819條第1項之適用。商標權如爲數人所公同共有時，其權利之行使，則回歸適用民法第828條第3項規定，原則上應經全體共有人同意。

第八節　商標申請程序（§8）

第8條

商標之申請及其他程序，除本法另有規定外，遲誤法定期間、不合法定程式不能補正或不合法定程式經指定期間通知補正屆期未補正者，應不受理。但遲誤指定期間在處分前補正者，仍應受理之。

申請人因天災或不可歸責於己之事由，遲誤法定期間者，於其原因消滅後三十日內，得以書面敘明理由，向商標專責機關申請回復原狀。但遲誤法定期間已逾一年者，不得申請回復原狀。

申請回復原狀，應同時補行期間內應爲之行爲。

前二項規定，於遲誤第三十二條第三項規定之期間者，不適用之。

　　本條爲申請程序與其他程序遲誤法定期間、不合法定程式或指定期間之法律效果及回復原狀之規定，第1項除書則爲遲誤法定期間失權例外規定。由法律所規定之期間，原則上不得任意變更，僅於符合回復原狀之事由時，得適用回復原狀之相關規定，如法律明定須於法定期間內爲一定之行爲而有遲誤者，將產生失權效。例如：商標法第32條第2項審定後繳納註冊費之法定期間爲二個月，屆期未繳費者，不予註冊公告，例外爲申請人因天災或其他不可歸責於己之事由遲誤，依然適用回復原狀之規定。

第九節　商標申請送達效力（§9）

> **第9條**
> 商標之申請及其他程序，應以書件或物件到達商標專責機關之日為準；如係郵寄者，以郵寄地郵戳所載日期為準。
> 郵戳所載日期不清晰者，除由當事人舉證外，以到達商標專責機關之日為準。

本條為商標申請程序中送達效力之規定，以確保申請人之權益，明確條文所訂定日期概念，得由當事人提出事證如郵寄收據，減少不可抗力或其他因素致使當事人權益受損。除本法另定以電子方式為之者，其餘申請應以書面提出，由申請人簽名或蓋章；使用商標專責機關規定之表格，詳見商標法施行細則第2條（附錄三），商標之申請及其他程序以文件送達商標專責機關之日期為準。

第十節　公示送達（§10）

> **第10條**
> 處分書或其他文件無從送達者，應於商標公報公告之，並於刊登公報後滿三十日，視為已送達。

因無法尋得當事人所在地，或其他原因造成文件無法順利送至當事人手中，行政機關為增加當事人知悉該公告的可能性，以公開方式將處分書或文件登載於商標公報。本條文參酌我國專利法與民事訴訟法規定，維護我國智慧財產權法規一致性，明文訂定公示送達「Constructive Notice」相關規範。

第十一節　公報之登載（§11）

> **第11條**
> 商標專責機關應刊行公報，登載註冊商標及其相關事項。
> 前項公報，得以電子方式為之；其實施日期，由商標專責機關定之。

　　我國商標法採先申請註冊原則，相同或近似之商標於同一或類似商品或服務上，由先申請註冊者取得商標權，商標註冊後並發生排他註冊及使用的效力。因此，註冊商標、指定之商品或服務、商標權人等內容及事項如何，關係著註冊人及公眾之權益，商標專責機關自應刊行公報，登載商標註冊及相關事項，以公告周知。配合全球永續發展的趨勢，我國行政院推行無紙化措施，自2012年7月1日起經濟部智慧財產局停止紙本公報之發行，以電子方式取代先前紙本公告方式，提升行政作業流程及效率。

第十二節　註冊簿及代理人名簿之登載（§12）

> **第12條**
> 商標專責機關應備置商標註冊簿及商標代理人名簿；商標註冊簿登載商標註冊、商標權異動及法令所定之一切事項，商標代理人名簿登載商標代理人之登錄及其異動等相關事項，並均對外公開之。
> 前項商標註冊簿及商標代理人名簿，得以電子方式為之。

　　主管機關公示方法，商標專責機關應備置商標註冊簿，登載商標註冊、商標權異動及法令所定之一切事項，以利商標之管理。商標註冊簿應登載事項得查閱商標法施行細則第10條，諸如商標註冊號、註冊公

告日期、商標申請案號、申請日、商標權人姓名或名稱、住居所或營業所等22款，商標註冊及商標權異動等事項，除同時影響商標權人與公眾權益外，第三人亦得避免選用相同或近似的商標而有侵害他人商標權之疑慮。與前條相同，得以電子方式取代原先作業流程。

第十三節　商標申請方式（§13）

> **第13條**
> 有關商標之申請及其他程序，得以電子方式為之。商標專責機關之文書送達，亦同。
> 前項電子方式之適用範圍、效力、作業程序及其他應遵行事項之辦法，由主管機關定之。

　　配合我國政府推廣政府資訊處理標準，本條文於2023年5月9日完成修正，為健全電子化政府環境，節省人民申辦各項案件往來耗費的時間及行政成本，並加強政府的服務速度與效能，規定有關商標之申請及其他程序，得以電子方式為之[23]。

　　商標電子申請及電子送達實施辦法，授權由主管機關另定之[24]，全文詳見附錄一。該辦法於2020年6月9日完成第五次修正，本次修法是為改善下列兩種情形：一、部分商標電子申請文件檔案內容過大，若依現行規定透過網際網路利用電子傳達進行申請，恐致傳輸時間過長，影響他人申請；二、倘若商標專責機關資訊系統出現異常故障情事，使用人將無法進行電子申請，或將損害使用人權利，故本次修法提供使用人

---

[23] 「商標電子申請實施辦法」已於2008年5月9日以經智字第09704602170號令訂定發布，並於2008年8月26日開始受理商標註冊申請案電子申請。又該辦法於2013年12月6日以經智字第10204606860號令修正發布名稱為「商標電子申請及電子送達實施辦法」。

[24] 經濟部經智字第10204606860號令。

以其他電子替代方式完成申請流程。

第十四節　指定審查人員（§14）

> **第14條**
> 商標專責機關對於商標註冊之申請、異議、評定及廢止案件之審查，應指定審查人員審查之。
> 前項審查人員之資格，以法律定之。

　　鑑於商標審查工作須具備專業性、技術性與複雜性，為維護申請人權益，對商標註冊申請、異議、評定及廢止案件之審理，應以具有商標專業知識的審查人員[25]，始得進行審理。至於商標註冊變更登記、移轉登記、授權登記、質權登記、延展專用期間及商標權分割等案件，屬商標權管理事項，不以指定專業審查人員承審為必要。

　　審查人員的審查能力，攸關商標案件審查品質及公眾權益，本條第2項明定審查人員之資格，應以法律定之。上述所稱「法律」，係指「商標審查官資格條例」（詳見附錄六），該條例為提升審查人員素質，建立審查制度法制化，將審查官分為商標高級審查官、商標審查官及商標助理審查官三類[26]，依「經濟部智慧財產局組織條例」得聘任專業審查人員專司商標審查工作，審查人員涵蓋商標高級審查官、商標審查官及商標助理審查官，以及依「經濟部智慧財產局組織條例」規定得承審商標案件之聘用專業審查人員。

---

[25] 經濟部智慧財產局組織條例第7條。
[26] 經濟部智慧財產局組織條例第16條：「本局因業務需要，得依聘用人員聘用條例之規定聘用專業人員。」同法第16條之1：「前條聘用專業人員中，擔任專利、商標審查工作者，其資格由行政院定之。」

第十五節　商標書面處分（§15）

> **第15條**
> 商標專責機關對前條第一項案件之審查，應作成書面之處分，並記載理由送達申請人。
> 前項之處分，應由審查人員具名。

　　我國行政程序法第95條第1項規定，行政處分除法規另有要式之規定者外，得以書面、言詞或其他方式為之，故行政處分不以作成書面為必要，換言之，得以言詞或其他方式為之。商標註冊之申請、異議、評定及廢止案件之審查書，均屬行政處分，審定書或處分書之製作，原本僅由局長署名，並未列入審查人員姓名，惟因商標審查具專業性，為表示審查人員對審查處分負責，強化商標審查品質，爰參照日本商標案件經審查後，皆由其商標審查人員具名之制度，明定商標審定書、異議審定書、評定書及廢止處分書所為之處分，應由審查人員具名。

　　當代社會多設置或居住在辦公大樓及公寓大廈內，行政機關寄送商標審定書、異議審定書、評定書及廢止處分書等通知書時，多以雙掛號方式寄發，得由大樓管理員代收。依郵政機關送達訴訟文書實施辦法規定[27]與行政訴訟法規定[28]相同，因大樓管理員等同大樓住戶之受僱人，故行政機關之文書由大樓管理員代理收取或簽收，係屬合法送達。

---

[27] 郵政機關送達訴訟文書實施辦法第8條：「機關、學校、工廠、商場、事務所、營業所或其他公私團體、機構之員工或居住人，或公寓大廈之居住人為應受送達人時，郵務機構送達人得將訴訟文書付與送達處所內接收郵件人員。前項接收郵件人員，視為本法第七十二條第一項規定之同居人或受僱人。接收郵件人員為他造當事人者，不適用前二項之規定。」

[28] 行政訴訟法第72條第1項、第2項：「送達於住居所、事務所、營業所或機關所在地不獲會晤應受送達人者，得將文書付與有辨別事理能力之同居人、受僱人或願代為收受而居住於同一住宅之主人。前條所定送達處所之接收郵件人員，視為前項之同居人或受僱人。」

第十六節　期間之計算（§16）

> **第16條**
> 有關期間之計算，除第三十三條第一項、第七十五條第四項及第一百零三條規定外，其始日不計算在內。

　　本法無明文時，得適用行政程序法第48條規定，亦即期間之計算，始日不計算在內。為求智慧財產權法規之一致性，明確適用商標法有關期間之計算。本法適用本條之規定於次日起算者[29]，包含以下情形：本法第8條第2項「原因消滅後」、第20條第1項及同條第4項「申請日後」、第21條「展出日後」、第32條第2項「審定書送達後」及第3項「繳費期限屆滿後」、第34條第1項「商標權期間屆滿後」及第2項「商標權期間屆滿日後」、第48條「註冊公告日後」、第58條「註冊公告日後」、第65條「廢止日後」。

第十七節　商標規定準用（§17）

> **第17條**
> 本章關於商標之規定，於證明標章、團體標章、團體商標，準用之。

　　商標之性質與證明標章、團體標章、團體商標實質內涵並不相同，故本法所稱之商標或商標權，除「商標法」之法規名稱外，均採狹義解釋，並不包括證明標章、團體標章、團體商標等權利。總則規定者為各

---

[29] 行政程序法第48條第1項：「期間以時計算者，即時起算。」同條第2項：「期間以日、星期、月或年計算者，其始日不計算在內。但法律規定即日起算者，不在此限。」

章節一體適用的事項，本章理應含括商標、證明標章、團體標章、團體商標等註冊申請及其相關事務一體適用的規定，礙於尚無法以一適當的概括名詞含括本法保護的所有標的，仍以商標一詞規範有關商標業務及各申請事項。

　　證明標章、團體標章、團體商標準用本條規定，本條準用內容為本法第3條至第16條總則內容，至於商標法第94條本文規定：「證明標章、團體標章或團體商標除本章另有規定外，依其性質準用本法有關商標之規定。」係指依其性質準用本法商標之規定，涵蓋「申請註冊、審查及核准、商標權、異議、評定、廢止、權利侵害之救濟」，為本法第18條至第79條，顯見本法第17條與第94條其規範範圍並無重疊之處。

|第二章|
商標申請註冊[*]

　　本章規範各類商標事項，概括註冊及申請、審查及核准、優先權及準國民待遇原則、註冊標準、變更申請事項、權利移轉等規定，證明標章、團體標章及團體商標除本法另有規定外，其餘項目依第94條規定準用本章有關商標的規定。

第一節　商標之標識（§18）

> **第18條**
> 商標，指任何具有識別性之標識，得以文字、圖形、記號、顏色、立體形狀、動態、全像圖、聲音等，或其聯合式所組成。
> 前項所稱識別性，指足以使商品或服務之相關消費者認識為指示商品或服務來源，並得與他人之商品或服務相區別者。

第一項　識別性之判斷標準

　　商標二字顧名思義即商業的標識，最主要的功能就是公示該標識，即可知該產品、服務或商品是源於哪家企業，所以該商標必須有其顯著的必要，倘若該商標模糊不清或與其他企業相同，即為喪失商標基本的功能，亦即不具顯著性。若一標識無法指示及區別商品或服務的來源，

---

[*]　本章部分新聞來源與補充，感謝林晏廷協助提供。

即不具商標功能，自不得核准註冊。

識別性，為商標取得註冊的積極要件，然而，識別性之「有無」、「強弱」，常伴隨著商標實際使用情形和時間經過而有所變化，尤其當今社會商業行銷手法變化多端，數位媒體新興科技日新月異，使得商標型態及使用方式不斷發展，影響識別性的判斷極大。識別性為商標指示商品或服務來源，並與其他業者的商品或服務相區別之特性，故識別性的判斷必須以商標與指定商品或服務間的關係為依歸，不能脫離指定使用之商品或服務單獨判斷，係為商標取得註冊的積極要件。標識是否具商標識別性，判斷時應考量個案的事實及證據，就商標與指定使用商品或服務間的關係、競爭同業使用情形及申請人使用方式與實際交易情況等客觀參酌因素綜合判斷，非傳統商標也不例外，故不論商標型態如何，識別性判斷的原則並無不同。

識別性乃指從消費者的角度觀察，能夠從標識外觀輕易得知該商品或產品的來源，並能跟他人商品或服務有相當程度的區別，商標識別性有「先天」與「後天」之區別，先天識別性指商標本身固有，無須經由使用取得之識別能力；後天識別性又稱為第二意義，則指標識原不具有識別性，經過市場使用，使相關消費者得以認識其為商品或服務來源的標識，即具有商標識別性，因此，該標識除原始意涵外，額外產生識別來源的新意義，我國商標識別性分述如下。

壹、先天識別性

具先天識別性的標識可分為三種，獨創性（coined）標識、任意性（arbitrary）標識、暗示性（suggestive）標識。

「獨創性標識」屬於全新思維的創作模式，運用智慧獨創所得，非延用既有詞彙或事物，本身不具特定既有涵義，該標識創作的目的即在於區別商品或服務的來源。由於其為全新的創作思維，對消費者而言，並未傳達任何商品或服務的相關資訊，僅具指示及區別來源的功能，故識別性最強。例如「GOOGLE」使用於搜尋引擎服務。

「任意性標識」指運用已有的詞彙或事物構成商標，但與指定使用

商品或服務本身或其品質、功用或其他特性全然無關，因為這種型態的標識未傳達所指定使用商品或服務的相關資訊，不具有商品或服務說明的意義，消費者會直接將其視為指示及區別來源的標識。例如「蘋果APPLE」、「黑莓BlackBerry」使用於電腦、資料處理器商品。

「暗示性標識」是以隱含、譬喻方式暗示商品或服務品質、功用或其他有關成分、性質等特性，雖然容易為消費者所記憶，但非競爭同業必須或通常用以說明商品或服務的標識。暗示性的描述與商品或服務的直接描述不同，消費者需要運用想像、思考、感受或推理，才能領會標識與商品或服務間的關聯性。例如「快譯通」使用於電子辭典商品。

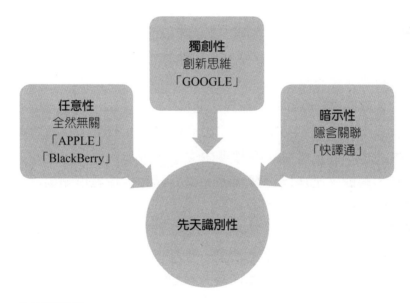

圖2-1 先天識別性

資料來源：本章自行製作。

貳、後天識別性

不具先天識別性的標識，未必不能取得商標註冊，如果申請人能夠證明該標識經過市場使用後，相關消費者已經將其視為指示及區別一定來源的標識，此時，該標識則具備商標功能，予以核准註冊。此種識別

性係經使用而取得,非標識本身所固有,故稱之爲後天識別性,又稱爲
「第二意義」。

　　「第二」並非次要或從屬之意,僅代表該意義出現時間是在固有意
義之後,當原來不具識別性的標識取得後天識別性,對消費者而言,該
標識的主要意義已轉變爲來源的指示,成爲消費者對該標識的主要認
知。商標爲描述性或其他不具先天識別性的標識,如經申請人使用且在
交易上已成爲申請人商品或服務之識別標識者,即爲標識取得「後天識
別性」,得准予註冊。

小博士解說 ── 商標

　　指任何具有識別性之標識,得以文字、圖形、記號、顏色、立體
形狀、動態、全像圖、聲音等,或其聯合式所組成。

　　2011年修法重點:

1. 開放各種得作爲商標註冊保護之態樣

　　開放任何足以識別商品或服務來源的標識,皆能成爲本法註冊保
護的商標標的,並例示商標得由文字、圖形、記號、顏色、立體
形狀、動態、全像圖、聲音等,或其聯合式標識所組成,且不限
於所例示的標識。

(1) **動態**:泛指連續變化的動態影像,而且該動態影像本身已具備
　　指示商品或服務來源的功能。動態商標所欲保護者,爲該動態
　　影像所產生整體的商業印象,已足使相關消費認識其爲指示商
　　品或服務來源者而言。

(2) **全像圖**:亦稱雷射圖或全息圖。全像圖商標指以全像圖作爲標
　　識的情形,而且該全像圖本身已具備指示商品或服務來源的功
　　能。全像圖是利用在一張底片上同時儲存多張影像的技術(全
　　像術),而呈現出立體影像,可以是數個畫面,或只是一個畫
　　面,依觀察角度不同,並有虹彩變化的情形。全像圖常用於紙
　　鈔、信用卡或其他具價值產品的安全防僞,也被利用於商品包
　　裝或裝飾。

2. **明定識別性之定義**

識別性，指足以使商品或服務之相關消費者認識為指示商品或服務來源，並得與他人之商品或服務相區別者。

例如「蘋果」指定使用於電腦商品，因與指定商品全然無關，具有指示及區別特定商品來源的識別性。但以「蘋果」二字指定使用於果汁商品，因「蘋果」即是指定商品相關的成分或原料，消費者不會認為它是指示特定來源的標識，所以不具識別性。

因應各種非傳統商標註冊保護之可能性，商標圖樣應以清楚、明確、完整、客觀、持久及易於理解的方式呈現其所欲申請註冊的商標，俾利商標專責機關審查，並於註冊公告時，能使第三人清楚知悉註冊商標的權利範圍。例如以相片紙製作圖樣，因為會隨時間經過而褪色，故不符合持久之要件；又本法例示的各種非傳統商標，其商標圖樣之呈現，因不同於一般傳統商標，原則上除商標圖樣外，並應提供商標描述及商標樣本（商標法施行細則第13條至第18條）以輔助商標圖樣之審查，請參照商標專責機關「非傳統商標審查基準」。

參、「席夢思」商標案[1]

一、案例事實

參加人（美商好夢有限公司）前於2004年8月3日以「席夢思」商標，指定使用於商標法施行細則第13條所定商品及服務分類表第20類之「床墊、無靠墊之長沙發椅、床架、床、靠墊」商品，向被告（經濟部智慧財產局）申請註冊，經其審查，准列為註冊第0000000號商標。嗣原告（蓆夢思床業有限公司）以系爭商標有違商標法第23條第1項第2款、第3款、第12款及第16款之規定，對之提起異議。案經被告審

1　臺北高等行政法院97年度訴字第932號判決。

查，以2007年7月27日中台異字第950067號商標異議審定書爲異議不成立之處分。原告不服，提起訴願，經遭駁回，遂向本院提起行政訴訟。

二、高等行政法院見解[2]

商標是否爲說明性或商標是否爲通用標章或名稱，應依社會一般通念及客觀證據認定之。中文「蓆（席）夢思」三字雖業經改制前行政法院71年判字第1597號判決、被告之核駁審定書、中台異字第751523號及中台評字第72710號、第75585號等商標異議及評定審定書認定其具說明性或通用名稱在案，然距前述法院判決或商標異議審定書、商標評定書審認至今已逾二十餘年，消費者認知通常隨客觀情事、經濟活動移轉或時空變遷而有所不同，舉凡商標在交易市場上予消費者之認知、評價、廣告、銷售額、營業及持續使用狀況，均足影響消費者對該商標之認知與印象。本件系爭商標「席夢思」是否爲商品本身之說明或商品通用名稱，須參酌實際使用證據資料綜合論斷。

就商標之識別性而言，有所謂之先天識別性（足以使商品或服務之相關消費者認識其爲表彰商品或服務之標識，並得藉以與他人之商品或服務相區別）、後天識別性（雖不符商標法第5條第2項，但經申請人使用且在交易上已成爲申請人商品或服務之識別標識者）。因商標及其使用者，與使用商標之商品，其間表彰之標識並藉以與他人相區別者，會經由使用而衍生變化，取決於這個表彰商品或服務之標識，是否得與他人之商品或服務形成社會上可以認同之區別。

故商標法第23條第1項第2款及同條第3款所稱表示商品或服務之形狀、品質、功用或其他說明者，或所指定商品或服務之通用標章或名稱者，不得註冊，雖僅於同條第4項規範第1項第2款如經申請人使用且在交易上已成爲申請人商品或服務之識別標識者，可得註冊；在同一理由下，所指定商品或服務之通用標章或名稱，如經長久或深度之使用，也將因積極之使用而衍生變化，當這個表彰商品之標識，得與他人之商品

---

2 同前註1。

形成社會上可以認同之區別，即使該商標涉及所指定商品之通用名稱，在這個商標足以產生顯著性時也應該准予註冊，是為商標沖淡理論之相關應用。

三、最高行政法院見解[3]

按稱商標者，乃用以表彰商業主體商品或服務之標誌，受保護之商標須具有顯著性，亦即應足以使商品或服務之相關消費者認識其為表彰商品或服務之標誌，並得藉以與他人之商品或服務區別。所謂「描述性商標」或說明性商標者，係指用於直接描述商品或服務之性質、功能、品質、用途或其他特點者，因欠缺識別性而原則上不得作為商標，惟如因經長期反覆使用，消費者對之已經產生商品或服務之聯想，而產生第二層意義具識別性者（non-inherently distinctive marks），則例外承認其具商標屬性，可得申請註冊。又所謂「商品之說明」者，係指商標之文字、圖形、記號、顏色組合或其聯合式等，依社會一般通念，為商品本身之說明或與商品本身之說明有密切直接明顯關聯者而言。故而商標是否為說明性或商標是否為通用標章或名稱，均應依社會交易市場一般通念及客觀證據認定之。

再者，商品之通用名稱，乃指依普通使用之方法，依交易市場之通念，屬於命名性表示之名詞，例如商品之固有名稱、俗稱等，因任何人均得使用，消費大眾無法藉此名詞聯想到商品之來源或出處，因而無法彰顯其識別性者而言。故而商標是否為說明性或商標是否為通用標章或名稱，均應依社會交易市場一般通念及客觀證據認定之。

綜上所述，原判決認原處分（異議不成立）認事用法，俱無違誤，維持原處分及訴願決定，並對上訴人在原審之主張如何不足採之論據取捨等，均已詳為論斷，而駁回上訴人在原審之訴，並無判決理由不備、判決不適用法規等違背法令情事，其所適用之法規與該案應適用之現行法規並無違背，亦無牴觸解釋判例，並無所謂原判決有違背法令之情

3　最高行政法院99年度判字第637號判決。

形；又證據之取捨與當事人所希冀者不同，致其事實之認定亦異於該當事人之主張者，不得謂爲原判決有違背法令之情形。上訴人對於業經原判決詳予論述不採之事由再予爭執，核屬法律上見解之歧異，難謂爲原判決有違背法令之情形。

肆、「路易威登馬爾悌耶公司」商標案[4]

按「民事事件涉及外國人或外國地者，爲涉外民事事件，內國法院應先確定有國際管轄權，始得受理，次依內國法之規定或概念，就爭執之法律關係予以定性後，決定應適用之法律（即準據法），而涉外民事法律適用法並無明文規定國際管轄權，應類推適用民事訴訟法之規定。」（參照最高法院98年度台上字第2259號判決要旨）查本件原告爲法商，具涉外因素，爲涉外事件；而原告主張被告於我國境內侵害其商標權、著作權及公平交易法所保護之智慧財產權益，應負損害賠償責任，乃商標、著作侵權、違反公平交易法事件，類推民事訴訟法第15條第1項「因侵權行爲涉訟者，得由行爲地之法院管轄」之規定，應認原告主張之侵權行爲地之我國法院有國際管轄權。另依商標法、著作權法及公平交易法保護之智慧財產權益所生第一、二審民事訴訟事件爲本院管轄案件，智慧財產法院組織法第3條第1款、智慧財產案件審理法第7條、智慧財產案件審理細則第2條第1項第3款及第5款分別定有明文，本件商標、著作侵權、違反公平交易法事件應屬本院管轄；且依涉外民事法律適用法第42條第1項「以智慧財產爲標的之權利，依該權利應受保護地之法律」之規定，本事件之準據法爲中華民國法律。

一、案例事實[5]

本件原告爲路易威登馬爾悌耶公司，下稱「LV公司」，已在臺灣取得多件註冊商標，並於西元2003年推出Speedy包款式。嗣於2016年間，臺灣樂金生活健康股份有限公司（被告），爲韓商樂金集團旗下韓

---

[4] 智慧財產法院107年度民商訴字第1號民事判決。
[5] 同前註4。

商TFS公司之品牌，以旗下THE FACE SHOP（又稱菲詩小舖），經營美妝及生活用品，其販售之韓商TFS與美商MOB推出聯名商品，由韓商TFS授權LG於臺灣銷售「粉餅盒、小束口袋（粉餅盒外袋）、手拿鏡」，近似於系爭商標及系爭著作之氣墊粉餅、帆布袋及手拿鏡，故LV公司認爲被告之行爲已侵害其商標與著作權。

被告臺灣樂金生活健康股份有限公司，下稱「樂金公司」，則抗辯系爭商標、Speedy包款式縱屬著作，然而系爭商品上之系爭圖樣設計與上訴人稱著作並不相同，亦非實質近似，且構成戲謔仿作，應依我國著作權法合理使用之保護。LV曾於美國對MOB提出侵權訴訟，遭到駁回。

表2-1 法國名牌LV於本案所涉之商標

系爭商標註冊號數				
01552668 01592692 01876695	01155372	00832183	00843926	01182808
商標權人：法商路易威登馬爾悌耶公司				

資料來源：本章自行製作，參考智慧財產法院107年度民商訴字第1號民事判決、智慧財產法院108年度民商上字第5號民事判決。

表2-2　SPEEDY包樣式

資料來源：本章自行製作，參考智慧財產法院107年度民商訴字第1號民事判決、智慧財產
　　　　　法院108年度民商上字第5號民事判決。

圖2-2　MONOGRAM MULTICOLOR設計

資料來源：本章自行製作，參考智慧財產法院107年度民商訴字第1號民事判決、智慧財產
　　　　　法院108年度民商上字第5號民事判決。

表2-3　臺灣樂金生活健康股份公司於本案所涉侵權之商品

系爭產品使用圖案	系爭氣墊粉餅	系爭帆布袋	系爭手拿鏡

資料來源：本章自行製作，參考智慧財產法院107年度民商訴字第1號民事判決、智慧財產法院108年度民商上字第5號民事判決。

二、一審法院見解[6]

　　一審法院認為，我國雖未有戲謔仿作之相關規定，職是，就戲謔仿作外國法系已有相關理論，縱尚未見於我國法制，但已業經學界、實務運用，可認已屬法理，自得適用。而參諸本院103年度刑智上易字第63號、97年度刑智上訴字第41號等判決意旨，有關學理上戲謔仿作於商標法或著作權法之適用，或與美國商標法實務案例採相同見解，或明示將美國著作權法之實務見解納入審酌依據，顯已屬法理，而得納入本案論斷參考，先予敘明。

　　惟按學理上有所謂「商標之戲謔仿作（parody）」，係基於言論自由、表達自由及藝術自由之尊重，而合理限制商標權，然商標法本為保護商標權及消費者利益，維護市場公平競爭，促進工商企業正常發展而制定，商標權人經由商標之使用及商標權之保護逐漸建立其品牌價值，且相關消費者藉由商標之識別性而得以區辨各別商品或服務來源，商標權涉及商標權人之利益與避免消費者混淆誤認之公共利益，如欲允許

「商標之戲謔仿作（parody）」，模仿知名商標的商標必須具詼諧、諷刺或批判等娛樂性，並同時傳達二對比矛盾之訊息，且應以「避免混淆之公共利益」與「自由表達之公共利益」予以衡平考量，此評判標準亦於美國Cliffs Notes, Inc. v. Bantam Doubleday Dell Publishing Group, Inc.案中相符。

另就商標戲謔仿作有無減損原商標識別性及信譽之虞部分，參以美國Louis Vuitton Malletier案之見解，乃闡示商標戲謔仿作之認定，受仿商標之著名強度及識別性為重要考量因素，因原告商標之識別性及著名程度極高，原告欲證明其商標識別性可能因戲謔仿作者而受損害時，應負擔更為加重之舉證責任；另一方面，戲謔仿作之保護亦非無限上綱，倘仿作者與原商標之近似度過高，例如使用原商標之原圖（Actual mark），已達可能被解讀為原商標本身實際使用之程度時，亦不受保護。

而該案之受控商標雖模仿原告商標，惟已將原告商標中之「Louis Vuitton」、「LV」字樣分別以「Chewy Vuiton」、「CV」代之，就原告商標之設計圖樣亦非完美呈現，顯僅促使消費者與原告商標產生聯想，而非實際使用原告商標之設計（suggest, not use），近似程度不足以減損原告商標之識別性，已同時傳達其並非原告商標，僅在諷刺原告商標，故為一成功戲謔仿作；原告雖另主張被控商品之品質低劣，可能使原告之商譽受損，惟法院亦認原告就此並未盡舉證責任，而為不利原告之認定。另美國Jordache Enterprises, Inc. v. Hogg Wyld, Ltd.案中敘明若仿作商標與原作近似程度非高，而未分散或減弱原商標之單一來源指示性，且於本質上僅屬無傷大雅之雙關語或諧謔玩笑，亦未造成消費者與原作間產生特別負面之聯想（a particularly unwholesome association），即不致減損原商標之識別性。

「商標之戲謔仿作」於我國商標法雖無明定，惟於學理、實務上均受肯認，亦有相關美國實務見解之法理可參，是若於民事個案中經綜合衡平考量，認雖促使消費者與原商標產生聯想，惟已成功傳達係對原商標諷刺揶揄之仿作，而呈現藝術創作、言論自由之公共利益，且未致消

費者有混淆誤認之虞，亦無減損原商標之識別性及信譽之虞，即不爲原商標人商標權效力所拘束，而應受保護。綜上，一審法院駁回原告之訴，而LV公司不服上開判決，全案上訴至二審。

三、二審法院見解[7]

　　二審法院採不同之見解，參照LV公司於美國對MOB提起之訴訟，雖美國紐約南區聯邦地區法院於MOB案判決認爲MOB帆布包上之圖案爲戲謔仿作合理使用（見表2-4），其主要論據爲：一件成功的戲謔仿作必須向消費者傳達「一個與商標權人不同的主體，在對該商標權人的商標或其政策開玩笑」，戲謔仿作必須向一般旁觀者清楚表達「被告與系爭商標權人沒有任何關係」，正是MOB所傳達的訊息。MOB帆布包重點在於沿襲全美到處可見的經典玩笑，意喻：提袋者的另一個包包是LV手提包。

　　MOB帆布包結合繪有如卡通般的LV手提包，將MOB平價粗活用的提袋與擬影射的高價包兩者間建立重大顯著的差異，在MOB與LV精品地位之間製造有趣的對比：與LV手提包總被小心呵護不同，MOB帆布包可用於裝超市產品、健身房臭汗淋漓的衣服、海灘的毛巾。綜觀整體脈絡與設計，這些差異配合脈絡及整體背景，向一般閱讀者傳達這不是眞品，「不可能造成對於來源、贊助者、關係企業或關聯性的混淆誤認」。證據未顯示MOB公司利用欺騙消費者或對於原告商譽搭便車的意圖，亦即戲謔仿作者的得利源於幽默的連結，而非大眾對於商標來源的混淆誤認，故MOB公司尚不構成Polaroid測試中的「惡意」。美國MOB案判決揭示成立商標戲謔仿作合理使用，須符合兩項要件：（一）必須清楚傳達「與原作沒有任何關係」的訊息，而無欲混淆消費者或搭商標權人商譽便車之意圖；（二）使用行爲本身使原作與仿作間產生有趣的對比差異，表達出戲謔或詼諧的意涵或論點，並爲消費者立可察覺爲戲謔仿作。

7　智慧財產法院108年度民商上字第5號民事判決。

　　回歸本案，在商標法規範下，主張戲謔仿作合理使用之人，可以提出之抗辯有二：一為其使用的方式，僅係戲謔詼諧之言論表達，並非將他人之商標作為表彰自己之商品或服務來源之標識，故非商標法上「商標之使用」行為，自無成立侵害商標權可言；如該項抗辯無法成立，使用人可主張其使用商標之行為，不致造成相關消費者混淆誤認，故不侵害商標權。如上開二項抗辯均無法成立，使用人使用他人之商標，已破壞商標最重要之辨識商品或服務來源之功能，自已構成侵害商標權之行為，無法藉口商標戲謔仿作而免責。上述美國MOB案判決提出主張商標戲謔仿作為合理使用，所須具備之兩項要件，在我國商標法的規範下，亦應可認為該戲謔仿作並非商標之使用行為，或不致造成相關消費者的混淆誤認，而不構成侵害商標權之行為。

　　本案系爭商品為粉餅、手拿鏡及小束口袋等小體積商品，非同於美國判決中MOB帆布包與LV手提包如此接近，更遑論無論如何都無法被稱作「Bag」的粉餅盒及手拿鏡，故其上縱有不明顯的「My Other Bag」字樣，恐亦如同在「六法全書」上張貼「我的另一臺車是賓士」貼紙一般，就算是美國文化下的消費者，也無法領略其戲謔、詼諧之笑點何在，我國相關消費者更無法理解其中之戲謔或詼諧之笑點為何。又系爭商品使用高度近似於系爭商標之系爭圖樣，其比例占整體面積超過三分之二，成為最引人注目的焦點。

　　系爭商品上「My Other Bag×THE FACE SHOP」等字以小字體呈現，且「My Other Bag」係以英文草寫字體呈現，對我國消費者而言，辨識較為困難，故文字部分遠不及系爭圖樣顯眼，加上圖像與文字併用時，消費者會對於圖案施以較高之注意力，且上訴人之系爭商標本即遠較「My Other Bag」或「THE FACE SHOP」著名，故系爭圖樣遠比「My Other Bag×THE FACE SHOP」給予消費者更強烈之指示來源的識別性印象。

　　再者，被上訴人於其廣告文宣中特別強調：「最值得珍藏的『名牌』氣墊粉餅！」「將最熱銷的3款氣墊粉餅結合『經典時尚』，讓上妝時氣勢瞬升，輕鬆拍出『名媛』質感妝！」該「名牌」、「經典時

尚」、「名媛」用語，易使人聯想到「精品」、「名牌」、「奢華」用品，由被上訴人系爭商品設計方式及廣告文宣內容觀之，被上訴人非但未清楚表明「與上訴人沒有任何關係」的訊息，反面展露欲混淆消費者及搭便車之意圖。

　　綜上，系爭商品為粉盒、小束口袋、手拿鏡商品，與美國MOB案之MOB帆布包屬性不同，系爭商品未能傳達任何戲謔或詼諧之意涵或論點，且被上訴人使用系爭圖樣的方式整體觀之，已造成我國相關消費者產生混淆誤認之虞，故被上訴人主張戲謔仿作合理使用之抗辯，不足採信，故判LV公司勝訴。

表2-4　美國MOB案判決

原審被證8：美國MOB案判決原文
Fig. C. – My Other Bag's Zoey – Tonal Brown Tote (Front)　Fig. D – My Other Bag's Zoey – Tonal Brown Tote (Back)

資料來源：本章自行製作，參考智慧財產法院108年度民商上字第5號民事判決。

第二節　商標註冊之申請及申請日（§19）

第19條

申請商標註冊，應備具申請書，載明申請人、商標圖樣及指定使用之商品或服務，向商標專責機關申請之。

申請商標註冊，以提出前項申請書之日為申請日。

第一項之申請人，為自然人、法人、合夥組織、依法設立之非法人團體或依商業登記法登記之商業，而欲從事其所指定商品或服務之業務者。

商標圖樣應以清楚、明確、完整、客觀、持久及易於理解之方式呈現。

申請商標註冊，應以一申請案一商標之方式為之，並得指定使用於二個以上類別之商品或服務。

前項商品或服務之分類，於本法施行細則定之。

類似商品或服務之認定，不受前項商品或服務分類之限制。

申請商標註冊，申請人有即時取得權利之必要時，得敘明事實及理由，繳納加速審查費後，由商標專責機關進行加速審查。但商標專責機關已對該註冊申請案通知補正或核駁理由者，不適用之。

　　2023年5月9日第17次修法公布修正本條文第3項與第8項，因應商業主體於市場經營相關商品或服務業務之實際需求，增訂商標註冊申請人適格之主體[8]，第3項所規範申請人主體增列「合夥組織」、「依法設立之非法人團體」或「依商業登記法登記之商業」，如診所、製衣廠、事務所、公會、協會、同鄉會、寺廟等，訴訟地位定於本法第99條。為滿足國內產業界需求及與國際接軌，新增第8項，即商標註冊申請案加速審查機制、適用範圍，若申請案符合加速審查機制（快軌機制）方可縮短審查時間，避免資源浪費，提高作業效率，減少申請人等待時長，規費另定於本法第104條。

---

[8]　大法官釋字第486號解釋。

第一項　申請註冊形式要件

一、明定取得申請日之申請書應備載事項：商標法之註冊，採先申請先註冊為原則，故商標之註冊申請是否取得申請日，對於申請人權益影響甚大。本條係規定提出申請書載明事項，涵蓋申請人、商標圖樣及指定使用之商品或服務之日為準，明定申請人於申請書中所貼附者為「商標圖樣」。倘若首次提出申請書，其中任何一事項缺失或未齊備，因無法確定申請註冊的範圍，該申請案即無法取得申請日，須以補正日作為該商標申請之時點。

二、明定商標圖樣呈現方式：因應各種非傳統商標註冊保護之可能性，商標圖樣應以清楚、明確、完整、客觀、持久及易於理解的方式呈現其欲申請註冊之商標，俾利商標專責機關就此範圍內進行審查，於註冊公告時，能使第三人清楚知悉註冊商標的權利範圍。如以相片紙製作圖樣，因其恐隨時間推進而發生褪色、變色等變質現象，不符合本法所定之持久要件。

本法例示的各種非傳統商標，其商標圖樣之呈現，因不同於一般傳統商標，原則上除商標圖樣外，應提供商標描述及商標樣本以輔助商標圖樣之審查，上述條件得參考「非傳統商標審查基準」。商標描述及商標樣本之性質旨在補充商標圖樣，輔助審查商標圖樣，職是，商標描述及商標樣本與商標圖樣須確保一致，彼此參照。

為順應國際開放各種非傳統商標得作為註冊保護之態樣，保障業者營業上之努力成果，自2003年修改以列舉方式規定由文字、圖形、記號、顏色、聲音、立體形狀或其聯合式所組成之商標為註冊保護之範圍，開放任何足以識別商品或服務來源之標識，皆能成為本法保護之客體，並例示商標得由文字、圖形、記號、顏色、立體形狀、動態、全像圖、聲音等之標識，或其聯合式標識所組成，即商標保護之客體不限於所例示之情形[9]。

三、明定一申請案一商標方式：明定商標註冊申請以一申請案一商

---

[9]　2011年5月31日立法院院會三讀通過版「商標法修正草案條文對照表」。

標的方式進行，可同時指定使用於一個類別或二個以上類別的商品或服務。但申請人有二或二以上商標欲申請註冊時，則應分別申請，明確各個取得註冊的商標權內涵。國際立法趨勢為「一案多類別申請方式」，申請人指定使用於二或二以上類別的申請方式，相比一案一類別申請方式，得免除多次填寫申請書費時費力之行為，且有助於管理商標權。若有註冊事項異動登記之必要，如移轉登記、變更登記、授權登記及質權登記等，除簡化申請程序外，亦減少收取登記之規費。

第二項　類似商品或服務之認定

商標專責機關分類暨檢索參考資料僅用於提供行政管理及檢索參考，其中備註有關特定商品零售服務與特定商品間之檢索範圍，特定商品零售服務與該特定商品間是否類似之認定，非絕對受該檢索參考資料之限制。

「零售」服務之目的，除向消費者銷售交易外，尚含零售業者為促進交易所進行的整體活動，包括揀選販售商品種類、在場提供的各種服務，藉此吸引消費者與其進行交易，而非與競爭對手產生商業行為。特定商品零售與該商品間，消費者會認為具有密切關係，從而考量「類似關係」，皆因消費者預期該商品本身與該商品的零售服務可能來自相同或雖不相同但有關聯之來源，如「衣服商品」與「衣服零售服務」、「汽機車商品」與「汽機車零售服務」等。

不過，特定商品零售服務名稱由於商品範圍廣泛而不具體，通常僅以概括性文字表示，原則上無須將零售服務所有可能涵蓋的商品範圍與該等商品之間相互檢索，如指定農產品零售服務，其零售服務所經營範圍可能涵蓋蔬果、雜糧或種苗、花卉等商品，觸及不同類別多項類似商品，故特定商品零售服務與其他特定類似或高度類似商品之間，僅有低度類似關係。

第三項　加速審查機制（快軌機制）

歐盟智慧財產局（EUIPO）自2014年11月啟動商標快速審查機制

（fast track），只要申請人預先繳交申請規費，並且從歐盟商標資料庫受理的商品或服務名稱中挑選指定商品或服務名稱等，即可免費申請快速審查，取得註冊公告時間約一般案件的一半[10]。

我國經濟部智慧財產局衡酌當前社會商業發展迅速，國人對商標保護意識逐漸提升，商標待審案件累積速度遠超過現今審查人力負荷，國人面臨商品上市壓力，時有反映審查期間過長，影響市場布局或增加前置作業不確定性。我國近年致力於推行電子化申請，導入線上審查機制，經濟部智慧財產局希冀與申請人共同合作，由申請人利用電子申請、指定使用商品或服務名稱與智慧財產局電子申請系統參考名稱完全相同、完成線上繳費，符合上述條件申請案得成為「快軌案」，縮短審查時間，儘速取得權利，讓申請人贏得先機[11]。

「快軌案」比一般申請案約加快1.5個月，排審期間在3.5個月至4個月左右，系統自動判斷符合程序審查要件的案件加以分流後提前審查，商標原則仍為「先申請先註冊」，意即申請時間在前面的案件，可能排除申請時間在後的註冊，該機制目前限於平面商標註冊申請案，不涵蓋「非傳統商標註冊申請案、證明標章、團體標章、團體商標」，其他相關規範可查閱經濟部智慧財產局網站[12]。

表2-5　「快軌案」申請條件

判斷條件	符合	不符合
申請方式	電子申請	紙本申請
指定商品服務名稱	全部為電子申請系統參考名稱	有任一項為自訂名稱

---

[10] European Union Intellectual Property Office (EUIPO), Home, Trade marks, Route to registration, Apply now. Fast track conditions, 1981/1/28, https://euipo.europa.eu/ohimportal/fast-track-conditions (last visited: 2023/8/21).

[11] 經濟部智慧財產局，商標快軌，2022年5月25日，https://www.tipo.gov.tw/tw/cp-57-875648-5b4e7-1.html（最後瀏覽日：2023年8月28日）。

[12] 同前註11。

表2-5 「快軌案」申請條件（續）

判斷條件	符合	不符合
接受的商標申請樣態	平面商標	非傳統商標註冊申請案、證明標章、團體標章、團體商標
繳費方式	1. e網通約定帳戶扣繳 2. e網通利用電子申請繳費單帳號以eATM繳足申請規費 3. 列印電子申請繳費單持單繳費	1. 填寫繳費申請書 2. 郵政劃撥 3. ATM轉帳 4. 以後續來文繳納規費
委任狀	委任代理人者，建議應於申請日後20日內檢附到局 （自行申請，免附委任狀）	有代理人未附委任狀
（全部符合以上條件，才屬於快軌案）		

資料來源：本章自行製作，參考經濟部智慧財產局，商標快軌，2022年5月25日，https://www.tipo.gov.tw/tw/cp-57-875648-5b4e7-1.html（最後瀏覽日：2023年8月28日）。

第四項　具有薄荷薰衣草氣味之商標

本件申請註冊之「具有薄荷薰衣草氣味之氣味商標」，於「商標描述」記載「本件為氣味商標，如所附樣本，係由30%的薄荷腦、40%的冬青油、18%的桉葉油、6%的樟腦及6%的薰衣草油調配而成具有薄荷薰衣草氣味之藥油。」其中，薄荷腦、冬青油、桉葉油、樟腦、薰衣草油等五種成分之混合氣味，具備提神醒腦、安定神經、改善睡眠、緩解失眠頭痛、安定情緒等功能，以之指定使用於「中藥、藥油」商品。藉由商品本身融合薄荷、冬青樹、樟樹、桉葉及薰衣草所散發的氣味，來減緩人體病痛或治療疾病，具有實用功能性，故本件氣味商標僅為發揮其商品功能所必要者，應有本款規定之適用[13]。

功能性理論是商標法保護的最重要限制，避免產品製造人藉此將產品功能占為己用，進而妨礙市場公平競爭。在非傳統商標審查基準中表示，主要氣味商標（如香水、香精等）以及次要氣味商標（如沐浴乳、洗衣精等）因具有功能性，而無法取得商標註冊，顯見國內對於氣味商

---

13 經濟部經訴字第10906309540號訴願決定書。

標的申請註冊與美國及歐盟的見解相同。氣味商標最大的爭執乃在於如香水、香精或芳香劑，香味即為產品的主要功能，惟此能申請氣味商標嗎？研發香水需要投入相當多的時間與經費，如果以香味具備功能性而不能作為香水類產品的氣味商標，無法以此作為品牌特色的保障，即法規對於氣味商標的保護著墨甚少，導致以氣味為賣點的香水或美容保養產業並不公允[14]。

　　商標法修法過程積極融合國際潮流，開放商標型態與註冊內容是必然的走向，惟氣味商標雖有申請案的提出，對註冊要件的明確性與合理性，尚未有定論，為符合商標的識別性，如同香水配方與成分要素，要被深刻的記憶鎖住，必須在最後的成品特色上突顯可被記憶的部分。如診所使用有特殊氣味的藥包和藥袋，病患能因為此特殊的氣味提醒自己的用藥時間；婦產科選擇女性熟悉的花香或精油味；神經內科則是以舒緩精神為主的海洋味或青草味，亦即可透過氣味增加商品的特殊性。敘述氣味的內容與成分是重點，直接影響主管機關審核案件的簡易度，因此，申請書的內容說明必須明確且符合要件，一則節省審查人員檢閱的時間與精力；二則方便區別識別性與第二意義。

第三節　優先權及準國民待遇原則（§20）

第20條

在與中華民國有相互承認優先權之國家或世界貿易組織會員，依法申請註冊之商標，其申請人於第一次申請日後六個月內，向中華民國就該申請同一之部分或全部商品或服務，以相同商標申請註冊者，得主張優先權。

外國申請人為非世界貿易組織會員之國民且其所屬國家與中華民國無相互承認優先權者，如於互惠國或世界貿易組織會員領域內，設有住所或營業所者，得依前項規定主張優先權。

---

[14] Moon-Ki Chai, *Protection of Fragrances Under the Post-Sale Confusion Doctrine*, 80 Trademark Rep. 368, 372 (1990).

依第一項規定主張優先權者，應於申請註冊同時聲明，並於申請書載明下列事
項：
一、第一次申請之申請日。
二、受理該申請之國家或世界貿易組織會員。
三、第一次申請之申請案號。
申請人應於申請日後三個月內，檢送經前項國家或世界貿易組織會員證明受理
之申請文件。
未依第三項第一款、第二款或前項規定辦理者，視為未主張優先權。
主張優先權者，其申請日以優先權日為準。
主張複數優先權者，各以其商品或服務所主張優先權日為申請日。

我國雖非巴黎公約（Paris Convention）成員國，惟按照TRIPS第2
條規定，TRIPS會員有遵照巴黎公約實體規定之義務。因此，我國加入
WTO之後，對所有WTO會員，均給予優先權主張之待遇。我國雖非巴
黎公約會員，惟依TRIPS第2條規定，該協定會員有遵守巴黎公約之義
務。參照該公約第3條之準國民待遇原則規定，雖非同盟國國民但於同
盟國境內有住所或營業所者，亦得依巴黎公約規定主張優先權，爰增訂
準國民待遇原則之規定。

第一項　優先權

1991年修法，我國引進優先權制度，優先權（right of priority），
顧名思義，有較他人先取得之權利，係指商標申請人於第一次在與中華
民國有相互承認優先權的國家或世界貿易組織會員任何一個成員國內提
出商標註冊申請後六個月內，以相同的商標在同一之部分或全部商品或
服務的範圍內，向其他成員國提出申請時，得同時主張以第一次提出申
請日期，作為後申請案之申請日。「第一次之申請日期」又稱「優先權
日」，申請人得於主張優先權之六個月優先權期間內，向其他相互承認
優先權國家或其他成員國提出申請，仍得以第一次申請日為其申請日，
優先於申請人實際在我國提出申請之日。

　　與中華民國有相互承認優先權之國家或世界貿易組織會員，依法申請註冊之商標，其申請人於第一次申請日後六個月內，向中華民國就該申請同一之部分或全部商品或服務，以相同商標申請註冊者，得主張優先權。外國申請人為非世界貿易組織會員之國民且其所屬國家與中華民國無相互承認優先權者，如於互惠國或世界貿易組織會員領域內，設有住所或營業所者，得依前述規定主張優先權。

　　一商標申請案不論係指定一類或多類之商品或服務，申請人皆可引據一件或數件在與中華民國有相互承認優先權之國家或世界貿易組織會員第一次申請案，就部分或全部之商品或服務主張優先權，動態、全像圖或其聯合式商標者申請註冊並主張優先權的情形，其申請日不可早於2011年7月1日，為解決得主張優先權日可能早於本法施行日之問題，本法明定以動態、全像圖或其聯合式申請註冊並主張優先權，其優先權日早於2011年7月1日者，以2011年7月1日為其優先權日。

　　主張優先權的商標，先決條件是必須與第一次申請註冊的「商標相同」，相同商標是指第一次申請案，指定使用商品或服務同一範圍內的部分或全部商品或服務者而言，若所指定使用的商品或服務非第一次申請所涵蓋者，其超出的商品或服務，則無適用優先權之餘地。例如，第一次在國外申請註冊「Tom Cruise」商標，在我國卻以中文形式申請註冊「湯姆克魯斯」商標，兩者則屬於不相同的商標。

　　優先權日相同的二案件，或恰巧與他案申請日相同的案件，若有相同或近似於他人同一或類似商品或服務的註冊商標（含申請在先的商標），有導致相關消費者混淆或誤認疑慮者，假如不能辨別時間先後，則應先由各申請人協議，不能達成協議時，以抽籤方式決定。

　　2011年修法時增訂「複數優先權」，係指商標註冊申請案不論係指定一類或多類的商品或服務，申請人皆可引據在與中華民國有相互承認優先權的國家或世界貿易組織會員第一次申請案，就該申請同一之部分或全部商品或服務，以相同商標的一件或數件主張優先權，增訂複數優先權的規定，並配合於第7項明定商標所指定商品或服務的申請日，應分別以各該部分商品或服務所主張之優先權日為準。

　　例如A公司2012年7月1日於甲國以「a商標」指定使用於「化妝品」商品，於乙國2012年8月1日以「a商標」指定使用於「動物用清潔劑」商品，則2012年10月1日於我國以同一商標指定使用於「化妝品、動物用清潔劑」商品提出商標註冊申請案時，A公司得以其於2012年7月1日甲國及2012年8月1日乙國之申請案，分別主張「化妝品」及「動物用清潔劑」商品之優先權日。

第二項　主張優先權申請案之要件

　　一、第一次在與中華民國有相互承認優先權的國家或世界貿易組織會員申請商標註冊。

　　二、於第一次申請日後六個月內向我國申請註冊，並同時聲明主張優先權及載明第一次申請的申請日、受理該申請的國家或世界貿易組織會員。

　　三、主張優先權的商標必須與第一次申請註冊的商標相同，指定使用之商品或服務必須屬於第一次申請案指定商品或服務同一範圍內的部分或全部商品或服務。

　　四、申請日後三個月內須檢送經該國家或世界貿易組織會員證明受理之申請文件。

　　主張優先權者，其申請日以優先權日為準；主張複數優先權者，各以其商品或服務所主張之優先權日為申請日。商標所指定商品或服務之申請日，應分別以各該部分商品或服務所主張之優先權日為準。

　　優先權日特別規定，動態、全像圖等新型態標識得申請註冊，明定該等案件的國外申請日，早於修正條文施行日者，以本法修正施行日2011年7月1日為其優先權日。至於氣味商標及其他新型態的商標，其優先權日早於本法修正施行日的案件，因未在本條文適用範圍內，應不受理其優先權之主張。

第三項　準國民待遇原則

　　國際間對於是否受理外國人申請與得否主張商標權利保護等，早期

多採取平等互惠原則，後來，國際間保護智慧財產權透過多邊協定或地區性國際條約之訂定，普遍採取國民待遇原則。簡言之，外國人在我國申請商標註冊，原則上予以受理；排除條件有三：一、外國人所屬國家與中華民國「未共同參加」保護商標之國際條約；二、外國人所屬國家與中華民國「無互相保護」商標之條約或協定；三、外國人所屬國家對中華民國國民申請商標註冊「不予受理者」。

我國參照巴黎公約第3條之「準國民待遇原則」，明定準國民待遇原則之規定。商標申請人在巴黎公約任何一個成員國內第一次正式提出商標註冊申請後，六個月內以相同的商標於相同指定商品或服務之範圍，向其他成員國提出申請，得同時主張以第一次正式提出申請的日期，作為後一申請案之申請日，此項得主張優先其他申請案之權利稱之。

全球國家如此之多，倘若該外國申請人「非」世界貿易組織會員國的國民，且其所屬國家與中華民國無相互承認優先權者，此時應如何處置？我國參照巴黎公約第3條之準國民待遇原則，雖非同盟國國民，但於同盟國境內有住所或營業所者，亦得依此公約主張優先權。舉例而言，甲國既非世界貿易組織會員國，也與我國無相互承認優先權，倘若A公司欲取得我國商標權之保護，可先行在世界貿易組織會員國的乙國，設有營業所並提出商標註冊申請案，此時，A公司得以依其在乙會員國內申請註冊的商標，於六個月內在我國提出商標申請註冊，並可同時主張其優先權，即可稱之為準國民待遇原則。

第四節　展覽會優先權（§21）

第21條
於中華民國政府主辦或認可之國際展覽會上，展出使用申請註冊商標之商品或服務，自該商品或服務展出日後六個月內，提出申請者，其申請日以展出日為準。
前條規定，於主張前項展覽會優先權者，準用之。

　　本條旨在促進我國商標法符合國際商標優先權相關規定，爰參照巴黎公約與德國商標法修訂優先權概念及期間，國際性質展覽會範疇概括我國政府主辦、認可之展覽會，其中必須陳列國外商品，或在國外地區舉辦者，業者亦可透過智慧財產局網站「我國認可主張展覽會優先權之國際展覽會名稱」進行搜尋。自該商品或服務展出日後六個月內，提出申請者，準用本法第22條規定。

第五節　類似商標各別申請時之註冊標準（§22）

> **第22條**
> 二人以上於同日以相同或近似之商標，於同一或類似之商品或服務各別申請註冊，有致相關消費者混淆誤認之虞，而不能辨別時間先後者，由各申請人協議定之；不能達成協議時，以抽籤方式定之。

　　我國商標註冊採「先申請先註冊原則」，原則上智慧財產局以申請人文件送達時點作為評斷基準，形式涵蓋郵戳時間、臨櫃送件時間、電子系統申請時間，較容易出現時間誤差者為臨櫃申請方式，實際送件時間可能與繳費單據時間有些許出入，如出現同一天申請且無法區別文件遞交先後順序時，將依本條規定決定申請人，惟本條文僅規定何人有申請權，非最終確定商標權歸屬。

　　若有二人以上於同日以相同或近似的商標，指定於同一或類似的商品或服務各別申請註冊，有致相關消費者混淆誤認之虞，卻不能辨別時間先後者，商標專責機關將指定相當期間，通知各申請人協議；屆期若不能達成協議時，商標專責機關應指定期日及地點，另行通知各申請人以抽籤方式決定申請的先後順序。

第一項　協議

協議是指各申請人必須共同商量，僅能有一申請人來申請註冊；反之，若無法達成出其一的申請人申請註冊，即為協議不成。又或者是，可改行另一種折衷方案，各申請人於協議內容中事先約定，先讓其中一位申請人代表申請註冊，獲准註冊後，再同意其他申請人依商標法第30條第1項第10款但書規定，申請併存註冊。簡單來說，商標申請註冊後，商標申請權人得將該商標註冊申請案所生的權利移轉給他人，移轉原因包括雙方同意下的讓與、繼承及其他法定移轉等情形，此方式就比較偏向於當事人間自行約定。

第二項　混淆誤認

商標最主要的功能為保證消費者能辨識商品或服務的來源，這是維護現代自由競爭市場正常運作不可或缺的機制。為確保商標識別功能，如果出現權利人以外的第三人使用該商標，恐致使用該商品或服務相關消費者混淆，發生誤認商品或服務來源之情形，代表消費者已無法藉由商標正確識別商品或服務來源，此時必須禁止第三人使用商標之行為。

大多數新近申請的商標註冊案，由於商標尚未使用，不必然呈現所有參考因素，自可僅就商標識別性之強弱、商標之近似程度及商品或服務之類似程度等因素為斟酌即可。然在商標異議、評定或廢止等爭議案件中，除得依其個案案情暨當事人是否主張為斟酌外，申請評定或廢止之人依法所檢送據爭商標之使用證據，或相關因素已然呈現於審查資料，應就其主張存在之因素暨其佐證之證據資料綜合斟酌，俾所為有無混淆誤認之虞之判斷，得更與市場交易之實際情形相契合。

商標專責機關受理申請案件時，皆有註記案件受理時間，且有收文文號可供辨識，因此，同日申請的情況極為罕見。實務上，相同或近似於他人同一或類似商品或服務的註冊商標或申請在先之商標，是較容易發生有導致相關消費者產生混淆或誤認的疑慮；簡單來說，商標有使公眾誤認誤信其商品或服務之性質、品質或產地之虞的情形，不得註冊。基於此情形，我國經濟部智慧財產局整理國內外案例其中提及相關因素

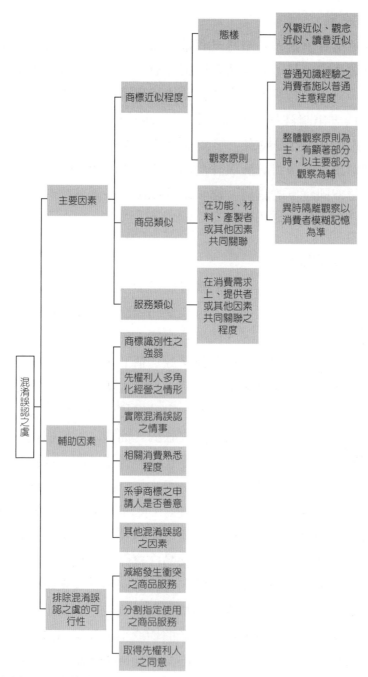

圖2-3　商標混淆誤認判斷

資料來源：本章自行製作。

後，公布「判斷有無混淆誤認之虞」應綜合參酌各項因素，分列並圖示如下：

一、商標識別性之強弱。

二、商標是否近似暨其近似之程度。

三、商品／服務是否類似暨其類似之程度。

四、先權利人多角化經營之情形。

五、實際混淆誤認之情事。

六、相關消費者對各商標熟悉之程度。

七、系爭商標之申請人是否善意。

八、其他混淆誤認之因素。

第六節　商標圖樣變更（§23）

> **第23條**
> 商標圖樣及其指定使用之商品或服務，申請後即不得變更。但指定使用商品或服務之減縮，或非就商標圖樣為實質變更者，不在此限。

商標法原則禁止商標圖樣變更，旨在保護日後其他申請人之權利，避免該申請人於變更商標權範圍後，擴大使用範圍。我國參考國際規範和澳洲商標法規定後增修但書，無變更實質內容者，如刪除錯誤、容易混淆誤認、不具識別性的標記，但不影響原商標圖樣識別意涵，得於主管機關審查後變更商標圖樣。

第七節　變更註冊申請事項（§24）

> **第24條**
> 申請人之名稱、地址、代理人或其他註冊申請事項變更者，應向商標專責機關申請變更。

　　本條規定之事項，諸如申請人、代理人個人資訊如名稱、印章、通訊地址等，不同申請人應分別向智慧財產局提出申請，若一申請人欲變更兩者以上商標，資料得檢附於一申請案中。

第八節　商標註冊申請事項錯誤之更正（§25）

> **第25條**
> 商標註冊申請事項有下列錯誤時，得經申請或依職權更正之：
> 一、申請人名稱或地址之錯誤。
> 二、文字用語或繕寫之錯誤。
> 三、其他明顯之錯誤。
> 前項之申請更正，不得影響商標同一性或擴大指定使用商品或服務之範圍。

　　商標出現顯而易見的錯誤，此時變更該錯誤不影響原商標權適用範圍，亦即不限縮他人商標權之使用，不須檢附文件即可進行變更。例如：先前商品名稱記載為「化粧品，即乳液、化妝水」，更正為「化粧品，尤指乳液、化妝水」，則列入本條第2項所稱擴大指定使用商品或服務之範圍的情形[15]。

---

[15] 經濟部智慧財產局，商標申請註冊後，可以申請更正的範圍為何？，2020年1月21日，https://

第九節　請求分割之註冊申請案（§26）

第26條
申請人得就所指定使用之商品或服務，向商標專責機關請求分割為二個以上之註冊申請案，以原註冊申請日為申請日。

　　申請分割細部規定可參閱商標法施行細則（附錄三）第27條、第36條，申請人應於申請文件中呈現分割後總件數、分割後每一商標使用範疇，檢送申請書副本，分割申請案日期與原商標申請案相同。

第十節　權利移轉（§27）

第27條
因商標註冊之申請所生之權利，得移轉於他人。

　　商標權為一無體財產權，得透過有償、無償等方式進行移轉登記，諸如：合意移轉、贈與移轉、繼承移轉、判決移轉、拍賣移轉、公司合併後移轉，受讓人依受讓時商標權利的狀態，取得使用、收益、處分等權利，攜帶不同移轉所要求的文件後，至智慧財產局完成移轉註冊登記申請，方能讓權利狀態明確化，減少發生問題爭議。需特別注意的是，倘若商標移轉時，已有授權登記或質權登記，對受讓人將繼續存在[16]。

---

topic.tipo.gov.tw/trademarks-tw/cp-508-858474-5de8c-201.html（最後瀏覽日：2023年7月2日）。

[16] 經濟部智慧財產局，商標的移轉登記，2020年10月20日，https://www.tipo.gov.tw/tw/cp-57-800447-5d089-1.html（最後瀏覽日：2023年7月2日）。

第十一節　共有申請權人或共有人應有部分之移轉、拋棄（§28）

第28條

共有商標申請權或共有人應有部分之移轉，應經全體共有人之同意。但因繼承、強制執行、法院判決或依其他法律規定移轉者，不在此限。

共有商標申請權之拋棄，應得全體共有人之同意。但各共有人就其應有部分之拋棄，不在此限。

前項共有人拋棄其應有部分者，其應有部分由其他共有人依其應有部分之比例分配之。

前項規定，於共有人死亡而無繼承人或消滅後無承受人者，準用之。

共有商標申請權指定使用商品或服務之減縮或分割，應經全體共有人之同意。

　　申請商標註冊時能夠以共有形式提出申請，共有人對象範圍涵蓋自然人和法人，避免共有人於未知情況下權利受損，本條明定應有部分商標之移轉、共有商標申請權之拋棄、共有商標申請權減縮或分割須要取得全體共有人書面同意文件，方可辦理共有商標申請權或共有人應有部分之移轉、拋棄。但書規定例外情形，不影響共有人利益，故無需經過全體共有人同意即可進行移轉，包含繼承、強制執行、法院判決等其他法定事由移轉。

|第三章|
商標審查及核准*

　　商標權是對於商標的權利，具有排他性的對世權能，商標權利人能防止不特定的他人使用其商標，避免造成混淆誤認之虞。他人若未經商標權人之授權而使用該商標，商標權人可主張商標侵害的民事救濟。

壹、商標註冊之形式審查與實質審查

　　我國商標法之特色為註冊主義以及先申請主義，商標申請案之審查方式，可分為形式審查與實體審查，商標專責機關須先審查申請案是否符合形式要件，假若符合形式要件，商標專責機關才會進一步為實體要件審查。商標註冊之形式審查以及實質審查：

　　一、形式審查：依商標法第19條規定，申請商標註冊者，應備具申請書，載明申請人、商標圖樣及指定使用之商品或服務，向商標專責機關申請之。商標主管機關對於商標註冊之申請應指定審查人員審查之，其應審查申請文件是否備齊、是否得為補正以及申請日之給予等形式審查程序。

　　二、實質審查：商標實質應就申請註冊之商標圖樣本體審查其是否符合註冊之積極要件以及消極要件。依商標法第31條規定，商標註冊申請案經審查認有第29條第1項、第3項以及第30條第1項、第4項或第65條第3項規定不得註冊之情形者，應予核駁審定。

貳、商標權的使用主義以及註冊主義

　　商標權的取得，有使用主義以及註冊主義。

---

* 　本章部分新聞來源與補充，感謝梁詠朝協助提供。

一、美國等少數國家採取使用主義，即商標權的成立以使用爲原則，由最先使用者取得商標權。採取使用主義的國家，商標經創設後，商標經實際使用，法律即給予使用的優先權，具有排他性。使用主義強調商標在市場上的實際使用情形，因此無商，則無商標，先使用者取得商標權，對於實際使用商標的人理論上較爲公平；惟其困難在於如何認定誰先使用實屬不易。

二、目前世界各國多數採行註冊主義，即商標權的發生、延展、消滅等，均以是否註冊或撤銷爲準。在採用註冊主義下，商標權因註冊而取得；註冊前商標不須實際使用，而未註冊之商標所受的保護，則比較有限，因此爲配合此制度，通常多採取先申請制，即先申請者先取得註冊，其優點爲商標於何時申請或何時註冊都明確有據，有案可查。

三、我國商標法係採註冊制以及先申請制，也兼顧使用主義。

參、商標註冊之積極要件

一、我國商標法爲順應國際間之趨勢，並保障業者經營上的努力成果，故開放任何足以識別商品或服務來源之標識，皆可成爲商標法所保護之客體。

二、商標法所稱識別性，指足以使商品或服務之相關消費者認識爲指示商品或服務來源，並得與他人之商品或服務相區別者。因此商標有無識別性，應以我國相關消費者的認知爲準。所謂「相關」消費者，係指已經有購買或使用特定商品或服務經驗的實際消費者，及未來有可能購買或使用該特定商品或服務的潛在消費者而言，例如日常用品爲一般公眾日常生活所使用的商品，應以一般公眾爲相關消費者，而流通於專業人士之間的商品或服務，則應依專業人士的觀點判斷之。

小博士解說 ── 得為商標內容

商標（trademark），指任何具有識別性之標識，得以文字、圖形、記號、顏色、立體形狀、動態、全像圖、聲音等，或其聯合式所組成。原修正前條文僅列舉規定由文字、圖形、記號、顏色、聲

音、立體形狀或其聯合式所組成商標為註冊保護之範圍。

　　2011年修正重點：

1. **條列欠缺商標識別性之情形**：將商標註冊的積極要件及消極要件分別定於第29條及第30條，以資明確。

2. **明確商標識別性應整體判斷之原則**：商標識別性應整體判斷，縱使商標圖樣中包含說明性、通用標章或通用名稱或其他不具識別性的部分，倘整體觀之，並無礙其作為識別來源之標識，則仍可取得商標註冊，實務上之運作亦是如此。

3. **聲明不專用制度改採「有致商標權範圍產生疑義之虞」，始須聲明**：聲明不專用制度之目的，在於避免申請人於商標註冊後，濫行主張權利，造成第三人之困擾。設若不具識別性部分，並無使第三人對商標權範圍產生疑義之虞，例如係通用名稱或明顯不具識別性之說明性文字等情形；如「嘉禾不動產」使用於不動產租售、買賣服務，「不動產」為指定服務之說明，若申請人於申請時未聲明，依修正前規定，審查時仍須要求申請人補正聲明不專用，徒增公文往返時間，影響審查時效，復因該商標註冊所賦予權利之範圍明確，自無單獨就不具識別性「不動產」文字部分主張排他使用之可能，商標專責機關應毋庸要求申請人再就該部分聲明不專用。

4. **修正後對於該不具識別性部分，若不聲明有致商標權範圍產生疑義之虞時，仍應就該部分聲明不在專用之列**：例如將說明性或不具識別性文字予以圖形化，使商標圖樣整體具有識別性，惟該等文字是否取得排除他人使用之效力有疑義時，申請人仍應聲明該等文字不在專用之列，以釐清專用範圍，為使相關業者及公眾有明確的依循基準，非為同業所慣用或常用的描述性用語，應認為有產生疑義，應聲明不專用，以盡量降低產生爭議的可能性，參照商標專責機關公告之「聲明不專用審查基準」。

第一節　欠缺商標識別性情形不得註冊（§29）

第29條

商標有下列不具識別性情形之一，不得註冊：

一、僅由描述所指定商品或服務之品質、用途、原料、產地或相關特性之說明
　　所構成者。

二、僅由所指定商品或服務之通用標章或名稱所構成者。

三、僅由其他不具識別性之標識所構成者。

有前項第一款或第三款規定之情形，如經申請人使用且在交易上已成為申請人
商品或服務之識別標識者，不適用之。

商標圖樣中包含不具識別性部分，且有致商標權範圍產生疑義之虞，申請人應
聲明該部分不在專用之列；未為不專用之聲明者，不得註冊。

　　商標功能旨在辨明商品或服務來源，須有其識別性才具備功能性，為避免申請人基於銷售、行銷等目的，將商品或服務中如成分、性質、來源、品質、廣告等說明性文字，共同申請註冊商標圖樣，產生影響商業貿易公平秩序之疑慮。憑藉「不專用之聲明」制度，申請人以意思表示同意的方式，不主張商標圖樣中說明性文字部分之權利，避免過度限縮申請人權利的前提下，完成註冊整體具有識別性之商標圖。

　　「聲明不專用」制度得參照我國經濟部智慧財產局「聲明不專用審查基準」，此基準已於2023年5月31日完成第二次修正發布，並自2023年8月1日生效。該制度是為提升申請人與主管機關作業便利性，預防爭議泛濫之行政措施，作為明確化商標權利範圍之基石，非一定之法、無法撼動之準則，或將與時俱進不斷修訂，依然得以依據案件具體事實評估判斷商標之識別性。

第二節　不得註冊之事由（§30）

第30條

商標有下列情形之一，不得註冊：

一、僅為發揮商品或服務之功能所必要者。

二、相同或近似於中華民國國旗、國徽、國璽、軍旗、軍徽、印信、勳章或外國國旗，或世界貿易組織會員依巴黎公約第六條之三第三款所為通知之外國國徽、國璽或國家徽章者。

三、相同於國父或國家元首之肖像或姓名者。

四、相同或近似於中華民國政府機關或其主辦展覽會之標章，或其所發給之褒獎牌狀者。

五、相同或近似於國際跨政府組織或國內外著名且具公益性機構之徽章、旗幟、其他徽記、縮寫或名稱，有致公眾誤認誤信之虞者。

六、相同或近似於國內外用以表明品質管制或驗證之國家標誌或印記，且指定使用於同一或類似之商品或服務者。

七、妨害公共秩序或善良風俗者。

八、使公眾誤認誤信其商品或服務之性質、品質或產地之虞者。

九、相同或近似於中華民國或外國之葡萄酒或蒸餾酒地理標示，且指定使用於與葡萄酒或蒸餾酒同一或類似商品，而該外國與中華民國簽訂協定或共同參加國際條約，或相互承認葡萄酒或蒸餾酒地理標示之保護者。

十、相同或近似於他人同一或類似商品或服務之註冊商標或申請在先之商標，有致相關消費者混淆誤認之虞者。但經該註冊商標或申請在先之商標所有人同意申請，且非顯屬不當者，不在此限。

十一、相同或近似於他人著名商標或標章，有致相關公眾混淆誤認之虞，或有減損著名商標或標章之識別性或信譽之虞者。但得該商標或標章之所有人同意申請註冊者，不在此限。

十二、相同或近似於他人先使用於同一或類似商品或服務之商標，而申請人因與該他人間具有契約、地緣、業務往來或其他關係，知悉他人商標存在，意圖仿襲而申請註冊者。但經其同意申請註冊者，不在此限。

十三、有他人之肖像或著名之姓名、藝名、筆名、稱號者。但經其同意申請註冊者，不在此限。

十四、相同或近似於著名之法人、商號或其他團體之名稱，有致相關公眾混淆

> 誤認之虞者。但經其同意申請註冊者，不在此限。
> 十五、商標侵害他人之著作權、專利權或其他權利，經判決確定者。但經其同
> 　　　意申請註冊者，不在此限。
> 前項第九款及第十一款至第十四款所規定之地理標示、著名及先使用之認定，
> 以申請時為準。
> 第一項第二款、第四款、第五款及第九款規定，於政府機關或相關機構為申請
> 人或經其同意申請註冊者，不適用之。
> 商標圖樣中包含第一項第一款之功能性部分，未以虛線方式呈現者，不得註
> 冊；其不能以虛線方式呈現，且未聲明不屬於商標之一部分者，亦同。

　　2023年5月9日第17次修法公布修正本條文第4項，明確商標圖樣中部分具功能性之權利範圍。本條審查基準可參酌經濟部智慧財產局「商標識別性審查基準」，現今商標逐漸呈現多元化的外觀樣式，消費者對商標的基本觀念與認識皆有所轉變，為維繫審查一致性、精進審查品質，促進商標識別性判斷基準臻於完備，同時符合我國當前商業貿易狀況，2022年7月26日已完成「商標識別性審查基準」第二次修正，並於同年9月1日生效，強化各類型商標之審查原則與案例。

　　註冊消極要件：商標之構成雖具備註冊之積極要件，並非代表即得為商標註冊；商標法為保障社會公益及私人權益，仍設有若干消極要件加以限制，意謂著商標須具有積極要件但不具有消極要件，方可准予註冊。依商標法第30條，對於不得申請註冊事項共有15款規定：

　　一、僅為發揮商品或服務之功能所必要者：

　　具有功能性的商品形狀或包裝可以提升產業整體技術進步，並帶給社會便利，若該功能性的設計歸屬於一人所有，將造成市場的永久獨占，不利於市場的公平競爭與技術進步，但若完全不加保護，也可能損及創新的動機。為在鼓勵創新與維護公共利益間取得衡平，專利法賦予功能性商品有限的保護期間，時間經過後，該發明即成為公共財，任何人均能自由使用。

　　所謂功能性，指特定的商品或服務之設計或特徵（例如商品形狀、商品包裝、聲音、顏色或氣味等），就商品或服務的用途或使用目的來說，爲不可或缺，或會影響商品或服務的成本或品質者而言。功能性包括實用功能性及美感功能性，前者包括達成商品使用目的或技術效果所必要的特徵，以及由較便宜或簡單的製造方式所產生的產品特徵；後者則指該特徵雖不具實用功能性，不能增加商品或服務的效能或降低其成本，但是明顯具有其他的競爭優勢，該競爭優勢應保留給同業使用，而不宜由一人所獨占，避免影響同業公平競爭之能力。例如黑色的船尾外掛馬達，黑色雖不能增強馬達的效能，但是黑色容易與任何的船隻顏色搭配，同時還可以使馬達看起來比較小，仍具有功能性；又如柳橙口味的藥物，雖不會使藥物在治療疾病上達到更好的效果，但是可以遮蓋藥物的味道，皆屬美感功能性的情形。

　　二、相同或近似於中華民國國旗、國徽、國璽、軍旗、軍徽、印信、勳章或外國國旗，或世界貿易組織會員依巴黎公約第6條之3第3款所爲通知之外國國徽、國璽或國家徽章者：

　　基此公共利益的考量，中華民國國旗、國徽、國璽、軍旗、軍徽是國家及軍隊的精神象徵，印信是表彰政府機關的公信力憑證，勳章則爲表揚特定國家榮譽的標識，皆具有國人尊崇之精神意義，若隨個人私益將之標示於商品上，普遍廣泛流傳於市面，實減損了國家的尊嚴及公信力，不宜核准註冊爲商標。

　　明定禁止使用相同或近似於外國國旗的商標，不問該國是否爲我國邦交國或有無外交關係，旨在尊重他國之國家尊嚴，也爲維護國際間互敬之情誼；另我國爲世界貿易組織會員，爲履行TRIPS協定之規範，本款規定相同或近似於世界貿易組織會員依巴黎公約第6條之3第3款所爲通知之外國國徽、國璽或國家徽章者，亦不得註冊。

　　三、相同於國父或國家元首之肖像或姓名者：

　　爲維護國父及國家元首之尊崇地位，避免其肖像及姓名遭受商業上的使用，減損其尊嚴及影響國家之公共利益。惟本款之適用以相同爲限，不及於近似。

但近似於國父或國家元首的肖像或姓名,以之作為商標申請註冊,若有構成妨害公共秩序或善良風俗,或有使公眾誤認誤信其商品或服務之性質、品質或產地之虞等情形,則可能構成其他條款不得註冊之事由。

四、相同或近似於中華民國政府機關或其主辦展覽會之標章,或其所發給之褒獎牌狀者:

所謂中華民國政府機關,指中央及地方政府機關,除該等政府機關本身的標章外,並包括中華民國政府機關所主辦展覽會的標章及所發的褒獎牌狀。

申請人如果為中華民國政府機關,而沒有其他不得註冊事由,應可核准相同或近似於中華民國政府機關或其主辦展覽會之標章,或其所發給之褒獎牌狀者之註冊。

五、相同或近似於國際跨政府組織或國內外著名且具公益性機構之徽章、旗幟、其他徽記、縮寫或名稱,有致公眾誤認誤信之虞者:

此係為避免消費者誤認誤信其商品或服務之來源,所作之公益性規範。

商標有相同或近似於國際跨政府組織或國內外著名公益機構之名稱、徽記、徽章或標章者,即有本款之適用,並無商品或服務類別之限制。但申請人為該國際跨政府組織或國內外著名公益機構等相關機構時,並無此款適用(商標法第30條第3項),仍得申請註冊。

國際跨政府組織除了聯合國(United Nations, UN)外,尚有亞太經濟合作會議(Asia Pacific Economic Cooperation, APEC)、歐洲聯盟(European Union, EU)、世界貿易組織(World Trade Organization, WTO)、世界海關組織(World Customs Organization, WCO)等。

六、相同或近似於國內外用以表明品質管制或驗證之國家標誌或印記,且指定使用於同一或類似之商品或服務者:

為避免消費者因誤認誤信其商品的品質係經過驗證而誤購,故立法加以保護。

所指「國內外用以表明品質管制或驗證之國家標誌或印記」,係指

依國內外用以表明品質管制或驗證，符合國家法規標準所核發的驗證標記或印記而言，與一般證明標章有別，例如國內依標準法規範之CNS正字標記等，而國外者指其性質相當於我國正字標記的驗證標準所核發之標記，例如符合歐盟指令之CE產品安全認證等，在判斷是否有本款之適用時，應該根據各該國家之標準及規定加以參酌衡量。

七、妨害公共秩序或善良風俗者：

商標之註冊有妨害公共秩序或善良風俗，除商標本身為偏激的、粗鄙的、歧視的，或給予他人不快印象的文字或圖形外，若商標本身無前述之情形，但使用於指定商品或服務時，有違反社會公共利益或一般道德觀念等情形者，亦為本款所規範，個案上並應就該等文字、圖形，在註冊當時有關之歷史背景、對社會經濟活動的影響等多方面加以考量。

下列情形通常會認為妨害公共秩序或善良風俗：（一）損害國家、民族或社會之尊嚴者；（二）鼓勵或煽惑犯罪、違法或擾亂社會秩序者；（三）非法組織、叛亂團體或盜匪、幫派等集團或個人之標記者；（四）易使人產生恐怖、醜惡感而影響民眾心理健康者；（五）對於某一國家、種族、地區、宗教、團體、職業或個人表示侮辱或不尊重者；（六）違悖倫理、提倡迷信、敗壞風化、有違社會公共秩序或利益者等屬之。

八、使公眾誤認誤信其商品或服務之性質、品質或產地之虞者：

避免一般消費者對標示該圖樣之商品或服務性質、品質、產地等發生誤認誤信而購買的情形。

對商品或服務性質之誤認誤信，如以「鮑魚牌」商標指定使用於醃漬果蔬及罐裝製品、「MONOPOLY」（專賣品）指定使用於運動遊戲器具商品；品質之誤認誤信，如以「合格」指定使用於藥品或食品、「國際標準」指定使用度量衡儀器；產地之誤認誤信，如非巴黎製的香水、服飾，以「巴黎PARIS」申請註冊；非日本東京產製之珍珠，以「東京珍珠」申請註冊。另外，商品或服務的產地來源若確為巴黎或日本東京，則「巴黎PARIS」、「東京珍珠」仍為商品之產地說明，不具商標識別性，不得註冊。

九、相同或近似於中華民國或外國之葡萄酒或蒸餾酒地理標示，且指定使用於與葡萄酒或蒸餾酒同一或類似商品，而該外國與中華民國簽訂協定或共同參加國際條約，或相互承認葡萄酒或蒸餾酒地理標示之保護者：

地理標示，係指標示某商品來自於某地區，而該商品的特定品質、聲譽或其他特徵，主要係由該地區的自然因素或人文因素所決定的標識，是讓消費者識別一個區域和另一個區域間所出產的產品不同，尤其商品特性關係到當地的風土環境，因而地理標示作為商標申請註冊時，如果指定使用的商品並非來自該商標所標示的地區，應予以禁止。但申請人如果為該地理標示之政府機關或相關機構時，則不在此款適用範圍內，應可申請註冊（商標法第30條第3項）。

相同或近似於「葡萄酒或蒸餾酒」的地理標示，依TRIPS協定第23條相關規定，本款適用並不以「使公眾誤認誤信」為必要，僅需「相同或近似」於我國或外國之葡萄酒或蒸餾酒地理標示，且指定使用於與葡萄酒或蒸餾酒同一或類似商品，即有本款之適用。

十、相同或近似於他人同一或類似商品或服務之註冊商標或申請在先之商標，有致相關消費者混淆誤認之虞者。但經該註冊商標或申請在先之商標所有人同意申請，且非顯屬不當者，不在此限：

對於申請在先或已註冊商標的保護，基於本法採先申請註冊原則，當兩商標發生衝突時，應以其申請註冊先後作為取得商標權的判斷標準。本款「有致相關消費者混淆誤認之虞者」之判斷，商標專責機關定有混淆誤認之虞審查基準，作為案件審酌之原則。

「商標近似」與「商品或服務類似」為判斷「混淆誤認之虞」主要的因素，條文之所以特別列出「商標近似」與「商品或服務類似」這二項參酌因素作為構成要件，是因為「商標近似」與「商品或服務類似」導致有混淆誤認之虞的機率極大，但並非是絕對必然的，有可能因為其他重要因素的存在，例如二商標在市場已並存相當時間，均已為商品／服務相關消費者所熟悉，即能加以區辨，而無混淆誤認之虞。

十一、相同或近似於他人著名商標或標章，有致相關公眾混淆誤認

之虞，或有減損著名商標或標章之識別性或信譽之虞者。但得該商標或標章之所有人同意申請註冊者，不在此限：

（一）所謂減損著名商標識別性之虞，係指著名商標之識別性有可能遭受減弱，亦即當著名商標使用於特定之商品或服務，原本僅會使人產生某一特定來源之聯想，但當未取得授權之第三人之使用行為，逐漸減弱或分散該商標曾經強烈指示單一來源的特徵及吸引力時，最後該曾經強烈指示單一來源的商標很有可能將會變成指示二種或二種以上來源的商標，或使該商標在社會大眾的心中不會留下單一聯想或獨特性的印象。

（二）所謂減損著名商標信譽之虞，係指著名商標之信譽有可能遭受污損，亦即因未取得授權之第三人之使用行為，使消費者對著名商標所代表之品質、信譽產生貶抑或負面之聯想。例如因第三人以有害身心或毀損名譽的方式使用著名商標，使人對著名商標之信譽產生負面的聯想。

（三）判斷有無商標減損之虞的參酌因素，包括商標著名之程度、商標近似之程度、商標被普遍使用於其他商品／服務之程度、著名商標先天或後天識別性之程度或其他參酌因素。對著名商標之認定，應考量相關公眾之認知，而非以一般公眾之認知判斷之；著名標章之保護除防止與著名商標／標章產生混淆誤認之虞外，並應避免對著名商標／標章之識別性或信譽有減損（dilution）之虞。對減損著名商標識別性或信譽之保護，會員並得要求達一般公眾所知悉之著名程度。

小博士解說 —— 商標或標章之「著名」程度

1. 著名商標之形成需要投入大量的時間以及金錢，為保護著名商標權人的心血結晶，避免他人任意攀附著名商標的識別性以及信譽，因此須給予著名商標較一般商標更有效的保護。各國法律以及國際公約對於著名商標均提供較一般商標法更強化的保護規定；我國商標法亦不例外，著名商標之保護，除應防止著名商標

所表彰之來源，遭受混淆誤認之虞外，對著名商標本身之識別性與信譽亦應加以保護，以免其遭受淡化減損。

2. 客觀證據：著名商標或標章，係指商標所表彰的識別性以及信譽為消費者所熟知，然商標的著名程度其實有高低之別，若是商標所表彰之識別性以及信譽已廣為一般消費者所熟知，則該商標具有較高著名程度。如果係在特定相關商品市場上，廣為相關消費者所熟知，但為證明為一般消費者普遍認知，則該商標著名的程度為較低。然而，不管商標著名程度高低如何，只須商標所表彰的識別性以及信譽已廣為相關消費者所普遍認知，即足以認定該商標為著名商標。因此商標法所稱之著名商標或標章，係指有客觀證據足以認定該商標或標章已廣為相關事業或消費者所普遍認知者而言，而可依商標法保護著名商標之相關規定獲得保護。

3. 商標為相關事業或消費者所普遍認知者：又上述之相關事業或消費者，係以商標所使用之商品／服務交易範圍為準，包含下列三種情形，但不以此為限：(1)商標所使用商品或服務之實際或可能之消費者；(2)涉及商標所使用商品或服務經銷管道之人；(3)經營商標所使用商品或服務之相關業者。

　　商標為上述其中之一相關事業或消費者所普遍認知者，應認定為著名之商標；惟判斷商標或標章是否為著名，則應以商標申請註冊時為判斷時點。著名商標之認定，應以國內消費者之認知為準；國內消費者得普遍認知該商標之存在，通常係因該商標或標章已在國內廣泛使用之結果，因此商標權人欲主張其商標或標章為著名商標，應檢送其商標於國內使用之相關證據；若有商標或標章未在我國使用或實際使用情形並不廣泛，但有客觀證據顯示，該商標於國外廣泛使用且其著名度已到達我國者，仍可認為其係著名商標或標章。

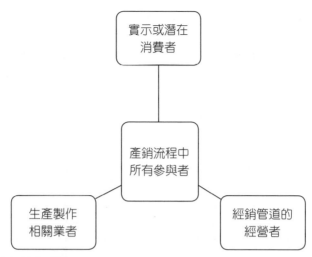

圖3-1　著名商標認知對象

資料來源：本章自行製作。

表3-1　2022年臺灣國際品牌價值榜單

排名	品牌	公司名稱	產業類別	品牌價值（億美元）
1	ASUS	華碩電腦	電子資訊	21.63
2	TREND MICRO™	趨勢科技	電子資訊	20.74
3	旺旺集團	旺旺食品	食品製造	11.59
4	MEDIATEK	聯發科技	電子資訊	8.25
5	ADVANTECH	研華公司	電子資訊	7.76

表3-1　2022年臺灣國際品牌價值榜單（續）

排名	品牌	公司名稱	產業類別	品牌價值（億美元）
6	GIANT GROUP	巨大機械	金屬機械	7.46
7	acer	宏碁公司	電子資訊	5.98
8	國泰金控 Cathay Financial Holdings	國泰金控	金融服務	5.98
9	中國信託金控 CTBC HOLDING	中信金控	金融服務	5.33
10	MERIDA	美利達工業	金屬機械	4.67
11	中租控股	中租控股	金融服務	4.35
12	DELTA	台達電子	電子資訊	4.26
13	SYNNEX 聯強國際集團	聯強國際	零售通路	4.23
14	85°C Daily Cafe	美食達人	餐飲	3.07
15	統一企業	統一企業	食品製造	2.68

表3-1　2022年臺灣國際品牌價值榜單（續）

排名	品牌	公司名稱	產業類別	品牌價值（億美元）
16	**MAXXIS**	正新橡膠	橡膠	2.50
17	msi	微星科技	電子資訊	2.19
18	JOHNSON	喬山健康	生技醫療	2.15
19	ADATA 威剛科技	威剛科技	電子資訊	1.08
20	CHLITINA	克麗緹娜	生技醫療	1.07
21	Transcend®	創見資訊	電子資訊	1.00
22	GIGABYTE™	技嘉科技	電子資訊	0.89
23	KMC	桂盟國際	金屬機械	0.83
24	E ink	元太科技	電子資訊	0.78
25	HIWIN®	上銀科技	金屬機械	0.75

資料來源：本章自行製作，參考經濟部工業局，品牌價值調查 台灣國際品牌價值歷年榜單 2022年，https://www.branding-taiwan.tw/BrandValue/（最後瀏覽日：2023年8月27日）。

小博士解說 ──「著名」程度參酌判斷因素

1. **商標識別性之強弱**：識別性越強的商標給予消費者的印象越深刻，越易成為相關事業或消費者所普遍知悉的著名商標；例如識別性較強的創意性商標較任意性商標更易成為廣為相關事業或消費者所普遍知悉的著名商標。

2. **相關事業或消費者知悉或認識商標之程度**：相關事業或消費者知悉或認識商標之程度，可由相關證據證明之。若有市場調查及意見調查資料，亦得作為相關事業或消費者知悉或認識商標程度的證據。

3. **商標使用期間、範圍及地域**：檢送商標使用期間、範圍及地域的證據資料，可推論商標是否已達相關事業或消費者普遍認知的著名程度，其著重於商標權人實際所從事的商業活動。原則上，商標使用的期間越長、範圍及地域越廣泛，該商標即越有可能達到相關事業或消費者普遍認知的著名程度。

4. **商標宣傳之期間、範圍及地域**：商標宣傳之期間越長、範圍及地域越廣泛，該商標原則上越有可能達到相關事業或消費者普遍認知的著名程度。經由廣告、宣傳品或電子媒體（包括網路）等在全國密集地刊登與播送，即使商標宣傳之期間不長，該商標仍有可能達到相關事業或消費者普遍認知的著名程度。

5. **商標是否申請或取得註冊，其註冊、申請註冊之期間、範圍及地域**：著名商標之認定，商標權人通常除檢送該商標實際之使用證據外，也會檢送國內外之相關註冊資料加以佐證。商標在世界各地申請或取得註冊越多、期間越長，可作為認定該商標是否為著名的參酌因素之一，亦可作為該商標於市場上廣泛使用的佐證，且有助於認定該商標已達到相關事業或消費者普遍認知的著名程度。

6. **商標成功執行其權利的紀錄，特別指曾經行政或司法機關認定為著名之情形**：商標成功執行其權利的紀錄，例如曾經異議審定

書、評定書、訴願決定書或法院判決書等認定為著名之情形。又考量此項因素時，需注意其成功執行其權利的時間點，因著名商標之著名性會隨時間之經過而有所變動，若其成功執行其權利的時間點，距離處分時過為久遠，例如曾經行政或司法機關認定為著名商標的時間點，距離處分時已超過三年，此時，是否仍屬著名商標，就須參酌其他相關證據加以判斷。

7. **商標之價值**：商標之價值越高，該商標為相關事業或消費者普遍認知的可能性越高。

8. **其他足以認定著名商標之因素**：上述各項認定著名商標之參酌因素應就個案具體情況，考量足資判斷為著名的參酌因素，個案上不一定會呈現所有參酌因素。

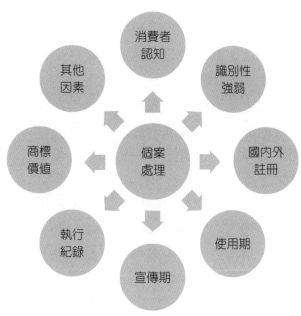

圖3-2　著名商標認定因素

資料來源：本章自行製作。

小博士解說——減損著名商標或標章之識別性或信譽之虞

1. 所謂減損著名商標或標章之識別性或信譽,即為淡化理論(dilution)或稱商標沖淡理論;淡化理論係指將他人著名商標使用於雖非同一或同類商品,或完全不致發生誤認混淆之各式商品,以致該著名商標識別性被沖淡或減弱。淡化理論與著名商標之保護較有關係,在現行大量生產、大量消費時代,企業多角化經營,若他人將商標權人努力經營之信譽,免費搭知名度之便車(free-ride),將著名商標使用於風馬牛不相干的業務上,亦有可能沖淡或減弱著名商標之識別性或信譽,而此行為亦屬商標權侵害態樣之一。

   商標淡化保護係基於傳統混淆之虞理論的保護範圍下,仍無法有效保護著名商標本身之識別性或信譽遭受損害的情況。因此,當二商標之商品/服務之市場有所區隔且營業利益衝突並不明顯,消費者不會誤以為其係來自相同或相關聯之來源,惟允許系爭商標之註冊,可能會使商標之識別性或信譽遭受損害,此即為商標淡化保護所要解決的問題。

   商標淡化在概念上著重於對著名商標本身的保護,可知防止損害著名商標識別商品或服務來源的能力或其所表彰之信譽,與傳統混淆之虞理論在概念上係著重於防止相關消費者對商品或服務來源的混淆誤認之虞並不相同。

   在目前大量生產、大量消費的時代,企業多角化經營的情況亦屬商標侵害的一種態樣,此理論源於德國判例,美國如麻州、紐約、伊利諾州、喬治亞州等,亦均於商標法內制定特別條款以加強保護,此外,荷蘭法院亦接受此一沖淡理論。商標顯著性一旦被沖淡,商標就很可能消失而變成名詞,不能再接受保護。

2. 我國商標法規定商標淡化之類型包括「減損著名商標識別性之虞」與「減損著名商標信譽之虞」兩種,以下分別說明其意義:

(1) **減損著名商標識別性之虞**：係指著名商標之識別性有可能遭受減弱，亦即當著名商標使用於特定之商品或服務，僅會使人產生某一特定來源之聯想；但當未經商標授權第三人的使用行為，減弱或沖淡該商標曾經強烈指示單一來源的特徵或吸引力時，使商標很有可能將會變成指示二種或二種以上來源的商標，而消費者在心理上聯想到原來的商標時，此種聯想會因而削弱原先商標的識別性、銷售力及價值者。

例如說到ROLEX，一定會直接聯想到手錶；說到NIKE，一定會直接聯想到球鞋。如果著名商標所有權人無法防止他人用近似商標使用於不類似之商品或服務，久而久之，消費者即不會再對著名商標產生特定之聯想力，逐漸地著名商標與所代表之商品或服務間之獨特性就會被淡化，而喪失其著名性及識別性。

(2) **減損著名商標信譽之虞**：所謂減損著名商標信譽之虞，係指後使用者將相同或近似於著名商標的圖樣，使用於負面、較為低級、色情、違法之物品或服務上，相關消費者並不會因此認為後使用者之商標與著名商標有任何關聯，但會因後使用者之使用而逐漸產生負面之印象；亦即因未取得授權之第三人之使用行為，使消費者對著名商標所代表之品質、信譽產生貶抑或負面之聯想。例如因第三人以有害身心或毀損名譽的方式使用著名商標，使人對著名商標之信譽產生負面的聯想。

例如有海報商將可口可樂公司所用「Enjoy Coca-Cola」的商標字樣改成「Enjoy Cocaine」並製成海報加以販售；針對海報商的行為，可口可樂公司提出商標污損及混淆誤認之虞之訴訟；法院雖認為海報商的行為並無引起混淆誤認之虞，但海報商的行為則構成減損著名商標信譽之虞。

3. 美國法上為避免商標被淡化，以是否對產品之來源發生混淆或誤認之虞為標準，若是蓄意搭便車的情況，亦可基於不公平競爭（unfair

competition）來保護著名之商標。早於1976年Scarves by Vera, Inc. v. Todo Imports Ltd.案，原告認為其係高級設計包裝之名牌，而被告同樣使用「Vera」之商標於其所販售之香水、化妝品上，因此被告之行為使原告商標之品牌有被淡化之虞，因此對被告要求損害賠償，原告舉證其銷售之點乃各精品店、百貨公司，並有一年達千萬之銷售收入，而廣告花費也達數十萬甚至上百萬美金，雖然被告舉證Vera使用在說明製造商的功能，而非商標部分。上訴法院的看法採行原告的指控，認為：(1)商標法乃保護先使用者在未來可能跨領域經營的利益；(2)保護先使用者的商譽；(3)本案中被告乃利用原告品牌之功能，不但未自己去發展商標，且明顯地為搭便車行為。

本案中雖然被告辯稱所使用商標乃使用於與原告不同領域之商品範圍，但法院仍認為後使用者的使用，會使先使用者的商標功能失去識別性，即使在不相關的商品販售上，仍然會使消費者誤認其商品來源，而產生不公平競爭的情況。

4. 美國於1996年1月16日增訂聯邦商標淡化條文，保護著名商標被濫用而造成品牌淡化的情形，而影響到商標所表彰的識別性。

小博士解說──商標近似之判斷標準

　　商標近似係指二商標給予人的整體印象有相近之處，若標示在相同或類似的商品／服務上時，具有普通知識經驗的消費者，於消費時施以普通之注意，可能會有所混淆誤認二商品／服務來自同一來源或誤認不同來源之間有所關聯。

1. **應以具有普通知識經驗之消費者於購買時施以普通之注意為準：** 判斷兩商標間是否構成近似，首先應確定的是以誰的角度來作觀察。

　　商標最主要的功能在提供商品／服務之消費者藉以區辨商品／服務來源，因此，是否構成近似，應以具有普通知識經驗之消費

者，於購買時施以普通之注意為準。而商品性質的不同會影響消費者的注意程度，例如就普通日常消費品而言，消費者的注意程度較低，對二商標間之差異辨識較弱，容易產生近似之印象；若是專業性商品如藥品，或單價較高之商品如汽車，其消費者多為專業人士，或購買時會施以較高注意，對二商標間之差異較能區辨，判斷近似的標準自然高於一般日常消費品之消費者。

2. **判斷商標近似的態樣有三，為外觀近似、觀念近似以及讀音近似；惟並非二商標外觀、觀念或讀音方面有一方近似即可推論二商標間商標近似，須考量個案之不同，且須以其是否可能引起商品／服務之消費者混淆誤認的程度為判斷商標近似的標準，以下針對三種態樣為說明：**

   (1) 外觀近似：商標之構成，如包括文字、圖形或記號之聯合式者，其有無近似，應就整體外觀之印象，判斷其是否足以發生混淆。

   (2) 觀念近似：指二商標之意義是否相同或近似，判斷其是否足以發生混淆。

   (3) 讀音近似：單純文字商標，消費者以口頭或電話訂貨，或商品係以收音機或電視為廣告時，聽覺上之反應足以發生混淆者即為近似。

3. **商標近似判斷標準：**法院以及行政機關於判斷二商標間是否構成近似，依下列幾個原則為判斷。

   (1) 依一般消費者施以普通注意原則：判斷二商標是否近似是以「具有普通知識經驗之消費者，於購買時施以普通之注意」，可能會有所混淆而誤認二商品／服務來自同一來源或誤認不同來源之間有所關聯為準。

   (2) 通體觀察及比較主要部分之原則：經整體觀察後如有一主要部分，占據商標之顯著部分，此一主要部分最終仍是影響商標給予商品／服務之消費者的整體印象。故判斷商標近似，仍應以整體觀察為依歸。

(3) 消費者記憶測驗之原則——異時異地隔離觀察之原則：一般消費者於購買商品時，往往係以其模糊的記憶爲判斷，甚少拿著商標以並列比對的方式來選購；因此細微部分的差異，在消費者心中難以發揮區辨的功能；爲判斷商標是否近似時，應隔離一段時間以及一段距離，用以測試消費者是否受到混淆爲斷，現行商標法則將商標近似與否，作爲判斷商標是否造成混淆誤認之虞因素之一；異時異地隔離觀察原則乃是在提醒審查人員，應設想一般實際購買行爲態樣，而非要求審查人員需以異時異地、隔離觀察之審查方式來審查商標近似。

(4) 判斷商標近似，應以商標圖樣整體爲觀察：此乃係由於商標呈現在商品／服務之消費者眼前的是整體圖樣，而非割裂爲各部分分別呈現。至於另有所謂「主要部分」觀察，則係認爲商標雖然係以整體圖樣呈現，然而商品／服務之消費者關注或者事後留在其印象中的，可能是其中較爲顯著的部分，此一顯著的部分即屬主要部分。所以，主要部分觀察與整體觀察並非兩相對立，主要部分最終仍是影響商標給予商品／服務之消費者的整體印象。是以，判斷商標近似，仍應以整體觀察爲依歸。

(5) 所謂一般實際購買行爲態樣，係指一般消費者都是憑著對商標未必清晰完整的印象，在不同的時間或地點，來作重複選購的行爲，而不是拿著商標以併列比對的方式來選購，所以細微部分的差異，在消費者的印象中難以發揮區辨的功能，判斷商標是否近似時，得毋庸納入考量。這樣一個設身處地的思考原則，在判斷商標近似時，應注意切實掌握。

(6) 商標給予商品／服務之消費者的印象，可以就商標整體的外觀、觀念或讀音等來觀察，因此判斷商標近似，亦得就此三者來觀察是否已達到可能誤認的近似程度。特別要再強調，外觀、觀念或讀音其中之一的相近，雖可能導致商標整體印象的近似，但卻非絕對必然，例如「第一」與「帝衣」，雖然讀音

相同，但外觀及觀念截然不同，就二商標之整體印象而言，引起商品／服務消費者誤認的可能性極低，應認為非屬近似之商標。是以，二商標外觀、觀念或讀音其中之一的近似，並非即可推論商標之整體印象即當然近似，仍應以其是否達到可能引起商品／服務之消費者誤認的程度為判斷近似之依歸。

十二、相同或近似於他人先使用於同一或類似商品或服務之商標，而申請人因與該他人間具有契約、地緣、業務往來或其他關係，知悉他人商標存在，意圖仿襲而申請註冊者。但經其同意申請註冊者，不在此限：

避免剽竊他人創用之商標或標章而搶先註冊，基於民法上的誠實信用原則、促進工商企業正常發展及維護競爭秩序的基礎下，賦予先使用商標者，遭他人不法搶註其商標時的救濟機會，禁止其代理人或代表人註冊商標外，並擴大適用範圍及於因契約、地緣、業務往來或其他關係，知悉他人商標存在而仿襲申請註冊等情形。

申請人是否基於仿襲意圖所為，得斟酌契約、地緣、業務往來或其他關係等客觀存在之事實及證據，依據論理法則及經驗法則加以判斷，並不會限縮其適用範圍，反而更能夠明白其立法之旨意。申請人是否基於仿襲意圖所為，得就個案中據爭商標是否具獨創性及其行銷於市場等具體客觀事證，判斷申請人是否基於業務競爭關係知悉他人商標存在而有「意圖仿襲」申請註冊之情事，並斟酌契約、地緣、業務往來或其他等客觀存在之事實及證據加以判斷。

十三、有他人之肖像或著名之姓名、藝名、筆名、字號者。但經其同意申請註冊者，不在此限：

保護自然人的人格權，所稱「他人之肖像」不以著名為限，經過裝扮或不同畫風呈現的肖像，可辨認出該他人時，仍屬之；而姓名、藝名、筆名、字號者，限於達到「著名」的程度方得適用。

但申請人如取得該他人同意申請註冊者，得於申請時檢附同意書，

或於補正同意書後，主張但書之適用。歷史人物的肖像或已逝著名人士的姓名、藝名、筆名、字號等，因其人格權業已消滅，非為本款保護之範圍。但著名歷史人物的姓名與商品或服務的內容可能有關時，容易使相關消費者對其內容產生聯想，視其為商品或服務內容的說明者，應不具識別性，又著名歷史人物的鮮明形象，常具有社會教化功能，若使用於指定商品或服務，使人產生不敬或侮蔑等負面聯想，而對公共秩序或善良風俗有所妨害者，則不得註冊。

十四、相同或近似於著名之法人、商號或其他團體之名稱，有致相關公眾混淆誤認之虞者。但經其同意申請註冊者，不在此限：

保護著名法人、商號或其他團體之名稱，以保障商業秩序及防止不公平競爭，並保護消費者免於受混淆誤認的可能。本款之法人、商號或其他團體之名稱，需係依法律登記者，始有受保護之權利可言。本款法人、商號或其他團體之名稱，限於達到「著名」的程度，始有適用。而本法所稱著名，指有客觀證據足以認定已廣為相關事業或消費者所普遍認知。

「公司、商號或其他團體之名稱」，指公司法、商業登記法或人民團體法中之公司名稱、商號名稱或其他團體名稱而言，原則上應以中文為限，如係作為進出口廠商向貿易局登記之公司英文名稱，雖仍為「表彰營業主體」之名稱，若有致相關公眾混淆誤認之虞者，應回歸第11款有關著名商標或標章之規定加以保護。

本法第30條第1項第14款所稱法人、商號或其他團體之名稱，指其特取名稱。所謂「特取部分」，係指法人成立時，特別取以為其名稱，以與他法人相區別，而彰顯其獨特主體地位，法人、商號或其他團體的全稱中，表明業務種類或組織型態的文字，雖非在於表示其特取而與他人相區別的部分，惟業務種類或組織型態以外之文字，如不足以表彰其特性而與他人相區別，亦非屬特取名稱，而應以其名稱通體觀察，並審酌法人、商號或其他團體對外用以表彰獨特主體地位，及相關事業或消費者用以區別其與他法人、商號或其他團體之稱謂，作為其特取名稱。

十五、商標侵害他人之著作權、專利權或其他權利，經判決確定

者。但經其同意申請註冊者，不在此限：

　　主要著重於著作權人、專利權人或其他在先權利人的保護，由於是否侵害他人著作權、專利權或其他權利，往往存有事實上或法律上的爭議，必須委由法院來審理並裁判，始能確知商標有無侵害他人權利，故應經法院判決侵害確定者，才能認定有本款規定之適用。惟應注意條文中「判決確定」並非指「註冊時」即應取得確定判決，始有本款之適用，而係指商標申請時侵害他人之著作權、專利權或其他權利之事實，在提出異議、申請評定或提請評定程序中須檢附確定判決書，以證明該商標之註冊確實侵害他人之著作權、專利權或其他權利。但如經該等權利人同意申請註冊商標，就沒有禁止的必要，為本款但書所明定。

　　即商標權與其他權利發生衝突時，以保護權利在先者為原則。而商標權為智慧財產權之一，是以，商標以自行創作為原則，不得抄襲他人精神智能之產物，如商標之註冊侵害他人著作權、專利權或其他權利，經法院判決侵害確定者，商標專責機關應不准其註冊。至於使用之商標若有致侵害他人著作權、專利權或其他權利者，他人自得依相關法規主張權益，並循司法救濟途徑以訴訟排除其侵害或請求損害賠償等。

　　本款於2023年5月9日修法重點：商標之註冊違反商標法第30條第1項第15款規定申請異議者，該款所定商標侵害他人權利經判決確定之認定，以提出異議時為判斷基準；申請評定者，準用之，另將適用評定除斥期間情形，排除該款規定。

第一項　「BabyBoss」案

　　中保寶貝城在2007年申請註冊「BabyBoss」商標，已由智慧財產局核准；雨果伯斯發現後，以「BabyBoss」與該公司的「HUGO BOSS」、「BOSS」等系列商標相似為由，申請智慧財產局評定，智慧財產局隨後將中保寶貝城的「BabyBoss」商標撤銷。中保寶貝城認為，兩公司商標整體性相差很大，向智慧財產局提起訴願，但遭駁回，進而一狀告進法院。

　　智慧財產法院指出，判斷商標是否近似，應該以商標圖樣整體來觀

察，商標呈現在消費者眼前的是整體圖樣，而非依各部分分別呈現。故以「BabyBoss」與「HOGO BOSS」等系列商標整體看來，相差很大，智慧財產局撤銷「BabyBoss」商標案，敗訴。

第二項　順路公司案[1]

原告於2014年3月24日以「順路股份有限公司標章」商標（即系爭商標），指定使用於商標法施行細則第19條所定之商品及服務分類表第25類商品，向被告（即經濟部智慧財產局）申請註冊，嗣經被告審查，認系爭商標與註冊商標「paperplanes新斯達及圖」、「AVIATOR及圖」、「設計圖」構成近似，且指定使用於類似之商品及服務，被告據以核駁諸商標具相當識別性，恐致消費者產生混淆誤認，被告於2016年12月28日發給核駁審定書為核駁處分。原告不服，提起訴願，2017年6月2日被告駁回訴願。原告仍不服，遂向智慧財產法院提起行政訴訟。

壹、順路公司案爭點[2]

有無商標法第30條第1項第10款之適用？比較系爭商標與據以核駁諸商標，是否有違反商標法第30條第1項第10款規定之情形，而不應准予註冊。

貳、順路公司案法院見解[3]

判斷兩商標間有無混淆誤認之虞，應參酌如下要件：一、商標識別性之強弱；二、商標是否近似暨其近似之程度；三、商品或服務是否類似暨其類似之程度；四、先權利人多角化經營之情形；五、實際混淆誤認之情事；六、相關消費者對各商標熟悉程度；七、系爭商標之申請人是否基於善意或不知情的情況；八、其他混淆誤認因素等，法院綜合認定後判斷是否已達有致生混淆誤認之虞。參照最高行政法院104年度判

---

[1] 智慧財產法院106年度行商訴字第85號判決。
[2] 同前註1。
[3] 同前註1。

字第354號行政判決意旨，倘有造成相關消費者產生混淆誤認之虞，則兩商標間必然存在近似之事，僅近似程度差異不同。判斷兩商標是否近似，須整體觀察「外觀」、「觀念」、「讀音」等突出顯著部分，足以使一般消費民眾對標誌形成核心印象之主要構件。

系爭商標與據以核駁諸商標均為圓圈內以線條切割為幾何圖形之設計圖，或以該設計圖為字首搭配其他中外文字所組合而成，設計理念相似，整體構圖和寓意印象極為相仿，實易誤認為同一來源之系列商標，應屬構成近似程度高之商標。系爭商標與據以核駁諸商標用途均為供人體穿著、禦寒或搭配使用之衣服、靴鞋及服飾配件商品，或後者所提供服務之內容即為前者商品之販售，其商品／服務於性質、功能、用途、產製者（服務提供者）行銷場所、消費族群及滿足消費者目的等因素上，均有共同或相關聯之處，依一般社會通念及市場交易情形判斷，應屬同一或高度類似之商品／服務。被告所為系爭商標不得註冊，應予核駁之審定，自無不合，訴願決定予以維持，亦無違誤。原告仍執前詞，訴請撤銷原處分及訴願決定，為無理由，應予駁回。

原告舉另案相關設計圖指定於與系爭商標類似商品／服務及系爭商標於國外獲准註冊之諸案例，主張系爭商標亦應准予註冊云云。按商標申請准否，係採個案審查原則，在具體個案審究是否合法與適當，應視不同個案情節，正確認定事實與適用法律，不受他案拘束，況我國商標法係採屬地主義，自應以我國商標法規及國內相關消費者對於商標圖樣之理解與認知作為判斷基準；尚難逕以他案商標註冊案或系爭商標經其他國家或地區核准註冊為由，執為系爭商標應准註冊之論據。

表3-2　順路公司系爭商標

	申請案號：103015760號
	審定商標種類：商標
	商標名稱：設計圖
	申請日：2014年3月24日
	商標名稱：順路股份有限公司標章
	申請人：順路股份有限公司
	指定使用類別：（第25類）鞋子；涼鞋；拖鞋；雨鞋；布鞋；皮鞋；運動鞋；休閒鞋；海灘鞋；嬰兒鞋；靴子；鞋用跟；鞋套；童鞋；鞋用防滑器；鞋用金屬配件；鞋用鐵製配件；鞋用接縫滾邊；服裝；皮帶

資料來源：智慧財產法院106年度行商訴字第85號判決。

表3-3　順路公司據以核駁商標

註冊第01582635號	商標名稱：paperplanes新斯達及圖
	申請日：2012年5月29日
	註冊日：2013年6月1日
	註冊公告日：2013年6月1日
	專用期限：2023年5月31日
	指定使用類別：（第35類）廣告企劃、廣告美術設計、電腦網路線上廣告、為零售目的在通訊媒體上展示商品、代理進出口服務、代理國內外廠商各種產品之報價投標經銷、為其他企業採購商品及服務、協助企業對外採購服務、郵購、電視購物（電子購物）、鞋零售批發
註冊第01637576號	商標名稱：AVIATOR及圖
AVIATOR	申請日：2013年8月6日
	註冊日：2014年4月16日
	註冊公告日：2014年4月16日
	專用期限：2024年4月15日
	指定使用類別：（第25類）女鞋、男鞋、鞋、皮鞋、運動鞋、布鞋、運動用靴、休閒鞋、涼鞋、

表3-3　順路公司據以核駁商標（續）

	鞋底、鞋墊、鞋襯、靴、半筒靴、套鞋、靴用金屬配件、鞋用金屬配件
註冊第01757450號	商標名稱：設計圖
	申請日：2013年7月11日
	註冊日：2016年3月1日
	註冊公告日：2016年3月1日
	專用期限：2026年2月28日
	指定使用類別：（第25類）女鞋、男鞋、鞋、皮鞋、運動鞋、布鞋、運動用靴、休閒鞋、涼鞋、鞋底、鞋墊、鞋襯、靴、半筒靴、套鞋、靴用金屬配件、鞋用金屬配件

資料來源：智慧財產法院106年度行商訴字第85號判決。

第三節　核駁審定（§31）

第31條
商標註冊申請案經審查認有第二十九條第一項、第三項、前條第一項、第四項或第六十五條第三項規定不得註冊之情形者，應予核駁審定。
前項核駁審定前，應將核駁理由以書面通知申請人限期陳述意見。
指定使用商品或服務之減縮、商標圖樣之非實質變更、註冊申請案之分割及不專用之聲明，應於核駁審定前為之。

　　商標申請後不得變更，係指為避免商標申請人於取得商標權後，恣意更動權利範圍致後申請者權益受損，因而加以限制原商標申請人申請範圍。非實質變更意指將商標中不具識別性的部分，或可能使消費者產生誤認之疑慮等文字刪除，抑或刪除圖像中資訊性內容等行為，但不會改變原商標在消費者心目中第一印象。

　　爲促銷產品，多數申請人喜歡將不具識別性之事項納入商標申請書中一併註冊，惟商標中出現之事項是否有專用權，各方見解不同，其亦有可能影響市場之公平競爭[4]。不專用之聲明意即保障同業權益，使市場不至於有被壟斷之情形。倘若商標中含不具識別性之部分，應提出不專用之聲明，否則申請可能因違反第29條第3項而遭駁回。

表3-4　無須聲明不專用之情形

說明性文字為同業及公眾經常使用於描述指定商品或服務，常見示例如下	
無須聲明不專用的情形	示例
服務提供內容通用名稱	火鍋、不動產
商品原料成分說明	綠茶多酚
提供內容品質說明	極品鍋物、原生手作、忠於原味
商品特性說明	現場烘焙、古早味紅茶、FASHION
商品品質說明	新鮮、美味
商品產地或來源地	挪威—NORWAY
商品用途、功能直接明顯說明	漸進染、養生美容天地
標示商店名號的文字	牌、號、記、SINCE 2001

資料來源：本章自行製作，參考經濟部智慧財產局，「聲明不專用審查基準」及「無須
　　　　　聲明不專用例示事項」，於中華民國112年5月31日修正發布，並自112年8月1
　　　　　日生效，2023年5月31日，https://www.tipo.gov.tw/tw/cp-86-923048-52ff4-1.html
　　　　　（最後瀏覽日：2023年7月2日）。

表3-5　應聲明不專用之情形

商標圖樣中所包含不具識別性部分，消費者及競爭同業對於商標圖樣中之該部分是否取得商標權易產生疑義者，常見示例如下	
應聲明不專用的情形	示例
少見同業及公眾用以說明	零食研究所、芋圓自造所、原質原味
姓氏、標語、成語、流行用語	麵線陳、老蔡水煎包、泡菜婆婆

---

[4] 李淑蓮，商標聲明不專用，北美智權報，2021年6月9日，http://www.naipo.com/Portals/1/web_
tw/Knowledge_Center/Laws/IPNC_210609_0202.htm（最後瀏覽日：2023年3月19日）。

表3-5　應聲明不專用之情形（續）

應聲明不專用的情形	示例
二以上之阿拉伯數字、型號、記號	型號「7R」、型號「EP5」
宗教及民間信仰用語	三太子、黑虎將軍
標語及習見的祝賀語、吉祥語、流行用語或成語	帶著歡樂跑天下、Enjoy your life、我相信我們可以
不具識別性部分在圖樣中標示的位置、字體大小或所占比例，可能影響申請人是否想要就該部分取得商標權之判斷者	經設計且特別放大或突顯的文字或圖形

資料來源：本章自行製作，參考經濟部智慧財產局，「聲明不專用審查基準」及「無須聲明不專用例示事項」，於中華民國112年5月31日修正發布，並自112年8月1日生效，2023年5月31日，https://www.tipo.gov.tw/tw/cp-86-923048-52ff4-1.html（最後瀏覽日：2023年7月2日）。

第四節　核准審定（§32）

第32條

商標註冊申請案經審查無前條第一項規定之情形者，應予核准審定。

經核准審定之商標，申請人應於審定書送達後二個月內，繳納註冊費後，始予註冊公告，並發給商標註冊證；屆期未繳費者，不予註冊公告。

申請人非因故意，未於前項所定期限繳費者，得於繳費期限屆滿後六個月內，繳納二倍之註冊費後，由商標專責機關公告之。但影響第三人於此期間內申請註冊或取得商標權者，不得為之。

　　本條規定有關核准審定、繳納註冊費始予註冊公告、繳納期限、逾註冊費繳納期間之法律效果，我國採全面審查制度，係指商標專責機關主動全面審查「絕對不得註冊事由」與「相對不得註冊事由」，經商標專責機關審查，如無本法第31條第1項之不得註冊事由，即應予核准審定。

　　繳納註冊費為商標註冊之要件，非屬繳納年費之性質。本法明定註冊費與申請費分開繳納，對於核准審定之商標註冊申請案，收取註冊費，以符合規費相當性原則。商標申請經核准審定後，申請人應於商標專責機關審定書送達次日起兩個月內，完成繳納註冊費，始予註冊公告，若未於期限內依規定繳交註冊費，則不予註冊公告，即無法取得商標權，自註冊公告當日起申請人取得商標權，商標專責機關則於註冊公告後隨即寄發商標註冊證。

　　考量商標一旦逾期未繳納註冊費，即形成第三人對在先商標已不存在之善意信賴，爰以但書規定。為維護權利之安定性，避免因復權影響第三人之權益，如第三人已於復權申請日前，提出申請但未核准者，或商標專責機關已核准之商標，與申請復權商標權利範圍相衝突者，則例外不准其復權。

　　商標申請繳納之規費，包括申請費、註冊費與延展費，申請費係商標申請時一併繳納之費用，視商標權人欲申請之類別、數量而有價格差異，申請第1類至第34類，商品上限為20項，若超出範圍，則每項需加收200元；申請第35類（企業管理、辦公事務等），其上限為5項，每超出一項，需加收500元；申請第36類（保險）至第45類（法律服務）則無項數之限制。註冊費指商標申請通過審查，主管機關寄發審定公文，接獲通知後兩個月內繳納註冊費用，申請人自公告當日起取得商標權[5]。延展費係指為延長商標權，需繳納之相對費用，一般而言，須於屆滿六個月前提出，倘若未於該期限內提出，則須繳納兩倍之延展費，惟若提出申請延展之時已超出原商標權之期限六個月，除因天災或不可抗力之事由，否則商標專責機關應不予受理[6]。

5　曾勝珍，圖解智慧財產權法，臺北：五南圖書出版股份有限公司，2022年9月四版，頁204。
6　同前註5。

表3-6　商標註冊規費

類別	費用	說明
申請費	$3,000／單類	提交商標申請時同時繳納，商標申請時間約六個月至八個月
註冊費	$2,500／單類	經主管機關核准後，於公文送達後兩個月內繳納全期註冊費
延展費	$4,000／單類	商標專用權期間為10年，商標權人須於專用權期間到期前六個月繳納。到期後繳納則為8,000元。
備註： 1. 商標註冊規費分為「商標申請費用」＋「商標註冊費用」。 2. 申請通過須付註冊費才能領證。 3. 10年商標保護到期之前支付商標延展規費，才能取得下一個10年商標保護。 4. 以上為單類商標申請費規費。 5. 若類別數數量越多費用越高，可使用以下的公式試算。 6. 商標註冊費＝（申請費＋註冊費）*類別數。		

資料來源：本章自行製作，參考Logio勁永智權，【商標註冊費用】多少錢？還有申請費、代辦、延展費你懂嗎？https://logio.com.tw/trademark-fee/（最後瀏覽日：2023年7月2日）。

|第四章|
商標權[*]

　　商標自註冊公告當日起即取得商標權，並具有商標的使用權與排除侵害的權益，此一商標權為智慧財產權，屬無體財產權；經註冊取得商標權後，商標權人可以對於侵害行使排除權，並得請求損害賠償。

第一節　權利期間（§33）

> **第33條**
> 商標自註冊公告當日起，由權利人取得商標權，商標權期間為十年。
> 商標權期間得申請延展，每次延展為十年。

　　本條規範商標權利期間，立法者衡酌商標註冊之困難度，為保障原商標權人權益，如權利人欲持續使用該商標，得依本法規定於期間內完成申請方能延續該權利。為促進商標的使用，本法規定每次商標延展為10年且不限次數與年分，讓持續使用的商標永久保有原有權利。

　　此外，為避免商標權人因未延展註冊商標而使商標權當然消滅，應尤為注重申請延展時間是到期前後六個月，權利人須於該時間內完成書面申請且繳交規費，減少重新申請期間內滋生其他問題爭議的可能性。依據商標法施行細則第35條，諸如質權人、被授權人等對商標權存續有利害關係之人亦可提出延展申請，非僅商標權人本人得提出申請。

---

[*]　本章部分新聞來源與補充，感謝梁詠朝、施軍丞協助提供。

　　商標權期間雖僅10年，惟依其但書規定，商標期間得申請延期且其無次數之限制，但每次延展的期間仍以10年爲限。商標註冊後，如果沒有使用或停止使用已滿三年，且無正當事由，將構成商標法第63條第1項第2款之廢止事由。

第二節　商標權延展（§34）

第34條
商標權之延展，應於商標權期間屆滿前六個月內提出申請，並繳納延展註冊費；其於商標權期間屆滿後六個月內提出申請者，應繳納二倍延展註冊費。
前項核准延展之期間，自商標權期間屆滿日後起算。

　　商標權期間之計算，起始日期非審定書送達的日期，而是註冊公告當天，抑或是繳納證書費用的日期。待智慧財產局公告後，方取得商標權，自該日起算10年時間爲商標權存續期間。若須申請延展，則需於期限屆滿日半年前向智財局提出申請。巴黎工業財產權保護同盟公約所規定之國民待遇原則以及商標權獨立原則，係以屬地主義爲前提，即在一國註冊取得之商標權，僅在該國領域內享有商標專用權。

　　因此商標權之地域範圍以其申請註冊之地區爲限，亦即已註冊地區所屬國主權所及之領域爲受保護地區。在國際私法上，關於商標權之取得、移轉、效力等須依權利授予國之法律，意即須依授予國之國內法爲準。於我國註冊取得之商標權，其效力範圍原則上僅限於我國之領域，不可於其他國家主權中領域內主張其商標權利。在國外已取得之商標權，若欲受我國商標法之保護，亦應依我國法律之規定，向我國商標專責機關爲申請註冊。

　　商標權申請延展次數無限制，鑑於商標權採屬地主義，其權力範圍僅及於申請國家，如欲主張他國商標權，應依該國規定，向該國提出商

標申請。若超過商標權期間屆滿後六個月才提出申請者，依法遲誤法定期間，除非有第8條第2項不可抗力或不可歸責事由請求回復原狀的適用外，商標專責機關應不受理。

　　因申請延展註冊到專責機關核准，可能商標權期間尚未屆滿或已超過原商標權期間，尤其在商標權期間屆滿後六個月內才提出申請者，為使商標權之期間得以接續銜接，不論專責機關實際核准延展之期日為何，明定經核准延展者，一律自商標期間屆滿日後起算。

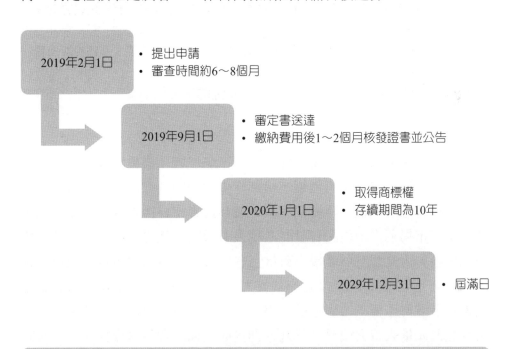

圖4-1　商標權期間計算方式案例示意圖

資料來源：本章自行製作。

第三節　商標權應經商標權人同意取得情形（§35）

> **第35條**
> 商標權人於經註冊指定之商品或服務，取得商標權。
> 除本法第三十六條另有規定外，下列情形，應經商標權人之同意：
> 一、於同一商品或服務，使用相同於註冊商標之商標者。
> 二、於類似之商品或服務，使用相同於註冊商標之商標，有致相關消費者混淆
> 　　誤認之虞者。
> 三、於同一或類似之商品或服務，使用近似於註冊商標之商標，有致相關消費
> 　　者混淆誤認之虞者。
> 商標經註冊者，得標明註冊商標或國際通用註冊符號。

　　智慧財產權為國家鼓勵創作與發明，基於統治高權，以法律賦予創作、發明者一定專屬之排他權，使創作人或發明人在法律所保護的範圍內，取得智慧財產權之專屬使用權，並藉此獲得經濟上的利益、市場優勢地位或市場獨占地位；智慧財產權人有壟斷這種專有權並受到法律的嚴格保護，因此智慧財產權人有權自己行使其享有的專有權，也可以轉讓、許可他人使用等形式處分其智力成果，並從中獲取收益。若有他人未經智慧財產權人之同意而使用，或他人未在法律規定的情況下，使用智慧財產權人智力成果之行為，則構成侵權，智慧財產權人可以排除之，並得請求損害賠償。

　　智慧財產權的基本權能為消極地排除他人利用該財產，而非自己積極利用排他權。排他權雖非使用權，惟其與使用權有密切的關係；排他權為鞏固使用權，使商標成為專有的使用權，不再是與人共享使用權。商標權為人類智慧所創設，並依法註冊所取得之無體財產權，因此商標權人得自由使用、收益或處分，並能排除他人之侵害。商標權人於經註冊指定之商品或服務，取得商標權；商標獨占使用權，指商標權人所獨占使用之範圍，包括其明示之「標識」（sign）以及所指定之商品或服

務。權利人應按照其註冊之內容使用，原則上不應超出註冊之內容，否則若變換或加附記或未使用商標，將會構成廢止註冊事由。

　　商標權法律賦予商標權人之排他權，係以註冊的商標及商品為根據，商標一經註冊，即可初步認定商標權人在註冊範圍內不致侵害他人的權利；明定商標權人可以排除他人使用之範圍，即所謂排他權範圍；商標法規定，除本法例外之情形，使用商標應經商標權人同意。

　　我國採註冊保護原則，除本法第36條例外情形，原則上商標於註冊完成後便享有排除其他人使用該商標的權利，若未經商標權人同意擅自使用該註冊商標，則有可能發生商標侵權行為。本條第3項旨在標記商標申請註冊狀態，其中符號類型與意義可參考表4-1，由於我國未註冊商標不受法律保護，如有標示註冊符號者皆為已註冊商標，故本項規定非強制性，無標示註冊符號亦不違法；惟該註冊商標尚未完成註冊，如在審查階段時，商標權人先行一步將註冊商標符號（R®）標示於尚未完成註冊之商標旁，從而導致消費者產生混淆誤認該商標的疑慮，恐違反我國市場公平交易相關法律規範。

小博士解說 —— 商標權之獨占使用權

1. **商標圖樣之同一性**：係指實際使用商標與註冊商標雖在形式上略有不同，惟實質上未變更註冊商標主要識別特徵，依社會一般通念與消費者之認知，有使消費者產生與原註冊之商標相同印象，認為二者為同一商標，即具有同一性，而可認為有使用註冊商標。若將商標圖樣中引人注意的主要部分省略不用，以致與原註冊商標圖樣產生顯著差異，依社會一般通念及消費者的認知，不足以使消費者認識它，即不具同一性，難認其有使用商標，例如變換使用或附記使用，則屬於未實際使用註冊商標。上述自行變換商標或加附記使用，係指就註冊商標本體之文字、圖樣、色彩加以變更或加添其他文字圖樣，使得實際使用之商標與其註冊商標不同，且二者依社會一般通念已喪失其同一性者而言。

2. 商品或服務類別：
   (1) 商標註冊後實際使用的商品或服務，應與原註冊指定的商品或服務一致。
   (2) 若連續三年以上未使用註冊商標於指定的商品或服務，又無正當事由，將構成商標法的廢止事由。
   (3) 廢止事由僅存在於註冊商標所指定使用之部分商品或服務者，得就該部分之商品或服務廢止其註冊。
   (4) 若僅使用其中部分商品或服務，則未使用之部分商品或服務，將構成商標部分廢止註冊之事由。
   (5) 使用註冊商標時，應特別留意實際使用的商品或服務範圍是否與註冊指定的商品或服務相符合。例如將指定使用於化妝品商品，實際使用於粉底、香水或口紅等類似商品，得認定該註冊商標有使用於化妝品。

3. 「排他」係指防阻他人使用商標，依照商標法的規定，商標權人有兩種防阻方法：
   (1) 商標權人對於侵害其商標權者，得請求除去之；有侵害之虞者，得請求防止之。侵害排除請求權及防止侵害請求權係基於商標權而生之權利，應以商標權合法有效存在為前提，若商標權期間屆滿或被撤銷，請求權自不復存在。又其行使排除權只問有無侵害商標權或侵害之虞之事實存在，有礙商標權之圓滿行使既為該當此要件，並不以侵權人有無故意或過失或責任能力為必要。
   (2) 防阻他人的商標獲得註冊。商標法規定防阻註冊的情形有兩種：對於該他人商標的註冊提起異議，如果異議經審定成立，該商標的註冊即應撤銷；對於該他人商標的註冊申請評定，如經評決成立，該商標的註冊即應撤銷。

> **小博士解說──商標受保護之主體**
>
> 　　以獲准註冊之商標圖樣為其範圍，若商標之稱呼未載入圖樣中，則不受商標法之保護，如已經載入商標圖樣中，且成為商標圖樣之全部或一部，則為商標保護之客體。商標之實際使用為維護商標權之要件，商標權人有使用商標圖樣之義務，使用註冊商標應以原註冊的商標整體使用為原則；惟實際使用的商標與註冊的商標或許有些不同，依社會一般通念，不失其同一性，可認為有使用註冊之商標。

表4-1　商標註冊符號

符號類型	代表意義
TM™	Trademark，商標符號，用於非註冊商標，或表示商標已在申請
R®	Registered，註冊商標，表示此商標已完成註冊，國際通用註冊符號
C©	Copyright，版權標記符號，表示受到版權保護

資料來源：本章自行製作，參考成真文創，【授權小知識】認識商標符號R®、C©、TM™，2019年7月12日，http://www.chengjen.com.tw/index.php/%E5%93%81%E5%91%B3%E5%88%86%E4%BA%AB-to-share/341-%E3%80%90%E6%8E%88%E6%AC%8A%E5%B0%8F%E7%9F%A5%E8%AD%98%E3%80%91%E8%AA%8D%E8%AD%98%E5%95%86%E6%A8%99%E7%AC%A6%E8%99%9Fr%C2%AE%E3%80%81c%C2%A9%E3%80%81tm%E2%84%A2.html（最後瀏覽日：2023年7月2日）。

第四節　不受他人商標權效力拘束之情形（§36）

> **第36條**
>
> 下列情形，不受他人商標權之效力所拘束：
>
> 一、以符合商業交易習慣之誠實信用方法，表示自己之姓名、名稱，或其商品或服務之名稱、形狀、品質、性質、特性、用途、產地或其他有關商品或

> 服務本身之說明，非作為商標使用者。
> 二、以符合商業交易習慣之誠實信用方法，表示商品或服務之使用目的，而有使用他人之商標用以指示該他人之商品或服務之必要者。但其使用結果有致相關消費者混淆誤認之虞者，不適用之。
> 三、為發揮商品或服務功能所必要者。
> 四、在他人商標註冊申請日前，善意使用相同或近似之商標於同一或類似之商品或服務者。但以原使用之範圍為限；商標權人並得要求其附加適當之區別標示。
> 附有註冊商標之商品，係由商標權人或經其同意之人於國內外市場上交易流通者，商標權人不得就該商品主張商標權。但為防止商品流通於市場後，發生變質、受損或經他人擅自加工、改造，或有其他正當事由者，不在此限。

　　本條文於2023年5月9日進行第17次修法，修法重點包括「明確不受商標權效力拘束之指示性合理使用、善意先使用及權利耗盡等內涵」，藉此符合司法實務之適用。本條文第2項規定，附有註冊商標之商品，由商標權人或經其同意之人於市場上交易流通，或經有關機關依法拍賣或處置者，商標權人不得就該商品主張商標權，商標權人或被授權人在市場上將附有商標之商品第一次銷售或流通時，即已取得報酬，則附有商標之商品由製造商、販賣商、零售商至消費者之垂直轉售過程已存在商標之默示授權使用，故商標權已在該商品第一次販賣時耗盡，當此商品於市場上再度流通時，原則上商標權人即不得再主張其商標權[1]。

　　原則上商標權人於其權利耗盡時，不得對他人主張商標權，然例外情形如商標法第36條第2項但書所定：「但為防止商品流通於市場後，發生變質、受損或經他人擅自加工、改造，或有其他正當事由者，不在此限。」所謂「商品變質」，係指商品之同一性受到破壞而言，例如將商品加工、修改，不論經過加工、修改後是否變得更好；所謂「商品受

---

[1] 智慧財產法院101年度民商上易字第1號民事判決（侵害商標權有關財產權爭議）。

損」，則係指商品的品質變差；而參照最高法院82年度台上字第5380號刑事判決之意旨，商品流通於市場後倘非原裝銷售，而擅予加工、改造，非以原來包裝之狀態進行銷售等情形，如影響其品質致使商標權人或被授權人之商譽可能發生損害，應屬正當事由，為現行司法實務所採認。惟商品包裝如係基於國內法規要求而加工或改造者，則不在此限，爰於第2項但書增列經他人「擅自」加工、改造等文字，使適用臻於明確[2]；至於「其他正當事由」，乃係指商標之正當使用，但是卻會造成該商標之價值不正當地受到影響，如攀附聲譽。換言之，商標權人為保護其商品之品質與聲譽，於該特定商品已發生變質、受損，或其他有影響其商譽之正當事由時，即例外無耗盡原則之適用，商標權人仍可阻止該他人販售該商品。

我國對於商標第一次銷售原則例外之規定，目前實務上對於是否構成商標第一次銷售原則之例外，係採取「應以保護消費者為最重要之出發點，倘商品遭變動後，客觀上足以影響消費者作出購買該商品之意願，或購買該商品之價格，該變動復有造成消費者混淆、誤認之虞，則該項遭變動後之商品與原商品間，即應認有實質上差異，而構成商標權耗盡原則之例外情形」（高雄地方法院93年度智字第21號判決）之見解。

小博士解說 —— 商標權效力之限制

商標權雖然具有排他的效力以及經濟利用價值，然而是否商標一經註冊就可以永遠享有排他權以及獨占權；在下述的情況下，商標權將受到限制，其使用不會構成商標權之侵害或是形成可以阻缺違法的事由。

1. 合理使用之行為：以符合商業交易習慣之誠實信用方法，表示自己之姓名、名稱，或其商品或服務之名稱、形狀、品質、性質、

---

[2]　2023年商標法修正理由。

特性、用途、產地或其他有關商品或服務本身之說明，非作為商標使用者，即為合理使用，不受商標權之拘束。依前述當商標之構成部分屬於他人之姓名、名稱、商品或服務之名稱、形狀、品質、功用、產地或其他說明，其他人可以對該等有關之描述進行合理使用，不構成商標之侵權。

2. **功能性之使用**：為發揮商品或服務功能所必要者。含有特定功能的物品，須透過嚴格的專利條件給予保護；為防止廠商欲達長期保護特定功能的目的，規避專利法以商標來偷渡，故法律規定商標必須不為發揮商品或服務功能所必要者。

為發揮商品或服務功能所必要者：(1)該功能為達到該商品或服務之使用或目的所必須；(2)該功能為達到某種技術效果所必要；(3)該功能的製作成本或方法比較簡單、便宜或較好；(4)於同類競爭商品或服務中具有競爭優勢；(5)首創者除得循專利法取得一定期限之保護外，為使一般業者都可以合理使用以利公平競爭，應不受他人商標權效力所拘束。

3. **善意先使用**：優先使用權係指在他人商標註冊申請日前，善意使用相同或近似之商標於同一或類似之商品或服務者，不受他人商標權之效力所拘束。但以原使用之商品或服務為限；商標權人並得要求其附加適當之區別標示。

先使用商標，但未申請商標註冊，仍得於他人取得註冊商標後繼續使用其在先商標，此乃註冊制度之例外，但適用上必須符合下列要件：(1)使用在先之事實必須發生於他人商標申請註冊前；(2)繼續使用之範圍以原使用之商品及服務為限；(3)商標權人可以要求該在先使用人附加適當區別標示，使其在特定條件下使用，免受他人商標專用權之干涉，始為公允。

本款係為商標侵權之抗辯事由，為註冊保護原則下之例外規定，自應與商標權之保護同樣有屬地原則之適用，故該善意先使用之事實，應僅限有於我國商標法賦與商標權排他效力所及的領域之內，始為本法所欲尊重既有先使用者之保護利益。況國內註冊商

標尚以註冊領域內之使用為限，始得維護其權利不被廢止註冊，若國外使用之商標，均可到國內主張善意先使用，將嚴重破壞註冊制度，同時對依法註冊商標權人之權益加以限制，有失衡平。

4. **商標權利耗盡（第一次銷售原則）**：指凡商品由製造商、販賣商、零售商致消費者之垂直轉售中，已存在商標默示之授權使用，於轉售時，商標權已耗盡，後手之使用該商標並無受到專用權之拘束而阻卻違法事由。附有註冊商標之商品，由商標權人或經其同意之人於國內外市場上交易流通，商標權人不得就該商品主張商標權；即商標權已於第一次銷售時耗盡，則二次行銷或消費者之使用或轉售，不受商標權之拘束。

此規定為商標權國際耗盡之理論，新修正條文中為明定我國商標法係採國際耗盡原則，故增列「國內外」等文字，以資明確。然為防止商品流通於市場後，發生變質、受損或經他人擅自加工、改造，或有其他正當事由者，商標權人為免商標信譽受損或削價不公平競爭等情事，應限於商品流通於市場後，發生變質、受損等之情形，商標權人始得就該商品主張商標權。

所謂權利耗盡原則，指商標由商標權人或經其同意之人標示於商品上並於市場上交易流通，則權利人不得就該商品主張商標權而禁止該商品嗣後轉售，亦即商標權於第一次放入市場銷售時已經耗盡，二次行銷或消費者的使用或轉售，不受商標權效力所拘束，此又分有國內耗盡及國際耗盡不同理論。

(1) 國內耗盡：商標權人製造，或經其同意製造之商品，在「本國」或「外國」第一次進入市場後，僅在該本國或外國市場之物品使用、銷售等權利被耗盡。

(2) 國際耗盡：本法係採國際耗盡原則，指商標權人對於經其同意而流通於市場之商品，不問第一次投入市場在國內或國外，都不能再主張權利，因此不能禁止真品平行輸入，明文承認「真品平行輸入之正當性」。

「真正商品平行輸入」之進口商,對其輸入之商標專用權人所產銷附有商標圖樣之真正商品,苟未爲任何加工、改造或變更,逕以原裝銷售時,因其商品來源正當,不致使商標專用權人或其授權使用者之信譽發生損害,復因可防止市場之獨占、壟斷,促使同一商品價格之自由競爭,消費者亦可蒙受以合理價格選購之利益,在未違背商標法之立法目的範圍內,應認已得商標專用權人之同意爲之,並可爲單純商品之說明,適當附加同一商標圖樣於該商品之廣告等同類文書上。

(3) 例外:商標權利耗盡原則亦存在例外情況,即當產品自由流通與商標權利保護衝突時,在若干情況下會認定商標權利未耗盡。爲避免商標信譽受損及維護消費者權益,本項但書規定,商標權人爲避免商品變質、受損或經他人擅自加工、改造,或有其他正當事由者,仍得於商品流通於市場後,主張其商標權,特別是當商標產品進入市場後狀態被改變或損害。歐盟法院實務上判決甚至對商標信譽被損害,亦認爲商標權利耗盡原則之例外。我國實務則針對商品不得分裝、改變包裝或要求爲適當保存等行爲,認有但書適用之案例。

倘非原裝銷售,擅予加工、改造或變更,而仍表彰同一商標圖樣於該商品,或附加該商標圖樣於商品之廣告等同類文書加以陳列或散布之結果,足以使消費者發生混淆、誤認其爲商標專用權人或其授權之使用者、指定之代理商、經銷商時,自屬惡意使用他人商標之行爲,顯有侵害他人商標專用權之犯意,應依其情節,適用商標法之刑罰規定論處。

(4) 留意商標權人與被授權人之間是否有特殊約定:至於附有註冊商標之商品,是否由商標權人或經其同意之人於國內外市場上交易流通者,在實務判斷上,可能涉及商標權人與被授權人之間是否有市場地域限制約定之爭議,或經銷商是否受到商標權人的契約限制。另如商品爲「展示用」或有「不得販售」之贈

品聲明時，即不應被視為係商標權人已經同意投放到市場流通之商品。

(5) 使消費者享受自由競爭的利益：倘所販賣之商品，係屬俗稱水貨之外來產製正牌商品，此種真品之平行輸入，其品質與我國商標使用權人行銷之同一商品相若，且無引起消費者混淆、誤認、受騙之虞者，對我國商標使用權人之營業信譽及消費者之利益均無損害，並可防止我國商標使用權人獨占國內市場、控制商品價格，反可促進價格之競爭，使消費者購買同一商品有選擇之餘地，享受自由競爭之利益，於商標法之目的並不違背，在此範圍內，應認為不構成侵害商標使用權，即無以該罪責相繩之餘地。

小博士解說 —— 著名商標

行為人若明知為他人註冊著名商標的文字，其有關公司、商號或其他營業主體名稱的使用，有致相關消費者產生混淆誤認之虞或減損著名註冊商標識別性或信譽之虞，而有商標法第70條視為侵權規定適用時，即無依本條主張阻卻違法免責事由之餘地。

小博士解說 —— 授權與代工

已開發國家的廠商經常把商標授權給低度開發國家的廠商，以利後續的製作或銷售該項商品。假若經銷原封不動的商標貨，此一銷售行為即不屬商標之使用，故不需相關授權；又若以OEM方式由生產廠商製造商品，貼上訂貨人之商標，嚴格論述，也不算商標的使用，亦也無所謂授權的問題。

第一項　Scarves by Vera, Inc. v. Todo Imports Ltd.案

美國法上為避免商標被淡化，以及是否對產品之來源發生混淆或誤認之虞為標準，若是蓄意搭便車的情況，亦可基於不公平競爭來保護著

名之商標。

　　早於1976年Scarves by Vera, Inc. v. Todo Imports Ltd.案，原告認為其係高級設計包裝之名牌，而被告同樣使用「Vera」之商標於其所販售之香水、化妝品上，該行為使原告商標之品牌有被淡化之虞，因此對被告要求損害賠償。

　　原告舉證其銷售之點，為各精品店、百貨公司，並有一年達千萬之銷售收入，廣告花費也達數十萬甚至上百萬美金；雖然被告舉證Vera使用在說明製造商的功能，而非商標部分。上訴法院的看法採行原告的指控，認為：一、商標法乃保護先使用者在未來可能跨領域經營的利益；二、保護先使用者的商譽；三、本案中被告乃利用原告品牌之功能，不但未自己去發展商標，且明顯地為搭便車行為。

　　本案中，雖然被告辯稱所使用商標乃使用於與原告不同領域之商品範圍，但法院仍認為後使用者的使用，會使先使用者的商標功能失去識別性，即使在不相關的商品販售上，仍然會使消費者誤認其商品來源，而產生不公平競爭的情況。

第二項　「石頭鄉」商標侵權案

　　1989年史○○向擁有「石頭鄉」註冊商標的業者陳○○拜師，學習烤玉米，還獲師傅授權使用該商標，之後在臺南南都戲院旁賣烤玉米謀生。不料師傅未將商標申請延期使用就過世；有一李姓業者於1997年向智慧財產局註冊該商標獲准，並發現史○○也在使用該商標，進而控告商標侵權。

　　史○○向法官說明，不知師傅生前未申請展延商標，也不知商標權易手，為證明其使用該商標比李姓業者更早，史○○找出17年前周潤發的《賭神2》電影，指其招牌確有入鏡。（舊）智財法院認定無犯罪故意，引用商標法第36條第1項第4款善意先使用，判其無罪。

第三項 「OTTO」商標案[3]

原告凹凸廣告攝影公司主張在搜尋引擎及戲院廣告中覺察，被告奧多廣告公司於影前廣告中以大字體突顯「OTTO」字樣，借此吸引消費者目光，同時以「OTTO」字樣用於公司招牌，結合被告為廣告公司，是以行銷為目的進行推廣宣傳，原告認為系爭商標與被告使用文字相似度極高，可能使消費者難以辨識兩者是否出自相同來源或有關聯性，恐侵害原告商標權。

被告則主張其使用字樣早於原告用於奧多公司之外文名稱，亦無將此字樣作商標使用之意圖，被告使用行為當不受原告系爭商標權之效力所拘束。

在Youtube網站裡奧多廣告的影片，出現OTTO的圖像

在Google搜尋奧多廣告時，會出現OTTO字樣

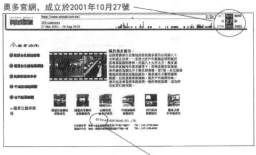

奧多官網，成立於2001年10月27號

紅色圈起處：有出現OTTO字樣

圖4-2 OTTO案中被告使用系爭字樣方式

資料來源：智慧財產法院109年度民商訴字第12號民事判決。

3　智慧財產法院109年度民商訴字第12號民事判決。

壹、「OTTO」商標案爭點[4]

公司名稱使用與商標使用應如何判斷、區別？被告於影前廣告、Google網頁、官方網站及公司招牌使用或出現「OTTO」字樣之行為，是否不受系爭商標權之拘束？

貳、「OTTO」商標案見解[5]

被告奧多公司符合商標法第36條第1項第1款，使用字樣僅為表示名稱，而非用以商標之目的；再者，被告使用日期早於凹凸公司商標申請日，且備有公司信箱截圖影本與相關合約、收據、發票、名片等紙本資料、物品作為佐證，而過去廣告形象影片已有突顯OTTO字樣之情事，後續字樣為「奧多廣告影前廣告、有最佳的影音媒介」及奧多公司全臺據點及圖樣，足以讓消費者得知OTTO字樣係指奧多公司，並無混淆誤認之虞。雖然依照商標法第36條第1項第3款（現為第4款），得要求善意先使用人（奧多公司），附加適當區別標示，但由於奧多公司僅以該字樣作外文名稱，非屬商標之使用，自無再依商標法第36條（現為第4款）第1項第3款但書規定，附加區別標示之必要。

表4-2　OTTO商標

	註冊第01308927號 第41類：攝影棚出租、攝錄影、攝影、錄影、數位影像成像服務、微縮影片攝影、攝影報導
OTTO 凹 凸	註冊第01308705號 第35類：報章廣告設計、雜誌廣告設計、電視廣告設計、電台廣告設計、廣告企劃、廣告設計、戶外廣告設計、網路廣告設計、工商廣告之企劃、……、廣告服務、……、廣告製作、……、為他人促銷產品服務、……、電腦網路線上廣告、……、為他人提供促銷活動、廣告宣傳器材租賃、廣告用具租賃、廣告場所租賃

資料來源：智慧財產法院109年度民商訴字第12號民事判決。

4　同前註3。
5　同前註3。

第五節　申請分割商標權（§37）

> **第37條**
> 商標權人得就註冊商標指定使用之商品或服務，向商標專責機關申請分割商標權。

　　商標分割後並未改變其權利範圍，僅將一註冊商標分割為二者以上之商標權，分割部分乃原申請書中指定適用的服務或商品範圍，非將該圖樣進行分割。本條旨在靈活使用商標權，或於該註冊商標遭逢衝突事件時，商標權人得申請分割，保留未受爭議的商標權。然商標申請論件收費，非必要情況下，應盡量避免分割商標權。倘商標分割前已授權給第三人使用，第三人使用範圍不受商標分割改變，仍可維持原訂使用範圍。

　　商標分割申請分為審定前申請或註冊後申請，如於審定前提出申請，則以原申請案之申請日為新案之申請日，並於審定結果加註分割方式以結案；而在註冊申請後，商標權人得將一案多類之註冊商標分割成兩個以上之商標，抑或將同一類別之兩個以上商品申請分割[6]，無論申請時機為何，分割後商標權所指定使用之服務或商品不得重疊，亦不得超出原商標權申請範圍。

6　曾勝珍，圖解智慧財產權法，臺北：五南圖書出版股份有限公司，2022年9月四版，頁212。

第六節 商標註冊事項之變更或更正（§38）

> **第38條**
> 商標圖樣及其指定使用之商品或服務，註冊後即不得變更。但指定使用商品或服務之減縮，不在此限。
> 商標註冊事項之變更或更正，準用第二十四條及第二十五條規定。
> 註冊商標涉有異議、評定或廢止案件時，申請分割商標權或減縮指定使用商品或服務者，應於處分前為之。

　　本條旨在限制商標權範圍不因註冊事項變更而產生變動，延展商標權時亦不得變更商標權實質範圍，商標圖樣註冊範圍乃一既定事實，無法以其他方式進行修正，例外情事得變更部分，如本法第24條及第25條非實質變更事項、明顯錯誤且不影響商標權之事項；實務案例如下所示。

　　關於「托兒所」改制為「幼兒園」，其涉及變更商品類別與商標圖樣等問題，能否依據幼兒教育及照顧法規定，將托兒所註冊商標圖樣英文名稱由固有的「kindergarten」、「nursery」、「child care center」變更為「preschool」，經查外文意涵中「kindergarten」、「nursery」、「child care center」分別為「幼稚園、幼兒園」、「幼兒室、托兒所」、「托育中心」，與「preschool」係指「學齡前學校，對象為二到五歲幼兒」其意未盡相同。改制前後外文指代之意有所區別，若變更商標或將影響原商標權效力範圍，且改制前後設立法源、許可條件、經營型態及服務內容、需求性質皆不相同，故依本法規定不得變更原商標註冊事項；商標權人如欲含有外文「preschool」之商標權，應另提出新申請商標註冊案[7]。

---

[7] 經濟部智慧財產局，托兒所改制幼兒園所涉變更商品類別及商標圖樣疑義，2020年2月17日，https://topic.tipo.gov.tw/trademarks-tw/cp-515-860175-572c3-201.html（最後瀏覽日：2023年7月17日）。

第七節　商標授權登記（§39）

第39條
商標權人得就其註冊商標指定使用商品或服務之全部或一部指定地區為專屬或非專屬授權。
前項授權，非經商標專責機關登記者，不得對抗第三人。
授權登記後，商標權移轉者，其授權契約對受讓人仍繼續存在。
非專屬授權登記後，商標權人再為專屬授權登記者，在先之非專屬授權登記不受影響。
專屬被授權人在被授權範圍內，排除商標權人及第三人使用註冊商標。
商標權受侵害時，於專屬授權範圍內，專屬被授權人得以自己名義行使權利。但契約另有約定者，從其約定。

　　商標授權，係指商標權人授權他人使用商標之權利，並依授權契約約定之條件授予他人使用，而商標權人仍擁有商標權，例如允許他人就特定的商品或服務，在特定的期間、情形、市場或區域使用商標。於契約規定之授權期限屆滿後，授權關係即行終止，被授權人即不得再使用該商標。2011年修法並因應實務授權契約之模式，商標權人得就其註冊商標指定使用商品或服務之全部或一部指定地區為專屬或非專屬授權。

　　專屬授權與非專屬授權源於聯合國「世界智慧財產權組織」（World Intellectual Property Organization, WIPO）「關於商標授權聯合備忘錄」（Joint Recommendation Concerning Trademark Licenses）中條文內容，其定義專屬授權為僅一個被授權人得使用該商標，且禁止註冊持有人（商標權人；商標註冊名簿上持有者）本人使用該商標，禁止再授權給任意第三方[8]，我國立法者隨之將此概念引入商標權

8　經濟部智慧財產局，WIPO關於商標授權聯合備忘錄（全），2020年1月9日，https://topic.tipo.gov.tw/trademarks-tw/cp-576-861080-799ba-201.html（最後瀏覽日：2023年7月22日）。

利規範中。

我國商標法保護原授權契約之受讓人，若商標權人將商標專屬授權或移轉給第三方，原商標權人簽訂之受讓人不受權利人變更之影響，原契約保有效力，被授權人於合約期間內依舊能夠維持原使用模式。揆揭我國實務見解，參見臺灣臺中地方法院106年度智附民字第27號刑事判決，專屬授權關係依據合約內容進行判定，法院裁量標準即以合約內含「專屬」之字樣或「排除」其他授權人之使用權為據，故欲完備被授權人權利，被授權人得確認所簽訂之合約是否符合上述條件。

第一項　專屬授權

專屬授權（exclusive license）係指商標僅授權一個被授權人使用，於授權期間，商標權人不得使用該商標，亦不得再授權其他任何人使用該商標，故新修正商標法第39條第5項規定，專屬被授權人在被授權範圍內，排除商標權人及第三人使用註冊商標。於此定義下，商標權人於專屬授權範圍內，如需使用其註冊商標，則應另行取得專屬被授權人之同意。

第二項　非專屬授權

非專屬授權（non-exclusive license）係指商標經授權他人使用後，商標權人得繼續使用該商標，亦得再授權其他人使用該商標，意即容許授權人把同一特定內涵的權利，以非專屬的方式，授予他人且不限人數。最典型的非專屬授權是加盟經營，如便利商店、速食店等。

第三項　授權登記

前述商標授權無論是專屬或非專屬授權，非經商標專責機關登記者不得對抗第三人，即授權雙方當事人以外的第三人在法律上可以不接受或承認該授權及其後果。授權登記後，若商標權發生移轉者，其授權契約是否對受讓人仍繼續存在？商標授權登記後，發生商標權移轉之情形，被授權人得繼續主張其經授權使用商標之權利，直至原授權契約所

約定之使用期間屆滿，不受商標權移轉事實之影響，以保障被授權人之使用權益，此為移轉不破授權。故授權登記後，商標權移轉者，其授權契約對受讓人仍繼續存在。

　　非專屬授權登記後，商標權人若再對他人為專屬授權登記，在先之非專屬授權登記是否會受到影響？為避免經登記之非專屬授權因嗣後商標權人復將其商標專屬授權他人，所產生商標使用權利衝突之疑義，因此於新修正商標法中增訂非專屬授權登記後，商標權人再為專屬授權登記者，在先之非專屬授權登記不受影響。故商標非專屬授權登記後，商標權人再為專屬授權者，在先之非專屬授權登記不受影響之規定，用以保障授權在先的非專屬授權登記。

小博士解說 —— 商標授權

　　最常見的商標授權，為加盟經營時的授權，例如便利商店、速食餐廳等。此外，已開發國家的廠商也常把商標授權給低度開發國家的廠商，以製售商品。假若是經銷商經銷原封不動的商標貨，不是商標的使用，不需要授權。又如以OEM的方式由生產廠商製造商品，貼上訂貨人的商標，嚴格來說也不算商標的使用，亦無所謂授權的問題。

小博士解說 —— 授權之商標受侵害時，專屬被授權人該如何行使其權利，用以保障自己的權利？

1. 於商標權受侵害之際，在專屬授權範圍內，專屬被授權人自得以自己名義行使民事及刑事商標權受侵害救濟之權利。因此商標權受侵害時，於專屬授權範圍內，專屬被授權人得以自己名義行使權利。

2. 契約另有約定者，從其約定。

3. 惟商標即便因專屬授權而由專屬被授權人於授權範圍內單獨使用，其商標所累積之信譽，於專屬授權終止後，最後仍回歸商標權人。

4. 商標專屬授權僅係商標權人在授權範圍內，為被授權人設定專有排他之使用權利，商標權人並不喪失商標使用權利以外之權能，如商標權之移轉、設定質權等，專屬授權後之商標侵害行為，若損及商標權人此部分之權利，亦有排除侵害之需要，因此可以由當事人約定商標權受侵害時行使權利之主體或訴訟擔當。

第四項 「幸福堂」商標案[9]

　　被上訴人主張兩造於2018年6月21日簽訂系爭合約，被上訴人為上訴人區域獨家代理商，期間自同年7月1日起，為期10年，被上訴人給付特許經營費用新臺幣300萬元，有權在香港澳門地區使用上訴人之「幸福堂」商標及經營黑糖珍珠鮮奶之技術為飲料販售，且得指定區域內加盟店。嗣被上訴人發現上訴人未取得香港澳門地區之「幸福堂」商標，實際上係簽約後始申請，其於訂約時有不誠信之欺瞞行為。又被上訴人於2018年9月4日依約向上訴人下單採購原物料、耗材等，並已支付貨款，但上訴人未依約於期限內發貨。上訴人未依誠信履約，致被上訴人無法繼續經營，乃於2018年11月13日行文上訴人終止系爭合約。

　　上訴人則以系爭契約僅授權使用「幸福堂商標」標示圖樣，上訴人於簽約時並無告知已取得商標權，亦無保證或取得商標權授權之承諾。被上訴人稱上訴人欺瞞未取得商標權利簽訂系爭契約云云，並非事實。依系爭合約第6條約定，被上訴人需預付貨款，上訴人始有出貨義務，被上訴人於2018年9月26日、10月26日下單，因遲未補足貨款，致上訴人不能出貨，非上訴人故意拖延或取消訂單。原審就上開部分為被上訴人部分勝訴之判決，上訴人對之提起上訴。

壹、本案爭點[10]

　　簽署區域加盟或代理契約時，加盟業主未取得商標註冊是否違反契

9　智慧財產法院109年度民商上字第19號民事判決。
10　同前註9。

約或未依誠信原則履行契約？

貳、法院見解[11]

　　兩造雖約定雙方之特許經營關係爲合作關係，但實質內容係上訴人將其在臺灣經營獲得之幸福堂商譽，以獨占許可方式授予被上訴人取得「幸福堂經營技術資產」及「幸福堂商標」在香港澳門區域使用，並約定被上訴人爲獨立之民事主體經營，獨立承擔民事責任，上訴人保證第三人不得使用全部或部分特許經營之權利，其法律性質類似商標之專屬授權。上訴人就「幸福堂商標」內容已明顯記載要求被上訴人不得超出「註冊範圍使用」，亦不得以近似字樣作爲商號等工商登記名稱，顯見上訴人以「幸福堂」標示作爲商標而與被上訴人訂約。

　　被上訴人一次性支付足額特許經營費用，可知其以此爲對價換取幸福堂商標及經營技術資產，上訴人在系爭合約既以「幸福堂」標示稱爲「幸福堂商標」，則此獨家代理之性質始能與被上訴人支付之對價平衡，否則被上訴人取得者係標誌而非商標，自無商標法所保護之專有效力，亦不能排除他人使用相同標示權利，此應非被上訴人支付對價的本意。上訴人於雙方訂立系爭合約時尚未在香港澳門地區取得「幸福堂商標」，與其承諾授權被上訴人獨家代理「幸福堂商標」之合約文義不符，違反系爭合約。被上訴人主張上訴人未取得「幸福堂商標」使被上訴人誤認而訂立系爭合約、未按約履行交付貨品及任意調漲價格，違反合約，而終止系爭合約，依系爭合約約定及民法第263條準用第258條及第259條第2款，請求上訴人給付違約金及返還貨款，爲有理由，應予准許。

---

[11] 同前註9。

表4-3 幸福堂商標

	申請日：2018年6月20日
	註冊日：2019年2月1日
	註冊第01967896號
	第30類：茶飲料、咖啡、冰、糖、糕點、布丁、餡餅、火鍋料組合包、米、糯米紙、粥、水餃、酵母、可可、冰紅茶
幸福堂 陳家 HAPPY HALL XING FU TANG 事手濟堂	申請日：2018年8月15日
	註冊日：2019年4月1日
	註冊第01979962號
	第43類：冷熱飲料店、飲食店、小吃店、冰果店、茶藝館、火鍋店、咖啡廳、咖啡館、啤酒屋、酒吧、飯店、自助餐廳、備辦雞尾酒會、備辦宴席、點心吧、外燴、伙食包辦、流動咖啡餐車、流動飲食攤、快餐車、小吃攤、泡沫紅茶店、餐廳、學校工廠之附設餐廳、速食店、早餐店、漢堡店、牛肉麵店、拉麵店、日本料理店、和食餐廳服務、燒烤店、牛排館、涮涮鍋店、居酒屋、素食餐廳、提供餐飲服務、備辦餐飲、披薩店、冰店、冰淇淋店、食物雕刻、複合式餐廳、機場休息室服務

資料來源：智慧財產法院109年度民商上字第19號民事判決。

第八節　再授權及對抗要件（§40）

第40條

專屬被授權人得於被授權範圍內，再授權他人使用。但契約另有約定者，從其約定。

非專屬被授權人非經商標權人或專屬被授權人同意，不得再授權他人使用。

再授權，非經商標專責機關登記者，不得對抗第三人。

　　專屬授權係指被授權人取得商標權人授權後，得排除授權範圍內商標權人及第三人使用，同時亦得再授權予第三人，如商標有受侵害之虞，能以自身名義維護該商標，相當於取得商標權人之地位，得完整行使商標專用權及排他權；惟實際商標授權規定與權利範圍仍應以雙方當事人契約為準。

　　非專屬授權係指被授權人取得商標權人授權，沒有以自身名義將該商標授權給他人之權利，且無法禁止商標權人使用，亦不得阻止原商標權人再授權予第三人[12]。依據我國實務見解，獨家授權性質綜合專屬授權與非專屬授權特性，定義上則為非專屬授權一特殊形式，屬合約中例外情事，該授權規定商標權人僅授權一人，被授權人取得該商標使用權後，商標權人不得再授權予第三人，但不影響商標權人自己使用此商標的權利。

小博士解說── 商標經商標權人專屬授權或非專屬授權後，專屬授權人或非專屬授權人是否可為再授權？其兩者間有何不同？

1. 再授權係指被授權人再轉而授權他人使用商標；授權有分專屬授權與非專屬授權，專屬被授權人於被授權範圍內，因具有專屬使用註冊商標之權能，故於授權範圍內自得再授權他人使用。再授權之登記經商標專責機關登記者，有登記對抗規定之適用。

2. 但契約另有約定者，從其約定。考量授權契約之訂定多係當事人在信任基礎下本於個案情況磋商訂定，如有契約特別約定限制專屬被授權人為再授權時，應優先適用特別約定之規定。

3. 非專屬授權人之再授權則須經商標權人或專屬授權人之同意，否則不得再授權他人使用；且被授權人為再授權，須經商標專責機關登記者，否則不得對抗第三人。

---

[12] 經濟部智慧財產局，管理商標，商標異動，商標授權，商標授權的種類，2020年1月9日，https://topic.tipo.gov.tw/trademarks-tw/cp-554-862297-dfdc9-201.html（最後瀏覽日：2023年3月21日）。

第九節　申請廢止商標授權登記（§41）

第41條

商標授權期間屆滿前有下列情形之一，當事人或利害關係人得檢附相關證據，申請廢止商標授權登記：

一、商標權人及被授權人雙方同意終止者。其經再授權者，亦同。

二、授權契約明定，商標權人或被授權人得任意終止授權關係，經當事人聲明終止者。

三、商標權人以被授權人違反授權契約約定，通知被授權人解除或終止授權契約，而被授權人無異議者。

四、其他相關事證足以證明授權關係已不存在者。

　　本條規定當事人或利害關係人於商標授權期間未屆滿前，得檢附相關證據，向商標專責機關申請廢止商標授權登記，上述四款為本法例示規定當事人或利害關係人得申請廢止之情形。若當事人授權關係終止出現私法上爭議之情形，應先尋求司法途徑解決爭議，再向商標專責機關申請廢止授權登記。

　　雙方當事人合意終止商標授權契約之授權關係，商標專責機關准予廢止商標授權登記。經雙方當事人意思表示合致後，商標授權契約成立，依契約自由原則，契約中有明定終止授權事項，一方當事人得提出申請廢止其商標授權登記，商標專責機關准予廢止授權登記時同時副知另一方當事人。其他須因應實務上需要之情形，足以證明授權關係不存在，如被授權人死亡、被授權人公司已解散登記且無經營使用商標之事實、法院確定判決證明授權關係不存在。

第一項　「呷七碗」商標案[13]

原告爲嘉義食品工業股份有限公司註冊第742174號、第91938號「呷七碗」商標圖樣之商標權人，認爲被告吃七碗食品有限公司使用其商標營利侵害其商標權，依商標法第68條、第69條第1項、第69條第1項、第3項、第71條第1項第2款、民法第185條、公司法第23條第2項規定對被告提起告訴。經法院審查，原告訴之聲明乃無理由，應予駁回。

原告與被告主要在該商標是否具備授權使用進行辯論。原告主張未同意或授權被告等使用系爭「呷七碗」商標，未授權或同意渠等於其所經營之店家外懸掛「呷七碗」招牌，本案兩造間從未存在過授權契約，縱有授權之意，因原告並未取得授權金或任何利益，且過渡期間之往來關係本應於過渡期間結束即告終結，始合乎常情，故於2000年末原告催告期滿時，該授權關係即應已終止[14]。

被告主張其於2008年7月1日開始經營吃七碗滿月油飯店，當時兩造仍有生意之往來，不僅原告於其宣傳DM、提袋等將被告作爲臺中分店，且互爲約定可以由一方接單另一方代送，嗣後結算帳款，足證兩造間有授權使用之合意存在，被告使用系爭商標屬合法行爲。且兩造間授權乃不定期授權契約，履約期間內被告公司未有債務不履行之情事，原告單方以存證信函終止系爭商標權契約，既未取得終止契約之合意，亦未有任一終止授權契約之法定或意定事由，是以本件授權契約未經雙方合法終止，自不生終止之效力，故被告使用系爭商標不違反商標法[15]。

第二項　本案爭點[16]

本案爭點在於：一、被告等是否構成善意先使用而不受原告商標權之拘束？二、兩造間有無商標授權關係存在？

---

13 智慧財產法院102年度民商訴字第24號民事判決。
14 同前註13。
15 同前註13。
16 同前註13。

第三項　法院見解[17]

　　法院就兩造給予之證言與證據，足認原告確實有將系爭商標授權被告使用，兩造間就系爭商標有不定期授權關係之合意存在等情，應堪認定。且原告雖主張兩造間縱有授權關係存在，亦因2010年末原告催告期滿授權關係即終止等語，惟兩造間就系爭商標有不定期授權關係存在，已如前述。

　　商標權人欲片面終止授權合約，應類推適用民法第254條規定，須經商標權人定相當期限催告其履行，而被授權人於期限內不履行時，商標權人始得終止契約，然本件兩造間之授權契約係不定期授權契約，而履行期間內被告公司未有債務不履行之情事，原告單方以存證信函終止系爭商標權契約，既未取得終止契約之合意，亦未有任一終止授權契約之法定或意定事由，是以本件授權契約未經雙方合法終止，自不生終止之效力，故被告使用系爭商標自不違反商標法。

表4-4　呷七碗商標

	申請日：1996年1月12日 （權利期間：1996年12月16日至2016年12月15日）
	註冊第742174號
	商標權人：嘉義食品工業股份有限公司
	第30類：粥、八寶粥、速食粥、燕麥粥、便當、油飯、肉粽、壽司、速食飯、排骨飯、雞腿飯、米糕、筒仔米糕、速食麵、肉燥麵、雞絲麵、刀削麵、排骨麵、牛肉麵、速食義大利麵、水餃、餛飩、麵條、米粉、麵條線、冬粉、粉絲、意麵、拉麵、油麵、粉條、河粉、水餃皮、餛飩皮、魚餃、蛋餃、燕餃、蝦餃、花枝餃、魚翅餃、水晶餃
	申請日：1996年1月12日 （權利期間：1997年7月1日至2017年6月30日）
	註冊第91938號
	商標權人：嘉義食品工業股份有限公司
	第42類：餐廳、飲食店

資料來源：智慧財產法院102年度民商訴字第24號民事判決。

17　同前註13。

第十節　商標權之移轉（§42）

> **第42條**
> 商標權之移轉，非經商標專責機關登記者，不得對抗第三人。

　　商標權為一財產權，得依法繼承、行使、自由讓與之財產標的，本條所稱非經登記不得對抗第三人，適用於當事人發生法律爭執之情形，如商標權之移轉、授權或設定質權等權益事項。我國商標移轉規定與授權登記相同，採「對抗要件」而非「生效要件」[18]，即商標之移轉在轉讓方與受讓方意思表示同意，契約成立時方產生效力，不需向我國商標專責機構進行登記，不過權利具體行使時發生衝突、矛盾或相互抗衡之現象，以「登記」為判斷權利歸屬之標準[19]。

　　因此未完成移轉登記之商標，不影響雙方當事人間訂定移轉契約之效力，但不具有對抗第三人之效力。假若讓與人將商標權移轉予受讓方，讓與人再次移轉給第三人，且第三人先於原受讓方完成移轉登記，則原受讓方無法主張其早於第三人的受讓權利狀態。商標權移轉，舉凡商標權人將其商標權合意移轉、繼承、強制執行、法院判決等其他依法律規定移轉之情事，完成移轉註冊之受讓人則依受讓當下商標權的權利狀態，取得使用、收益、處分等權利。

　　惟證明標章、團體標章或團體商標因其權利性質之獨特性，非經商標專責機關核准，依本法第92條規定，原則上不得移轉如下權利，包含商標權合意移轉、繼承、強制執行、法院判決等，若任意移轉予他人，恐影響消費者利益及公平競爭。申請移轉登記，應備具申請書，且

---

[18] 經濟部智慧財產局，移轉登記的效力，2020年5月18日，https://topic.tipo.gov.tw/trademarks-tw/cp-554-863591-72510-201.html（最後瀏覽日：2023年3月28日）。

[19] 司法院，司法院舉辦98年智慧財產法律座談，智慧財產法律座談會民事訴訟類第9號法律問題研討結果，2009年6月25日，https://www.judicial.gov.tw/tw/cp-1429-72498-5713e-1.html（最後瀏覽日：2023年7月1日）。

檢附移轉契約或其他證明文件，詳見商標法施行細則（附錄三）第39條。

第十一節　附加適當區別標示（§43）

第43條
移轉商標權之結果，有二以上之商標權人使用相同商標於類似之商品或服務，或使用近似商標於同一或類似之商品或服務，而有致相關消費者混淆誤認之虞者，各商標權人使用時應附加適當區別標示。

　　商標權移轉結果可能致生消費者混淆誤認時，權利人處理方式如本條所規範。因應商標權合意移轉、繼承、強制執行、法院判決或其他依法律規定移轉登記之情事，導致分別移轉相同或近似商標的結果，造成消費者產生混淆誤認之疑慮，當商標權移轉予二人以上商標權人，應附加適當區別標示。本法並無明定適當區別標示，判斷標準在於消費者得明確區別二或二以上的商品或服務來源，當事人經受讓或移轉取得商標權如何附加適當區別標示，應由當事人彼此協議，如包裝風格迥異、製造商相異等方式，提供消費者分辨來源的同時，達到維護各商標權人商譽的效果。

　　當受讓人擔心自身權益受損時，可於我國商標專責機關網站[20]搜尋商標權人所有申請中或已註冊的相同或近似商標是否一併移轉，避免出現分屬不同人所有的情況，亦可查詢欲受讓商標是否另有禁止處分登記在案或涉有爭議案件。

20　經濟部智慧財產局官方網站網址：https://www.tipo.gov.tw/tw/mp-1.html。

第十二節　質權（§44）

> **第44條**
> 商標權人設定質權及質權之變更、消滅，非經商標專責機關登記者，不得對抗第三人。
> 商標權人為擔保數債權就商標權設定數質權者，其次序依登記之先後定之。
> 質權人非經商標權人授權，不得使用該商標。

依我國民法規定，擔保債權由債務人或第三人移交的動產或可讓與的財產權，在債權屆清償期未受清償時，得就該動產或財產權賣得價金優先受償，稱為質權。基於質權標的物特性的不同，可分為動產質權及權利質權二種，以債權或其他可讓與的權利為標的物之質權，稱為權利質權，而商標權為可讓與之無體財產權，得作為權利質權之標的[21]。債權金額較大者，可同時設定複數商標權作為同一質權，若屆期債權未清償，數件商標為同一債權之共同擔保，合併計算賣得價金。

為避免第三人權益受損，設定質權必須完成公示程序，應向商標專責機關申請登記，登記之效力僅為對抗要件，非生效要件。如質權人公司名稱、移轉、擔保之債權發生繼承或移轉、消滅，債權清償完畢或同意塗銷等質權內容變更之行為，皆應向商標專責機關申請登記，始發生對抗效力。

---

21 經濟部智慧財產局，商標法逐條釋義110年9月版，2021年9月，頁180，https://topic.tipo.gov.tw/trademarks-tw/cp-514-896911-d731c-201.html（最後瀏覽日：2023年3月28日）。

第十三節　拋棄（§45）

> **第45條**
> 商標權人得拋棄商標權。但有授權登記或質權登記者，應經被授權人或質權人同意。
> 前項拋棄，應以書面向商標專責機關為之。

　　本條為商標權拋棄限制及應完成之程序規定。拋棄商標權為權利人使該商標權絕對歸於消滅之行為，商標權人得依其單獨意思表示為之，衡酌商標權乃無體財產權之一樣態，認定拋棄效力之意思表示實屬不易，故應向商標專責機關完成書面登記，依本法第47條第3款明文，自書面意思表示到達商標專責機關之日起商標權消滅[22]。如該商標權先前已有質權登記或授權登記，為避免影響質權人或被授權人權益，經質權人或被授權人同意，商標權人始得申請減縮商品或服務。

第十四節　共有商標權（§46）

> **第46條**
> 共有商標權之授權、再授權、移轉、拋棄、設定質權或應有部分之移轉或設定質權，應經全體共有人之同意。但因繼承、強制執行、法院判決或依其他法律規定移轉者，不在此限。
> 共有商標權人應有部分之拋棄，準用第二十八條第二項但書及第三項規定。
> 共有商標權人死亡而無繼承人或消滅後無承受人者，其應有部分之分配，準用第二十八條第四項規定。
> 共有商標權指定使用商品或服務之減縮或分割，準用第二十八條第五項規定。

22　同前註21。

　　商標法立法目的之一即保護消費者利益，共有人間若過度依賴私法關係決定，恐影響消費者權益及商標之商譽表徵，故本法規定較我國民法更爲嚴格，經全體共有人之同意，方可執行共有商標權之授權、再授權、移轉、拋棄、設定質權或應有部分之移轉或設定質權、分割等法律行爲。

　　我國民法共有之定義，分別列有「分別共有」、「公同共有」及「準共有」。「分別共有」乃複數所有人按其應有部分，對於一物共享其所有權；「公同共有」爲複數所有人基於法律規定或契約約定，成立公同關係，基於該公同關係共有一物；「準共有」係所有權以外之財產權[23]，爲數人共有時，依其共有情形準用分別共有或公同共有規定[24]。

　　分別共有商標權時，若個別共有商標權恣意處分其應有部分，或將嚴重影響共有商標指示功能，故本條排除民法第819條第1項之適用，藉此維護其餘商標共有人權利[25]。若商標作爲公同共有，如民法第828條第3項規定，由全體共有人決議後方可實施，並無疑慮[26]。法定移轉事由，如本條第1項但書所列，繼承、強制執行或依其他法律規定移轉者，無須經全體共有人同意即發生法律效力。商標權人拋棄自身應有部分，不影響其餘共有人權益，因此亦無須經全體共有人同意，至於如何處置該拋棄的應有部分，則由其餘共有人依其應有部分比例分配。

---

[23] 民法第831條：「本節規定，於所有權以外之財產權，由數人共有或公同共有者準用之。」對所有權以外財產權的共有（分別共有或公同共有），學說上稱爲準共有，包括擔保物權、用益物權、礦業權、漁業權、水權等。

[24] 林志豪，商標共有，行！？不行！？，亞律智權雙月刊，2020年4月20日，https://www.asialiuh.com/zh-tw/news.php?act=view&id=275（最後瀏覽日：2023年3月28日）。

[25] 經濟部智慧財產局，商標法逐條釋義110年9月版，2021年9月，頁183，https://topic.tipo.gov.tw/trademarks-tw/cp-514-896911-d731c-201.html（最後瀏覽日：2023年3月28日）。

[26] 民法第828條第3項：「公同共有物之處分及其他之權利行使，除法律另有規定外，應得公同共有人全體之同意」。

第十五節　商標權之消滅（§47）

第47條

有下列情形之一，商標權當然消滅：

一、未依第三十四條規定延展註冊者，商標權自該商標權期間屆滿後消滅。

二、商標權人死亡而無繼承人者，商標權自商標權人死亡後消滅。

三、依第四十五條規定拋棄商標權者，自其書面表示到達商標專責機關之日消滅。

　　本條為商標權當然消滅之法定事由，係指本條所列三款事由發生時，任何人不須主張，且不必由主管機關通知，商標權依法立即發生絕對消滅的法律效果，消滅前商標權有效存在的事實不受影響。商標權人未於期間屆滿前完成延展，客觀上無繼續使用該商標之意願，故沒有必要繼續保護其商標權益，商標權應自商標權期間屆滿後當然消滅。

　　因法人不發生死亡而繼承的問題，故本條第2款所稱之權利人乃自然人。商標權得為繼承之標的，依我國民法第1148條規定，商標權人死亡後，其商標權歸屬繼承人；若權利人死亡無任何繼承人，則自商標權人死亡後商標權當然消滅，係為民法第1185條特別規定。

　　法人性質分為社團法人及財團法人，社團法人又分成公益法人與營利法人；當財團法人及公益社團法人已清算終結，且完成清算終結登記，商標權歸屬應視清算過程中移轉情形，判斷權利歸屬主體。營利法人則另定於我國公司法中，縱使公司解散、清算完結、解散登記後，尚難直接認公司人格已消滅，商標專責機關自不得公告商標權消滅，僅得依商標法第63條第1項第2款規定，依職權或據申請廢止其註冊。綜上，商標權不因法人人格消滅而當然消滅，應視商標權利歸屬之法人性質有異。

|第五章|
商標異議[*]

　　我國設有商標異議制度,如註冊商標出現違反商標法規定之情事,第三人或利害關係人得向專責機關提出異議,維護商標權、消費者利益及市場競爭。商標涵蓋物品本身與服務內容,交易情形複雜,再者,審查人員資源及工具有限,不乏須判斷不確定的法律概念之情形,評斷標準可能僅限於相對人間,因此審查未必能全盤掌握。為使註冊商標取得商標權之合法性更加明確,設置商標異議制度實屬必要,為法律明定輔助審查機制之特別程序,若註冊商標涉及不准註冊之情形,第三人或利害關係人得透過異議程序撤銷該註冊商標。

第一節　異議（§48）

第48條
商標之註冊違反第二十九條第一項、第三十條第一項或第六十五條第三項規定之情形者,任何人得自商標註冊公告日後三個月內,向商標專責機關提出異議。
前項異議,得就註冊商標指定使用之部分商品或服務為之。
異議應就每一註冊商標各別申請之。

---

[*]　本章部分新聞來源與補充,感謝施軍丞、張景富協助提供。

　　本條規定異議法定事由、異議期間、註冊後異議、一異議一商標、就商標之部分商品或服務提出異議等，向商標專責機關提起申請。依本法規定，異議期間為商標註冊公告日後三個月內，為法定不變期間，除有因天災或不可歸責於己之事由遲誤外，該期間經過後不得提起異議。

　　商標註冊公告日不計算始日，商標公報公告商標註冊之翌日起算三個月。按我國行政程序法第48條第3項，不以月之始日起算者，以最後之月與起算日相當日之前一日為期間之末日。如商標於7月1日註冊公告者，異議期間自7月2日起算，至10月1日期滿；8月15日公告註冊者，其異議期間自8月16日起算，至11月15日期滿。若該異議提出結算日為星期日、國定假日或其他休息日，則結算日延長至次日，若為星期六，則結算日為其次星期一。

　　異議人不以利害關係人為限，不須釋明商標權存在是否影響其利害關係。如果只有部分指定使用的商品或服務違反本法不得註冊之情形，得就該部分提出異議。商標權人得於異議處分前，憑藉分割商標權的方式，避免爭訟時間影響其權利，早日確定其他未被異議之商標權。當一異議案中，對二或二以上之註冊商標提起異議，商標專責機關將通知申請人分別提出異議。

第二節　異議書（§49）

第49條
提出異議者，應以異議書載明事實及理由，並附副本。異議書如有提出附屬文件者，副本中應提出。
商標專責機關應將異議書送達商標權人限期答辯；商標權人提出答辯書者，商標專責機關應將答辯書送達異議人限期陳述意見。
依前項規定提出之答辯書或陳述意見書有遲滯程序之虞，或其事證已臻明確者，商標專責機關得不通知相對人答辯或陳述意見，逕行審理。

　　本條係規定申請人提出異議應具備之異議書內容，商標專責機關審理異議案件之程序。如異議書內容不明確或不完備者，商標專責機關得通知異議人限期補正[1]（詳見附錄三），屆期未補正者應不受理。為使商標審查人員得充分審酌當事人所提之事證與意見，商標專責機關應將異議申請書副本及附屬文件送達商標權人，限期通知商標權人答辯；商標註冊公告日後三個月內，異議人得變更或追加其主張之事實及理由[2]（詳見附錄三），逾越法定期間始提出者應不受理，當有上述補正事項，商標專責機關亦應通知商標權人答辯；商標權人如未答辯，商標專責機關不得逕為不利之處分。

　　商標權人如有提出答辯書及副本（包含附屬文件），商標專責機關應將該副本送達異議人，使異議人知悉商標權人答辯之內容；異議人如欲於期限內陳述意見，應提出陳述意見書及副本，如有附屬文件應檢附於副本中[3]（詳見附錄三）。商標異議案件須透過交叉答辯及陳述意見，促進當事人掌握爭點，為早日確定爭訟，如事實已臻明確時，且提出答辯書或陳述意見書有遲滯之虞，商標專責機關得逕行審理。

第三節　異議商標註冊有無違法之規定（§50）

第50條
異議商標之註冊有無違法事由，除第一百零六條第一項及第三項規定外，依其註冊公告時之規定。

　　本條為異議案件法律基準時點之適用。註冊商標有無違法事由認定標準缺乏明確規範，實務上對於以提出異議時點、商標註冊申請時點或

1　商標法施行細則第42條第1項。
2　商標法施行細則第42條第2項。
3　商標法施行細則第43條。

商標註冊公告時點為判斷，尚無定論，爰明定依註冊公告時之規定為準。

第四節 異議案件之審查人員（§51）

第51條
商標異議案件，應由未曾審查原案之審查人員審查之。

　　本條規定商標審查人員迴避制度。商標異議制度立法意旨係輔助商標專責機關審查資訊之不足，具備商標再審查之作用，避免原註冊案之審查人員分配到該審查人員曾審查核准註冊之案件，減弱該商標註冊合法性再審查之效益。縱然審查人員為客觀公正之判斷，本法建立主動迴避原則，避免公眾對於該案審理結果保留主觀、偏頗之疑慮，審查人員如發現曾參與該案審查，應主動迴避審查該異議案件，此舉是以維護當事人之權益，以昭公信。

第五節 異議程序（§52）

第52條
異議程序進行中，被異議之商標權移轉者，異議程序不受影響。
前項商標權受讓人得聲明承受被異議人之地位，續行異議程序。

　　本條規定異議程序不受商標權移轉影響，由受讓人承受當事人地位繼續進行異議程序。如發生商標權人將該進行異議程序之商標移轉給第三方之情形，基於異議標的乃商標專責機關核准註冊之商標，旨在審其

有無不得註冊事由，故異議程序不因移轉而改變。商標權轉移後，商標權是否存續直接影響者爲受讓人，而非原被異議人，故受讓人得聲明承擔原被異議人地位，繼續進行異議程序，以保障自身權益，使異議程序有實際意義。

　　當移轉完成而異議程序持續進行，商標專責機關將會通知受讓人答辯或來函承受被異議人之地位，經聲明承受者，原商標權人則脫離異議程序，後續異議程序之進行，以系爭商標之受讓人爲對象。受讓人未聲明承受者，原商標權人地位移轉後不變，後續異議程序仍以原商標權人爲對象，以保客觀公正之處分，避免雙方當事人受有損害或無法充分提出事實證據。

第六節　異議之撤回（§53）

第53條
異議人得於異議審定前，撤回其異議。
異議人撤回異議者，不得就同一事實，以同一證據及同一理由，再提異議或評定。

　　本條爲異議人得撤回異議及撤回之限制，以及撤回之效力規定。異議人可能因與商標人達成和解、協議移轉商標權等其他理由，中斷原先異議程序，異議人得於異議審定書送達前，向商標專責機關撤回異議。爲避免異議人恣意影響司法程序及權利取得之安定性，異議人撤回異議後，不論異議審定是否開始，就同一事實以同一證據及同一理由，不得再次提出異議或申請評定。如有未附事實理由經撤回異議者，因自始未主張事實理由及提出證據，即無本條所稱之同一事實、證據及理由之判斷問題，不受本條規定限制。

　　「同一事實」，係待證異議事實相同；「同一理由」，爲主張違反

的法條或條款一致;「同一證據」,乃具有同一性之證據,考量標準建立於內容實質上是否相同,而不拘泥於形式上是否有區別。如前後案件主張之事實、證據或理由部分相同,應實體審查不同部分,且處分書中應敘明相同部分之適用情形。

第七節　異議案件撤銷註冊（§54）

第54條
異議案件經異議成立者,應撤銷其註冊。

異議成立之效果為撤銷其註冊。經人員審查後,認其異議有正當理由,則製作異議成立之異議審定書,自商標註冊時已存在該違法情事,依我國行政程序法第118條規定,違法行政處分經撤銷後,商標權溯及既往失其效力。

第八節　撤銷註冊（§55）

第55條
前條撤銷之事由,存在於註冊商標所指定使用部分商品或服務者,得僅就該部分商品或服務撤銷其註冊。

異議成立之事由如僅存在於註冊商標指定使用之部分商品或服務者,得僅就該部分撤銷其註冊,其餘部分不受影響,不生全部撤銷商標註冊之效力。如一註冊商標指定使用二或二以上類別之商品,雖異議人對該註冊商標指定使用的二或二以上類別皆提出異議,經審查僅其中一

類商品有應予撤銷之事由，商標專責機關得僅撤銷該類註冊，保有其餘類別之商標權。

商標權人得申請減縮或分割該涉及爭議之類別，商標專責機關公告核准分割後，主管機關應通知分割前提出異議者，限期檢附申請文件，重新計算應繳納之規費，進行補繳或退費；當事人於評斷分割後各別商標勝訴之可能性，得考量是否續行異議案。

第九節　異議確定後效力（§56）

> **第56條**
> 經過異議確定後之註冊商標，任何人不得就同一事實，以同一證據及同一理由，申請評定。

本條為維護商標註冊安定性，針對商標專責機關對商標異議案件確定處分後，同時具備「同一事實、同一證據及同一理由」，異議案件有一事不再理原則之規定。如新異議案與前異議案有不同之事實、證據或理由，縱使前異議案未成功，申請新異議案仍屬合法行為，應予以受理。證據審查應就內容實質相異性，不拘泥於形式是否同一，如前案檢附事證為某報章雜誌，後案檢附為某期刊，即便二者形式與數量多寡不同，但欲證明之事項實質相同，該評定案件之申請仍違反一事不再理規定。

|第六章|
商標評定[*]

對於商標專責機關核准商標註冊之處分,商標評定制度賦予利害關係人表明不服的機會,與「商標異議制度」有重疊相似之處,如本法第48條;不過申請要件與程序仍有區別,如申請人資格、申請期間、申請事由、審查人員、審查方式等原則,利害關係人得依其個別情況選擇適用。

表6-1　申請評定與異議之區別

	異議	評定
一事不再理	異議確定後	處分後
申請人	任何人	利害關係人
申請期間	註冊公告日後3個月內	原則上註冊公告日後5年內,例外不受限制
申請事由	違反第29條第1項、第30條第1項、第65條第3項	違反第29條第1項、第30條第1項、第65條第3項
審查人員	商標審查人員一人	評定委員三人以上
審查方式	獨任制	合議制
法律效果	異議成立,撤銷註冊	評定成立,撤銷註冊
申請分割商標權／減縮指定商品或服務	處分前	處分前

資料來源:本章自行製作,參考經濟部智慧財產局,申請評定與異議的區別,2020年1月30日,https://topic.tipo.gov.tw/trademarks-tw/cp-559-862300-44e37-201.html(最後瀏覽日:2023年4月24日)。

---

[*]　本章部分新聞來源與補充,感謝張景富協助提供。

第一節　商標註冊之評定（§57）

> **第57條**
> 商標之註冊違反第二十九條第一項、第三十條第一項或第六十五條第三項規定之情形者，利害關係人或審查人員得申請或提請商標專責機關評定其註冊。
> 以商標之註冊違反第三十條第一項第十款規定，向商標專責機關申請評定，其據以評定商標之註冊已滿三年者，應檢附於申請評定前三年有使用於據以主張商品或服務之證據，或其未使用有正當事由之事證。
> 依前項規定提出之使用證據，應足以證明商標之真實使用，並符合一般商業交易習慣。

　　本條規定申請或提請評定之法定事由、申請人資格，且其檢附證據應足以證明系爭商標有真實使用之情形。申請評定者資格以利害關係人為限，申請評定時，如未檢附申請評定前三年實際使用之證據，商標專責機關則不受理該評定之申請；提請評定者資格則以審查人員為限。所謂「使用證據」係足以證明該商標之真實使用，且符合一般商業交易習慣，申請評定人雖有檢附實質商品，但無其他可提供商標專責機關認定商品製造及販售日期等事證，難以判斷該證據是否為象徵性或臨時製作之物品，恐難認系爭商標有真實使用之情形，故此類證據皆與本條之規範不符合；若提出之事證無法證明該評定案件使用系爭商標，經商標專責機關通知補正，屆期仍未補正者，應不予受理。

第二節　商標註冊不得申請或提請評定（§58）

> **第58條**
> 商標之註冊違反第二十九條第一項第一款、第三款、第三十條第一項第九款至第十五款或第六十五條第三項規定之情形，自註冊公告日後滿五年者，不得申

請或提請評定。
商標之註冊違反第三十條第一項第九款、第十一款規定之情形，係屬惡意者，不受前項期間之限制。

　　本條規定申請或提請評定法定除斥期間及其例外之情事。若註冊商標長期處於可能被評定的狀態，商標權人將置於不安的地位，影響法律安定性，且法律應保護持續使用的商標所辛苦建立之商譽。為平衡商標權人與申請評定者權益，針對不涉及公共秩序或社會利益的相對不得註冊的情況，明定五年法定除斥期間，以構建全面商標權註冊保護制度。除斥期間計算始日，不包括註冊公告當日，始計於公告日翌日，如星期日、國定假日或其他休息日者，以該日之次日為期間之末日，如星期六則以其次之星期一為期間末日。

　　若違反商標法不得註冊之範疇，惡意申請註冊相同或近似於中華民國或外國之葡萄酒或蒸餾酒地理標示，且指定使用於與葡萄酒或蒸餾酒同一或類似商品，而該外國與中華民國簽訂協定或共同參加國際條約，或相互承認葡萄酒或蒸餾酒地理標示之保護者；或相同或近似於他人著名商標或標章，有致相關公眾混淆誤認之虞，或有減損著名商標或標章之識別性或信譽之虞者，有意獲取不公平競爭利益之意圖，不受五年法定除斥期間之限制。

第三節　評定程序（§59）

第59條
商標評定案件，由商標專責機關首長指定審查人員三人以上為評定委員評定之。

本條明定應指派評定委員評定商標評定案件。評定委員指派,應選擇未曾參與審查原案之人員,確保公眾信任評定結果公正、客觀;基於評定案件常涉註冊年限久遠之商標,指派三位以上評定委員進行評定,以多數決評定為一嚴謹之方式。

第四節　不成立之評定（§60）

> **第60條**
> 評定案件經評定成立者,應撤銷其註冊。但不得註冊之情形已不存在者,經斟酌公益及當事人利益之衡平,得為不成立之評定。

註冊商標經評定成立,即商標於註冊公告時已存在不得註冊之違法事由,應依評定程序撤銷其註冊,使該商標權自始失其效力。若評定時原構成違法事由已無存有,則由商標專責機關衡平相關因素,如公益性、法律安定性及當事人利益等,決定是否撤銷註冊。行政救濟程序中,若出現評定當下無法預料之狀況,商標主管機關或法院得依當事人申請,變更原處分或判決屬情事變更原則適用,非本條但書著重於公私益平衡,二者性質上有所差異。

第一項　「旺旺」商標案[1]

原告（蔡合旺事業股份有限公司）主張1962年成立「旺旺」公司,始從事食品業,所創立「旺旺」商標已成為原告集團的名稱,多年來在數十個國家市場銷售。除既有之食品業務,旺旺集團尚有經營神旺大飯店,於2008年成立旺旺中時媒體集團,積極發展相關產業,2005年營收已超過新臺幣226億元。據經濟部網站資料統計,系爭商標品牌

---

[1] 智慧財產法院108年度行商訴字第120號判決。

價值自2009年4億2,100萬美元逐年上升。旺旺集團多角化經營模式，跨足餐飲、飯店、醫療、媒體、產物保險以及娛樂業，由食品乃至民生用品與大眾媒體傳播，相關消費者和一般大眾皆已熟悉其商標，該商標已成為我國著名商標。

　　2010年7月2日，參加人（青山生物科技股份有限公司）以「髮旺旺設計字」商標向被告（經濟部智慧財產局）申請註冊，指定使用於當時商標法施行細則第19條所定商品及服務分類表第三類之「髮乳、美髮水、護髮油、護髮乳、護髮霜、造形髮膠、護髮霜、頭髮保養品、頭髮滋養霜、燙髮劑、燙髮液、染髮劑、染髮膏、洗髮精、潤髮乳、洗髮露、洗髮乳、去頭屑洗髮精」商品。經被告審查，該商標被准許註冊。原告主張該商標違反商標法第30條第1項第10款、第11款、第12款規定，對被告申請評定。經被告審查，2019年1月23日中台評字第H00000000號商標評定書為「主張商標法第30條第1項第10款規定部分，評定駁回。主張商標法第30條第1項第11款、第12款規定部分，評定不成立」的處分。原告不服，提起訴願。

　　經濟部於2019年8月14日經訴字第10806311220號決定：「原處分關於『主張商標法第30條第1項第10款規定部分，評定駁回』部分撤銷，由原處分機關（即被告）於4個月內另為適法之處分；其餘部分訴願駁回。」原告對訴願駁回部分不服，提起行政訴訟。

表6-2　髮旺旺商標

	申請日：2010年7月2日 （權利期間：2012年7月16日至2022年7月15日）
	註冊第1526569號
	商標權人：青山生物科技股份有限公司
	第3類：髮乳、美髮水、護髮油、護髮乳、護髮霜、造形髮膠、護髮霜、頭髮保養品、頭髮滋養霜、燙髮劑、燙髮液、染髮劑、染髮膏、洗髮精、潤髮乳、洗髮露、洗髮乳、去頭皮屑洗髮精

資料來源：最高行政法院109年度上字第982號判決。

第二項　本案爭點[2]

系爭商標之註冊，是否有商標法第30條第1項第11款、第12款規定之適用？

第三項　法院見解[3]

原告再次根據商標法第30條第1項第11款、第12款之規定，對涉及的商標進行申請評定，因其認定涉及商標違反該條文，縱原告主張條文與先前商標異議案和評定案相同，然本件據爭商標未有註冊號第00000000號商標（表6-3），且此次系爭商標所提出之證據與系爭評定案未全然相同，因此，本件無從以違反商標法第56條、第61條規定而駁回。

再者，原告申請評定時提供「中國大陸商標局商評委最新認定的馳名商標名單」、「2009年10月12日工商時報」和「我國企業商標在大陸被認定為馳名商標一覽表」等證據，上述證據已於先前商標異議案和評定案中提交。本件原告就原處分、訴願決定不服而據以提起本件行政訴訟之範圍為商標法第30條第1項第11款、第12款；於系爭異議案及系爭評定案，均已提出為著名商標之主張，及作為憑以證明為著名商標之證據，經被告、訴願決定機關及本院於各該前案予以實質審酌後為認定。原告應不得再以申請評定時所提之證及本件起訴時檢附之原證為據，以系爭商標違反商標法第30條第1項第11款、第12款為由申請評定。至於本件其餘據爭商標，未經系爭異議案及系爭評定案主張為著名商標，因而，以申請評定時所提之證及本件起訴時檢附之原證為本件據爭商標是否為著名商標之佐證部分，仍應予以審酌。

表6-3　旺旺商標異議案圖樣

系爭異議案之據以異議商標（註冊第00000000號）	
旺旺	申請日：2010年11月16日 （權利期間：2011年9月1日至2021年8月31日）
	註冊第00000000號
	商標權人：蔡合旺事業股份有限公司
	第3類：非人體用清潔劑、亮光蠟、非製造程序用油污去除劑、食用香料、皮革油、香、研磨劑、乾燥劑、動物用潔毛劑、用於清潔及除塵的罐裝加壓空氣

資料來源：智慧財產法院108年度行商訴字第120號判決。

　　商標法第30條第1項第11款前、後段就著名商標之著名程度，應為不同之解釋，前段應解釋為僅在相關消費者著名之商標，後段則應解釋為不僅止於相關消費者，而須達一般消費者知悉之商標，始符立法目的，同時平衡保護消費者及商標權人，維護市場公平競爭。再按著名商標之認定時點，以申請時為準，2012年商標法第30條第2項定有明文，故認定據爭商標是否為同法第30條第1項第11款前段規定之著名商標，應以系爭商標申請註冊時（即2010年7月2日）之客觀證據以為判斷。查原告主張據爭商標之證據，時間均晚於系爭商標申請日，無法作為據爭商標於系爭商標申請日是否屬於著名商標之認定。部分證據資料，如網頁列印資料、官網內容、報導，可認原告所屬之「旺旺集團」於系爭商標2010年7月2日申請時，為食品領域相關消費者所知悉。

　　系爭商標為由上至下直書之中文「髮旺旺」三字所組成，其所使用之字體雖為一般中文印刷字體，惟其於所使用文字之橫書筆劃上，略作變化處理，而使其呈現不同於一般中文印刷字體之感，「髮」字略大於下方「旺旺」二字。據爭商標則為「旺旺」二字橫書或直書排列而成之單純文字商標，二者雖均有中文「旺」字，但「旺」字為習知文字，國人常用以表達產業興盛之意，本身識別性不高，兩者讀音不同，所蘊含之觀念亦有差異，兩者商標圖樣設計、文字組成及設計意匠均明顯有別，所傳達之觀念及讀音亦有顯著不同，予人寓目印象截然有別，且整

體商標圖樣之設計意匠及所傳達之觀念亦有顯著差異，異時異地隔離整體觀察，及於交易連貫唱呼之際，尚能區辨，兩者近似程度低。

再者，系爭商標係使用經設計「旺旺」結合較大字體同樣經設計之「髮」字，並且刻意放大「髮」字，並無特別強調「旺旺」之二字，亦證參加人並無刻意攀附原告「旺旺」系列商標企圖使消費者混淆誤認來源之惡意存在。又系爭商標指定使用於上揭髮乳、髮水等商品，該等商品未予人負面評價之印象，且原告復未提出參加人以有害或毀損信譽的方式使用系爭商標，而有使一般消費者對據爭商標信譽產生負面聯想之虞之相關事證，系爭商標之註冊亦難認有減損據爭商標之識別性或信譽之虞。

第五節　一事不再理原則（§61）

第61條
評定案件經處分後，任何人不得就同一事實，以同一證據及同一理由，申請評定。

商標評定制度賦予第三人即利害關係人對於已核准商標提出爭議的權利，當認為該商標符合法規不得註冊之情事，而影響利害關係人法律上權益時，藉此保障商標權完整、利害關係人權益與消費者利益，促進市場公平競爭[4]。

一事不再理原則，乃商標評定案件經智慧財產局為評定的處分確定後，為維護商標註冊的安定性，在同一事實、同一證據及同一理由的前提下，任何人均不得再對該註冊商標申請評定。所謂「同一事實、同一

---

[4] 經濟部智慧財產局，商標評定，https://topic.tipo.gov.tw/trademarks-tw/lp-559-201.html（最後瀏覽日：2023年4月24日）。

證據及同一理由」必須同時具備，才有一事不再理規定的適用，如就同
一事實但以不同理由或證據；或就不同事實或理由提出申請者，仍為法
律所允許。特別注意，一事不再理原則之適用，不同於評定案經撤回的
情形（只限於申請評定人），且案件已經作成商標註冊違反規定與否實
質上的認定，故後案處分時，如前案因同一事實、同一證據及理由已處
分者，對任何人即有一事不再理原則的適用[5]。

第六節　評定準用規定（§62）

> **第62條**
> 第四十八條第二項、第三項、第四十九條至第五十三條及第五十五條規定，於
> 商標之評定，準用之。

　　評定程序與異議程序相仿，故準用異議程序。本條適用對象為本法
修正施行後註冊之商標、證明標章及團體標章，依其註冊公告時規定，
作為判斷有無違法事由的時點。如商標係本法修正施行前註冊者，應以
其註冊時及本法修正施行後的規定，均為違法事由為限，始撤銷其註
冊。對於本法修正施行前已受理而尚未處分的評定案件，或本法修正施
行前註冊的商標、證明標章及團體標章，於本法修正施行後申請評定
者，未來依本法規定，需以其註冊時及本法修正施行後的規定有無違法
事由分別判斷，且以該二時期施行的商標法均明定為違法事由為限，始
撤銷其註冊。

---

[5]　經濟部智慧財產局，一事不再理原則，2020年1月30日，https://topic.tipo.gov.tw/trademarks-tw/cp-559-863674-9f063-201.html（最後瀏覽日：2023年4月24日）。

|第七章|
商標廢止

　　商標廢止是對於合法註冊取得的商標權，因嗣後有違法使用、未使用或停止使用、未附加區別標示、已成爲通用名稱或標章等情事；商標廢止案與商標異議、評定案的區別，在於廢止的對象爲合法註冊的商標，而違反規定的事由係於註冊後才發生，故廢止成立者，其商標的註冊將往後失其效力。

第一節　廢止事由（§63）

第63條

商標註冊後有下列情形之一，商標專責機關應依職權或據申請廢止其註冊：

一、自行變換商標或加附記，致與他人使用於同一或類似之商品或服務之註冊商標構成相同或近似，而有使相關消費者混淆誤認之虞者。

二、無正當事由迄未使用或繼續停止使用已滿三年者。但被授權人有使用者，不在此限。

三、未依第四十三條規定附加適當區別標示者。但於商標專責機關處分前已附加區別標示並無產生混淆誤認之虞者，不在此限。

四、商標已成為所指定商品或服務之通用標章、名稱或形狀者。

五、商標實際使用時有致公眾誤認誤信其商品或服務之性質、品質或產地之虞者。

被授權人為前項第一款之行為，商標權人明知或可得而知而不為反對之表示者，亦同。

有第一項第二款規定之情形，於申請廢止時該註冊商標已為使用者，除因知悉他人將申請廢止，而於申請廢止前三個月內開始使用者外，不予廢止其註冊。

廢止之事由僅存在於註冊商標所指定使用之部分商品或服務者，得就該部分之商品或服務廢止其註冊。

上述條文規範之廢止事由涵蓋各情事，此一行為可能對註冊商標外觀逕行加以變更樣式或添加內容，實際使用商標與註冊商標顯有不同，消費者容易因該商標標示之商品或服務，與其他商標標示之商品或服務產生混淆、誤認等，商標授權人應實際監督被授權人使用之情形，確保商品、服務品質同一性。商標使用屬一事實認定問題，原則上商標權人應積極證明其使用事實，檢陳日常紀錄，如網站照片、發票、單據、收執聯、合約書、文件信封、宣傳廣告、報章雜誌、印有製造生產日期之物品等證據。正當事由為事實上障礙、不可歸責事由，致使無法使用註冊商標，如假扣押遭禁止處分，僅禁止商標權人移轉或作其他處分，非不得使用，即非屬正當事由[1]。

第一項 「ACE」商標案[2]

1996年3月15日，訴外人油泰企業有限公司以「ACE」商標，指定使用於當時商標法施行細則第49條第四類商品，向智慧財產局申請註冊核准。2006年1月6日，將系爭商標移轉登記予原告，復經被告准予延展系爭商標之商標權期間至2027年3月31日。參加人於2020年6月2日以系爭商標有商標法第63條第1項第2款之廢止事由，向智慧財產局申請廢止註冊。經智慧財產局審查以2021年6月30日商標廢止處分書為系爭商標之註冊應予廢止之處分。原告不服，遂提起訴願，2021年10月6日經濟部駁回，原告不服，向智慧財產及商業法院提起行政訴訟。智慧財產及商業法院認本件判決結果，將影響參加人（阿毅輪胎有限公司）之權利或法律上利益，依職權裁定命參加人獨立參加本件訴訟。

---

[1] 經濟部智慧財產局，申請廢止商標註冊的事由，2020年1月30日，https://topic.tipo.gov.tw/trademarks-tw/cp-560-862301-d53f5-201.html（最後瀏覽日：2023年4月24日）。

[2] 智慧財產及商業法院110年度行商訴字第84號判決。

第二項　本案爭點[3]

原告於參加人2020年6月2日申請廢止日前三年內，有無將系爭商標使用於前揭指定商品之事實？

第三項　法院見解[4]

系爭商標確經原告標示在所指定使用商品之外包裝上，並有銷售之事實，業經本院認定如前，足徵原告係為行銷之目的，將系爭商標使用於前述商品或其包裝容器，並足以使相關消費者認識其為商標，且有銷售標示系爭商標商品之事實，應符合商標法第5條第1項第1款、第2款之規定，足以作為系爭商標確有使用之具體事證無誤。系爭商標於申請廢止日即2020年6月2日前三年內，就其所指定使用「黑油、黃油、潤滑油、齒輪油、基礎油、機車油、工業用牛油、機油、循環油」商品，並無繼續停止使用已滿三年之情形，即無商標法第63條第1項第2款規定之適用。從而，被告所為就系爭商標註冊應予廢止之處分，尚有未洽，訴願決定予以維持，亦有未合，是原告訴請撤銷原處分與訴願決定，為有理由，應予准許。

表7-1　ACE商標

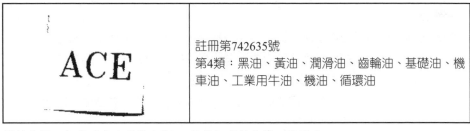

	註冊第742635號 第4類：黑油、黃油、潤滑油、齒輪油、基礎油、機車油、工業用牛油、機油、循環油

資料來源：智慧財產及商業法院110年度行商訴字第84號判決。

第二節　使用註冊商標（§64）

第64條
商標權人實際使用之商標與註冊商標不同，而依社會一般通念並不失其同一性者，應認為有使用其註冊商標。

　　原註冊商標以整體使用為原則，實際使用與註冊商標有些許不同時，如外觀、字體、大小、比例、排列方式略有不同，實質無變更主要識別特徵，消費者得產生與註冊商標相同的印象，依據社會通念評判具體個案，個別認定不失其同一性，得認其屬使用註冊商標之一。但將商標中引人注意的主要部分刪略不用，致使與原註冊商標產生顯著差異，則不具同一性[5]。

第三節　駁回（§65）

第65條
商標專責機關應將廢止申請之情事通知商標權人，並限期答辯；商標權人提出答辯書者，商標專責機關應將答辯書送達申請人限期陳述意見。但申請人之申請無具體事證或其主張顯無理由者，得逕為駁回。

第六十三條第一項第二款規定情形，其答辯通知經送達者，商標權人應證明其有使用之事實；屆期未答辯者，得逕行廢止其註冊。

註冊商標有第六十三條第一項第一款規定情形，經廢止其註冊者，原商標權人於廢止日後三年內，不得註冊、受讓或被授權使用與原註冊圖樣相同或近似之商標於同一或類似之商品或服務；其於商標專責機關處分前，聲明拋棄商標權者，亦同。

5　經濟部智慧財產局，商標使用同一性問題，2020年1月30日，https://topic.tipo.gov.tw/trademarks-tw/cp-560-863678-5afe5-201.html（最後瀏覽日：2023年4月25日）。

　　商標專責機關應將答辯書送至廢止申請人，給予廢止申請人陳述意見之機會，評定商標權人應提出足以證明眞實使用之證據，且符合商業交易習慣。爲使雙方當事人得以充分掌握爭點，商標廢止案件須進行交叉答辯及陳述意見的程序，當事實明確得準用第49條第3項規定，經濟部智慧財產局得不通知相對人答辯或陳述意見，逕行審理以減少資源浪費[6]。

第四節　廢止案件法規適用之基準時點（§66）

第66條
商標註冊後有無廢止之事由，適用申請廢止時之規定。

　　訂定廢止案件法規適用時點，適用廢止申請時的規定，商標廢止案件經審查，若認其有理由應成立廢止處分，註冊將自此失去效力。如就該商標指定部分商品或部分服務提出廢止申請，經審查成立，僅廢止該部分商品或服務，其餘部分商標權維持存在[7]。

第五節　廢止案審查準用規定（§67）

第67條
第四十八條第二項、第三項、第四十九條第一項、第三項、第五十二條及第五十三條規定，於廢止案之審查，準用之。

---

[6]　經濟部智慧財產局，申請廢止程序，2020年1月30日，https://topic.tipo.gov.tw/trademarks-tw/cp-560-863676-c9298-201.html（最後瀏覽日：2023年4月25日）。

[7]　經濟部智慧財產局，廢止成立的效力，2020年1月30日，https://topic.tipo.gov.tw/trademarks-tw/cp-560-863680-d2296-201.html（最後瀏覽日：2023年4月25日）。

以註冊商標有第六十三條第一項第一款規定申請廢止者，準用第五十七條第二項及第三項規定。
商標權人依第六十五條第二項提出使用證據者，準用第五十七條第三項規定。

　　廢止程序與異議程序相仿，除本法特定部分外，其餘程序準用異議程序規定，申請人提出廢止時，應將申請事實及理由載明於申請書，倘有相關附件與證據資料，陳述於申請書副本中，合併檢送申請書正本與副本，如廢止理由或事實不完善、不完整、不明確，主管機關將另行通知申請人於法定期間內完成補正。係因商標未使用屬一消極事實，申請廢止人僅須提出相當證明該主張為眞實，應由商標權人承擔舉證責任，提出期間內既有使用之事實[8]。

8　同前註6。

|第八章|
商標侵害救濟[*]

　　「侵害」，乃第三人無正當權源，而妨害商標權正確指示商品或服務來源的功能而言，侵害須已現實發生現尚存在者始足當之；即侵害排除請求權及防止請求權係基於商標權而生之權利，應以商標權合法有效存在為前提，若商標權因未延展註冊而消滅或被撤銷註冊確定者，請求權自不復存在。

　　防止發生混淆誤認之虞等情形，未經商標權人同意恣意使用該註冊商標者，為一侵害商標權之行為，商標完成註冊公告程序後，權利人得依本法排除他人未經同意使用該商標，或將近似商標用於類似商品、同樣商品，並請求相對之損害賠償[1]。

第一節　侵害行為（§68）

第68條
未得商標權人同意，有下列情形之一，為侵害商標權：
一、於同一商品或服務，使用相同於註冊商標之商標者。
二、於類似之商品或服務，使用相同於註冊商標之商標，有致相關消費者混淆誤認之虞者。
三、於同一或類似之商品或服務，使用近似於註冊商標之商標，有致相關消費者混淆誤認之虞者。

---

[*]　本章部分新聞來源與補充，感謝葉沁怡協助提供。
[1]　經濟部智慧財產局，註冊商標的保護範圍為何，2020年1月21日，https://topic.tipo.gov.tw/trademarks-tw/cp-508-859028-451be-201.html（最後瀏覽日：2023年4月25日）。

> 為供自己或他人用於與註冊商標同一或類似之商品或服務，未得商標權人同意，為行銷目的而製造、販賣、持有、陳列、輸出或輸入附有相同或近似於註冊商標之標籤、吊牌、包裝容器或與服務有關之物品者，亦為侵害商標權。

　　2022年4月15日商標法修正，旨在促成民事規定與刑事規定體例達成一致。原條文訂定之民事責任限於明知，實務見解認為明知限於直接故意，無法對因間接故意或過失者主張侵權行為，不符合太平洋夥伴全面進步協定（Comprehensive and Progressive Agreement for Trans-Pacific Partnership, CPTPP）第18條、第74條相關民事責任規定，故回歸一般民事侵權責任，以明知或可得而知者，包含間接故意、有認識之過失，皆應負損害賠償責任。

　　業者得利用我國智慧財產局商標檢索系統，於販賣任一商品前完成查詢，確認該商標是否已完成商標註冊，當先前已有他人取得該商標註冊，上述販賣商品亦為出自該商標權人或授權者所製造之真品，即俗稱之水貨，上述販賣人若以原裝商品銷售，保有原商品既有品質，未進行變更、加工等改造行為，屬無侵害商標權之情事。倘私自運用各式行為改變原商品品質，未直接以原裝產品銷售，且留有該註冊商標逕自販賣，則可能侵害商標權，如販賣商品為仿冒品，將適用本法之民事侵權行為與刑事侵權責任[2]。

2　經濟部智慧財產局，販賣自己所有的物品（含進口水貨）時，應如何避免侵害商標權？，2020年12月29日，https://topic.tipo.gov.tw/trademarks-tw/cp-508-859039-f90c5-201.html（最後瀏覽日：2023年4月25日）。

第二節　侵害之排除及損害賠償（§69）

> **第69條**
> 商標權人對於侵害其商標權者，得請求除去之；有侵害之虞者，得請求防止之。
> 商標權人依前項規定為請求時，得請求銷毀侵害商標權之物品及從事侵害行為之原料或器具。但法院審酌侵害之程度及第三人利益後，得為其他必要之處置。
> 商標權人對於因故意或過失侵害其商標權者，得請求損害賠償。
> 前項之損害賠償請求權，自請求權人知有損害及賠償義務人時起，二年間不行使而消滅；自有侵權行為時起，逾十年者亦同。

　　上述條文第1項後段之侵害除去或防止請求權，類似我國民法第767條第1項所定物上請求權妨害除去及防止請求，以客觀上有侵害事實或侵害之虞，無須再論行為人主觀要件。商標權人得依法請求銷毀直接造成侵害之物品、從事侵害行為之原材料與器皿。不限於相同商標使用於相同商品、相同服務，商標權適用範圍及於產生混淆誤認之虞者，包含近似商標使用於同一或類似商品、同一或類似服務，評斷標準將視個案情形、要件、原因有所區別。關於侵害除去、防止請求權之消滅時效規定，將回歸我國民法明文；攸關商標侵權行為請求權消滅時效規定，則參照我國專利法及著作權法相關規定，維護智慧財產權法規一致性。

第一項　「固滿德」商標案[3]

　　原告主張被告公司與原告同為經營汽車配件、橡膠製品等零售、批發，在市場上具競爭關係，自2019年起，被告公司多次向原告購買輪

3　智慧財產及商業法院111年度民商訴字第32號民事判決。

胎商品，原告更於2020年3月4日將在大陸地區註冊之商標授權予被告公司使用。被告未經原告之同意，於大陸地區以近似於原告公司特取名稱及系爭商標中文字樣之「固滿德」搶註大陸地區商標，甚而以此名稱設立官方網站對外宣傳，並擅自於銷售至臺灣之輪胎，標示大陸地區商標文字圖樣。

被告公司於我國機車雜誌刊登聲明稿，稱其為大陸地區商標之商標權人，得於臺灣使用大陸地區商標，請消費者安心選購云云，藉以宣傳行銷，且自承將大陸地區商標使用於其銷售至我國之輪胎商品。被告未經原告同意，基於行銷目的，使用高度近似系爭商標之系爭大陸地區商標，有致相關消費者混淆誤認之虞，損及消費者權益及原告多年建立之優良商譽，該當商標法第68條侵害商標權，原告依商標法第69條第1項規定請求防止對系爭商標權之侵害。

第二項　本案爭點[4]

被告是否有在我國使用「固滿德」商標從事銷售？

第三項　法院見解[5]

被告廈門都市愛車族貿易有限公司不得使用相同或近似於表8-1所示之「固滿德GMD設計圖」商標圖樣於輪胎、內胎、外胎之同一或類似商品或服務，並不得用於與該商品或服務有關之商業文書或廣告，或以數位影音、電子媒體、網路或其他媒介物等方式為之。被告應連帶負擔費用，將本判決書之當事人、案由及主文之摘要，於聯合報及自由時報全國版第一版頭版標題下，刊載聲明啟事各一日。

4　同前註3。
5　同前註3。

表8-1　固滿德商標

	系爭商標 註冊第01522149號 第12類：輪胎、內胎、外胎
	大陸地區商標 註冊第40129573號 第12類：汽車輪胎等 註冊第50337248號 第4類：工業用油、汽車潤滑油等 註冊第50354641號 第42類：車輛性能檢測等

資料來源：智慧財產及商業法院111年度民商訴字第32號民事判決。

第三節　著名商標之保護（§70）

第70條

未得商標權人同意，有下列情形之一，視為侵害商標權：

一、明知為他人著名之註冊商標，而使用相同或近似之商標，有致減損該商標之識別性或信譽之虞者。

二、明知為他人著名之註冊商標，而以該著名商標中之文字作為自己公司、商號、團體、網域或其他表彰營業主體之名稱，有致相關消費者混淆誤認之虞或減損該商標之識別性或信譽之虞者。

　　本條侵害商標權之擬制規定，明定擬制侵權之情形，構成要件採嚴謹之解釋，以維護市場公平交易。明知，為明白知悉之意，由主張者負舉證責任，該商標於權利人大量廣告而為公知；同時具備相當信用、名譽者，且為消費者、業界普遍認知，堪稱為「著名商標」，擴大著名商

標的保護範圍，除直接侵害商標權外，不限於使用在相同或類似商品、服務，當使用於其他商品或服務，致使著名商標的識別性下降、信用名譽減損之情事或有其可能性，皆屬於視為侵害之行為。

表8-2 視為侵害商標權之行為及法律責任

行為態樣	民事責任	刑事責任
明知為他人著名之註冊商標，而使用相同或近似之商標，有致減損該商標之識別性或信譽之虞者	商標權人得依商標法第69條規定請求救濟	無
明知為他人著名之註冊商標，而以該著名商標中之文字作為自己公司、商號、團體、網域或其他表彰營業主體之名稱，有致相關消費者混淆誤認之虞或減損該商標之識別性或信譽之虞者	商標權人得依商標法第69條規定請求救濟	無

資料來源：本章自行製作。

第四節 損害之計算（§71）

第71條

商標權人請求損害賠償時，得就下列各款擇一計算其損害：

一、依民法第二百十六條規定。但不能提供證據方法以證明其損害時，商標權人得就其使用註冊商標通常所可獲得之利益，減除受侵害後使用同一商標所得之利益，以其差額為所受損害。

二、依侵害商標權行為所得之利益；於侵害商標權者不能就其成本或必要費用舉證時，以銷售該項商品全部收入為所得利益。

三、就查獲侵害商標權商品之零售單價一千五百倍以下之金額。但所查獲商品超過一千五百件時，以其總價定賠償金額。

四、以相當於商標權人授權他人使用所得收取之權利金數額為其損害。

前項賠償金額顯不相當者，法院得予酌減之。

　　本條明定商標權人請求損害賠償計算方法，涵蓋如下四種損害賠償計算方法，即：具體損害計算說、仿冒品販賣總額利益說、仿冒品總價額說、差額說。一般損害賠償依我國民法債編規定，債權人應證明受有損害事實及所受損害與所失利益的數額，然證明損害及數額屬實不易，再者仿冒品之銷售多異於一般交易模式，商標權人常無法證明受有損害及損害數額而難以完全求償，本條為使商標權人得擇一方式計算自身損害，俾利權利人求償，同時達到阻嚇仿冒之效果。

　　一、**具體損害計算說**：依我國民法第216條規定請求損害賠償，以被害人所受之損害與所失利益為計算基準，填補權利人所遭受的全部損害，本計算方式建立於商標權人能證明所受損害及所失利益者。「所受損害」指現存財產因損害事實而減少之數額；「所失利益」指因損害事實而失去通常情形得預期之利益。

　　二、**仿冒品販賣總額利益說（又稱總利益說）**：計算侵害行為所得之利益。侵權者不能就成本必要費用舉證時，以銷售該項商品全部收入為所得利益。採此說，商標權人僅需證明被告因侵害行為而受有利益即可請求損害賠償；惟侵害人得以舉反證推翻，如證明利益與侵害行為無因果關係，或證明所得利益少於所付出之成本，甚至可證明被害人根本未有損害等。

　　三、**仿冒品總價額說（又稱零售價多倍賠償說）**：就查獲侵害商標專用權商品售價單價1,500倍以下之金額；但所查獲商品超過1,500件時，以其總價定賠償金額。以相當於商標權人授權他人使用所得收取之權利金數額為其損害，上述金額顯不相當者，法院得予酌減。

　　四、**差額說（又稱授權金額決定說）**：以填補債權人所受損害及所失利益為限。不能提供證據方法以證明損害時，商標權人得就其使用註冊商標通常所可獲得利益，減除受侵害後使用同一商標所得利益，其差額為所受損害。

表8-3 損害賠償額計算方式

具體損害計算說	以被害人所受之損害與所失利益為計算基準
仿冒品販賣總額利益說／ 總利益說	依侵害商標專用權者因侵害行為所得之利益
仿冒品總價額說／ 零售價多倍賠償說	以相當於商標權人授權他人使用所得收取之權利金數額為其損害
差額說／授權金額決定說	以填補債權人所受損害及所失利益為限

資料來源：本章自行製作。

第五節 申請查扣（§72）

第72條

商標權人對輸入或輸出之物品有侵害其商標權之虞者，得申請海關先予查扣。

前項申請，應以書面為之，並釋明侵害之事實，及提供相當於海關核估該進口物品完稅價格或出口物品離岸價格之保證金或相當之擔保。

海關受理查扣之申請，應即通知申請人；如認符合前項規定而實施查扣時，應以書面通知申請人及被查扣人。

被查扣人得提供第二項保證金二倍之保證金或相當之擔保，請求海關廢止查扣，並依有關進出口物品通關規定辦理。

查扣物經申請人取得法院確定判決，屬侵害商標權者，被查扣人應負擔查扣物之貨櫃延滯費、倉租、裝卸費等有關費用。

　　本條為規範商標權人得對具有侵害其商標權之疑慮的物品，透過提交書面文件、提供保證金或等價的擔保品向海關申請查扣該物品。配合我國加入WTO，應依循「與貿易有關之智慧財產權協定」（Agreement on Trade-Related Aspects of Intellectual Property Rights, TRIPS）第51條至第60條，參照我國著作權法相關規定，明定商標權人得對有侵

害之虞的物品於海關輸入或輸出時進行查扣申請。

　　本條第1項為「海關暫不放行措施」，當權利人具有正當理由為防止損害，且懷疑將發生輸入或輸出侵害商標權物品等情事，得申請海關查扣該侵權之虞的物品；物品界定範疇依TRIPS規定，涵蓋物品本身及內外包裝，如出現標示與註冊使用於該類物品相同之商標，或無法區別與該註冊商標主要部分者，未授權者則按該進口國法律規定。

　　第2項參照TRIPS第51條至第53條，考量申請人及被查扣人雙方權益，避免被查扣人權益受到侵害，明定申請人申請查扣應提供等價保證金或擔保，可查閱「海關查扣侵害商標權物品實施辦法」（附錄四）第3條相關規定。申請方式及受理機關依本法第78條第1項，經濟部會同財政部訂定「海關查扣侵害商標權物品實施辦法」，檢附資料如「海關查扣侵害商標權物品實施辦法」第2條第1項所列：侵權事實、足以辨認侵權物品之說明，以電子檔案提供確認侵權物品之資料；進出口廠商名稱、貨名、進出口口岸與日期、航機或船舶航次、貨櫃號碼、貨物存放地點；商標註冊證明文件。

　　第3項參照TRIPS第52條至第54條，明定海關受理申請及實施查扣應完成之通知義務。申請通知，海關應於合理期間內通知申請人是否受理申請，該通知未直接發生法律效果，屬觀念通知，因此方式不限於書面或電話通知。實施查扣通知，屬要式行政處分，依我國行政程序法規定，應以書面送達時對其發生效力，故應以書面通知申請人及被查扣人；若申請文件須補正者，海關應即通知申請人，補正前通關程序不受影響。

　　第4項為被查扣人提供保證金或相當擔保得請求廢止查扣等事項。海關查扣，原則上著重保護商標權人，權利人得行使侵害防止請求權，申請當下並未判斷實體關係，無法確認查扣物是否屬於侵害物；故參酌我國民事訴訟法規定，債務人提供相當之擔保後撤銷假扣押，所定兩倍保證金將用以擔保被查扣人發生敗訴情形，商標權人得於被查扣人敗訴時，依本法第69條請求賠償，避免權利人因被查扣人脫產、逃匿等行為無法獲得賠償。

第5項規定，被查扣人應負擔查扣相關費用，倘若查扣物經確定判決認屬侵害商標權物品者，被查扣人應負擔查扣物之貨櫃延滯費、倉租、裝卸費等費用。

第六節　廢止查扣（§73）

第73條

有下列情形之一，海關應廢止查扣：

一、申請人於海關通知受理查扣之翌日起十二日內，未依第六十九條規定就查扣物為侵害物提起訴訟，並通知海關者。

二、申請人就查扣物為侵害物所提訴訟經法院裁定駁回確定者。

三、查扣物經法院確定判決，不屬侵害商標權之物者。

四、申請人申請廢止查扣者。

五、符合前條第四項規定者。

前項第一款規定之期限，海關得視需要延長十二日。

海關依第一項規定廢止查扣者，應依有關進出口物品通關規定辦理。

查扣因第一項第一款至第四款之事由廢止者，申請人應負擔查扣物之貨櫃延滯費、倉租、裝卸費等有關費用。

本條源於「與貿易有關之智慧財產權協定」第55條，依據當事人之間主張權利的行為態樣，訂定海關廢止查扣五款法定事由，涵蓋或將影響當事人權益之訴訟程序進行與結果等相關規定；考量當事人權益，倘若未按本法第69條提起訴訟且完成通知海關的程序，難以認定有查扣必要性。經由法院裁定或判決確定無侵害商標權者，被查扣人應以書面方式檢附證明文件，向進出口地海關申請廢止，屆時海關應廢止查扣該物品。我國為明確實務執行，明定延長期限為12日，期限包含工作日或例假日。鑑於本條第1項第1款至第4款均屬可歸責申請者之情形，故明定申請人應負擔所有查扣支出費用。

第七節　保證金之返還（§74）

第74條

查扣物經法院確定判決不屬侵害商標權之物者，申請人應賠償被查扣人因查扣或提供第七十二條第四項規定保證金所受之損害。

申請人就第七十二條第四項規定之保證金，被查扣人就第七十二條第二項規定之保證金，與質權人有同一之權利。但前條第四項及第七十二條第五項規定之貨櫃延滯費、倉租、裝卸費等有關費用，優先於申請人或被查扣人之損害受償。

有下列情形之一，海關應依申請人之申請，返還第七十二條第二項規定之保證金：

一、申請人取得勝訴之確定判決，或與被查扣人達成和解，已無繼續提供保證金之必要者。

二、因前條第一項第一款至第四款規定之事由廢止查扣，致被查扣人受有損害後，或被查扣人取得勝訴之確定判決後，申請人證明已定二十日以上之期間，催告被查扣人行使權利而未行使者。

三、被查扣人同意返還者。

有下列情形之一，海關應依被查扣人之申請返還第七十二條第四項規定之保證金：

一、因前條第一項第一款至第四款規定之事由廢止查扣，或被查扣人與申請人達成和解，已無繼續提供保證金之必要者。

二、申請人取得勝訴之確定判決後，被查扣人證明已定二十日以上之期間，催告申請人行使權利而未行使者。

三、申請人同意返還者。

　　本條規範海關查扣衍生之保證金，其損害賠償請求事由與範圍。經法院確定判決不屬侵害商標權之查扣物品，申請人應賠償被查扣人因查扣所受之相關損害，而實施查扣和維護查扣物之必要支出費用，應先於申請人或被查扣人之賠償，爰參我國民事訴訟法第103條第1項、第104條、第531條第1項規定，明定賠償範圍應及於被查扣人因提供保證金

致生之損害。同時，衡平當事人權益，被查扣人得申請返還保證金之三款事由明定於本條第4項。

第八節　侵害商標權之通知（§75）

第75條

海關於執行職務時，發現輸入或輸出之物品顯有侵害商標權之虞者，應通知商標權人及進出口人。

海關為前項之通知時，應限期商標權人至海關進行認定，並提出侵權事證，同時限期進出口人提供無侵權情事之證明文件。但商標權人或進出口人有正當理由，無法於指定期間內提出者，得以書面釋明理由向海關申請延長，並以一次為限。

商標權人已提出侵權事證，且進出口人未依前項規定提出無侵權情事之證明文件者，海關得採行暫不放行措施。

商標權人提出侵權事證，經進出口人依第二項規定提出無侵權情事之證明文件者，海關應通知商標權人於通知之時起三個工作日內，依第七十二條第一項規定申請查扣。

商標權人未於前項規定期限內，依第七十二條第一項規定申請查扣者，海關得於取具代表性樣品後，將物品放行。

本條為海關依職權執行暫不放行措施之規定，執行商標權益之保護措施，詳見「海關執行商標權益保護措施實施辦法」（附錄五）。海關執行通知時，應限期至進行認定，如空運出口貨物應於四小時內、空運進口應於24小時內、海運進出口貨物應於24小時內，至海關辦公處所或海關核可平臺進行認定，三個工作日內提交侵權事證，期限內無法提出且欲延長期限時，商標權人應於該期限屆滿前，述明其正當理由向海關申請延長三個工作日。

2023年5月9日，我國通過商標法部分條文修正案，簡化商標權人

受海關通知進行侵權認定之相關程序，配合財政部關務署簡化邊境保護措施作業程序，商標權人可先透過海關平臺提供之照片檔案判斷進出口商品是否有侵權，如有必要再親赴海關為侵權認定。

第九節　申請查扣（§76）

第76條
海關在不損及查扣物機密資料保護之情形下，得依第七十二條所定申請人或被查扣人或前條所定商標權人或進出口人之申請，同意其檢視查扣物。
海關依第七十二條第三項規定實施查扣或依前條第三項規定採行暫不放行措施後，商標權人得向海關申請提供相關資料；經海關同意後，提供進出口人、收發貨人之姓名或名稱、地址及疑似侵權物品之數量。
商標權人依前項規定取得之資訊，僅限於作為侵害商標權案件之調查及提起訴訟之目的而使用，不得任意洩漏予第三人。

　　本條參考「世界海關組織」（World Customs Organization, WCO）提供之「賦予海關權力執行與貿易有關智慧財產權協定之國家法律範本」，授權海關得依申請允許權利人檢視查扣物，以茲證明查扣物確有侵權之情形；權利人申請後，海關得提供侵權貨物資訊予商標權人；商標權人有保密義務，是為資訊利用限制規定，海關給予權利人侵權貨物資訊旨在調查事實、提起訴訟，非得利用之訊息，不可無故將資訊洩漏給第三人，故商標權人申請時應檢附「商標權人聲明自海關取得之資料僅限於侵權案件調查及提起訴訟使用之切結書」。

第十節　侵權認定（§77）

> **第77條**
> 商標權人依第七十五條第二項規定進行侵權認定時，得繳交相當於海關核估進口貨樣完稅價格及相關稅費或海關核估出口貨樣離岸價格及相關稅費百分之一百二十之保證金，向海關申請調借貨樣進行認定。但以有調借貨樣進行認定之必要，且經商標權人書面切結不侵害進出口人利益及不使用於不正當用途者為限。
> 前項保證金，不得低於新臺幣三千元。
> 商標權人未於第七十五條第二項所定提出侵權認定事證之期限內返還所調借之貨樣，或返還之貨樣與原貨樣不符或發生缺損等情形者，海關應留置其保證金，以賠償進出口人之損害。
> 貨樣之進出口人就前項規定留置之保證金，與質權人有同一之權利。

　　本條為申請調借貨樣以資侵權認定之規定，權利人得依第1項提供保證金向海關申請調借貨樣，保證金最低為新臺幣3,000元，由海關認定是否具備調借貨樣之必要性，而海關應避免介入權利人與進出口人之私權紛爭，同時，商標權人應簽具書面切結文件。商標權人未將原貨樣於期限內返還，或返還貨樣與原貨樣不一致、破損等情事，應以保證金賠償進出口人損失。

第十一節　相關事項辦法訂定（§78）

> **第78條**
> 第七十二條至第七十四條規定之申請查扣、廢止查扣、保證金或擔保之繳納、提供、返還之程序、應備文件及其他應遵行事項之辦法，由主管機關會同財政部定之。

第七十五條至第七十七條規定之海關執行商標權保護措施、權利人申請檢視查扣物、申請提供侵權貨物之相關資訊及申請調借貨樣，其程序、應備文件及其他相關事項之辦法，由財政部定之。

　　本條為本法第72條至第77條相關辦法之授權規定，「海關查扣侵害商標權物品實施辦法」由行政院經濟部會同財政部制定，詳見附錄四；「海關執行商標權益保護措施實施辦法」由財政部定之，詳見附錄五。

第十二節　專業法庭之設立（§79）

第79條
法院為處理商標訴訟案件，得設立專業法庭或指定專人辦理。

　　因應近年世界各國重視與保護智慧財產權，同時提升我國司法機關對於訴訟案件之專業和效率，避免發生訴訟之停滯，專業且迅速解決紛爭，爰依「智慧財產及商業法院組織法」，由智慧財產及商業法院專責掌管智慧財產權相關之民事、刑事和行政訴訟，維護我國商業環境，促進全國經濟發展，本條特許法院設置商標訴訟案件之專業法庭及專家參審。

|第九章|
證明標章、團體標章及團體商標[*]

　　證明標章、團體標章或團體商標，雖同屬商標法所規範，並依性質
準用本法有關商標之規定，例如權利期間、延展註冊及變更登記等。惟
證明標章、團體標章或團體商標依其權利性質與特性，若任意授權他人
使用，恐有影響消費者利益及公平競爭之虞，除非經商標專責機關核
准，證明標章、團體標章或團體商標原則上不得授權他人使用。

　　商標法保護的權利客體，包括商標、證明標章、團體標章、團體商
標。商標、團體商標具有指示商品或服務來源、保證品質及作為廣告的
功能；證明標章用以證明商品或服務具有一定品質、精密度、產地或其
他特性；團體標章則表彰團體會員的會籍，以為合理保障權利人及其商
譽，維護產業間的公平競爭，避免消費者因商品或服務來源混淆誤認導
致權益受損，並促進工商企業的正常發展。

表9-1　商標註冊保護之權利客體

商標權	任何具有識別性之標識，得以文字、圖形、記號、顏色、立體形狀、動態、全像圖、聲音等，或其聯合式所組成
證明標章權	區別未經證明之商品或服務之標識，證明特定品質、精密度、原料、製造方法、產地。分為產地證明標章、一般證明標章
團體標章權	表彰其會員之會籍，藉以與非該團體會員相區別之標識

* 本章部分新聞來源與補充，感謝邱奕銓協助提供。

表9-1　商標註冊保護之權利客體（續）

團體商標權	指示其會員所提供之商品或服務，並藉以與非該團體會員所提供之商品或服務相區別之標識

資料來源：本章自行製作。

第一節　證明標章（§80）

第80條

證明標章，指證明標章權人用以證明他人商品或服務之特定品質、精密度、原料、製造方法、產地或其他事項，並藉以與未經證明之商品或服務相區別之標識。

前項用以證明產地者，該地理區域之商品或服務應具有特定品質、聲譽或其他特性，證明標章之申請人得以含有該地理名稱或足以指示該地理區域之標識申請註冊為產地證明標章。

主管機關應會同中央目的事業主管機關輔導與補助艱困產業、瀕臨艱困產業及傳統產業，提升生產力及產品品質，並建立各該產業別標示其產品原產地為台灣製造之證明標章。

前項產業之認定與輔導、補助之對象、標準、期間及應遵行事項等，由主管機關會商各該中央目的事業主管機關後定之，必要時得免除證明標章之相關規費。

　　本條定義何謂一般證明標章及何謂產地證明標章。伴隨我國經濟發展，消費者日趨重視產品品質，部分非官方驗證機構具有公信力，提供關於品質、規格或特性之驗證，證明標章乃用於證明他人的商品或服務符合該驗證機構之條件及標準，彰顯提供之檢驗服務具獨特性，如：特定品質、精密度、原料、製造方法、產地。產地證明標章圖樣中得含有表彰該產地的既有地理區域劃分名稱、自然與人文因素形成的區域特色，或足以指示該地區域的標識。

　　產地證明標章必須是商品或服務來自該地區地理環境因素之特性，如：土壤、氣候、風、水質、海拔高度、溼度等自然因素，或該地區傳統或特殊製造過程、產出方法、製造技術等人文因素，使其具有特定品質、聲譽等其他特性。倘若單純由證明標章權人訂定其產製標準加以監控，與地理環境無特殊關聯，則不符合產地證明標章定義，屬一般證明標章。本法主管機關爲行政院經濟部，主管機關應主動會同各該事業的中央目的事業主管機關，促進各產業別建立臺灣製造之證明標章，制定政策加強輔導弱勢產業。

　　2010年，「日月潭紅茶」之產地證明標章獲准註冊，其註冊號數爲01443206，而「日月潭紅茶」是產自我國南投縣魚池鄉，茶園分布於海拔421公尺至1,000公尺之山坡地，屬亞熱帶季風氣候，氣溫適中，相對濕度偏高，冬季乾旱，夏季溫暖多雨，同時具備雨量充沛、氣候溫暖、土壤偏酸性、排水良好等地理環境因素，使「日月潭紅茶」茶葉具有特殊之香氣及優良品質，享有特定聲譽[1]。

圖9-1　日月潭紅茶商標

資料來源：經濟部智慧財產局，智慧財產局商標檢索系統，註冊／審定號：01443206，https://cloud.tipo.gov.tw/S282/OS0/OS0101.jsp（最後瀏覽日：2023年8月12日）。

---

[1] 巨群法律事務所，2022年7月21日，http://www.giant-group.com.tw/law-detail-1118.html（最後瀏覽日：2023年5月10日）。

第二節　證明標章申請人（§81）

> **第81條**
> 證明標章之申請人，以具有證明他人商品或服務能力之法人、團體或政府機關為限。
> 前項之申請人係從事於欲證明之商品或服務之業務者，不得申請註冊。

　　本條規定證明標章申請人資格及其業務之限制。申請人限以有能力證明商品或服務的法人、團體或政府機關，即有監管標章使用能力者，且受到消費者與業者的信賴。證明標章申請人之證明能力事證，透過衡酌該法人或團體的成立目的、宗旨、任務、營業項目、規模、歷史及聲譽等與證明能力相關要素。為確保該證明屬公正、客觀的第三方，證明標章申請人不得從事於欲證明的商品或服務業務，避免潛在的競爭關係及不易保持中立態度之疑慮。

第一項　證明商品

　　「食品良好作業規範（GMP）認證標誌」（註冊／審定號：證明標章01418367），由（前）行政院農業委員會申請取得註冊，係對已實施食品良好作業規範（GMP）認證制度且符合食品GMP認證體系實施規章之食品工廠的產品予以認證[2]。

---

[2]　台一國際智慧財產事務所，簡介證明標章、團體商標及團體標章，https://www.taie.com.tw/tc/
p4-publications-detail.asp?article_code=03&article_classify_sn=65&sn=702（最後瀏覽日：2023
年5月17日）。

圖9-2 食品良好作業規範（GMP）認證標誌

資料來源：經濟部智慧財產局，智慧財產局商標檢索系統，註冊／審定號：證明標章
01418367，https://cloud.tipo.gov.tw/S282/OS0/OS0101.jsp（最後瀏覽日：2023
年8月12日）。

「台灣優良農產品（CAS）認證標誌」（註冊／審定號：證明標章
01357287），由（前）行政院農業委員會申請取得註冊，標章係由證
明標章權人同意之人使用，茲證明其提供之農產品、農產加工品符合本
會所訂之「優良農產品驗證管理辦法」[3]。

圖9-3 台灣優良農產品（CAS）認證標誌

資料來源：經濟部智慧財產局，智慧財產局商標檢索系統，註冊／審定：證明標章
01357287，https://cloud.tipo.gov.tw/S282/OS0/OS0101.jsp（最後瀏覽日：2023
年8月12日）。

---

[3] 智慧財產局商標檢索系統，https://cloud.tipo.gov.tw/S282/SS0/friendlyPrinting.jsp?showTy
pe=2&caseType=7&caseNo=XpJ13RyT4OVBJTyt3Nk5ibDZSeDhldmVtT1F3QT09&caseN
o2=XpJ13RyT4dTdNSk5PZU51VjFYREgxVVkraE9kdz09&l6=zh_TW&isReadBulletinen_
US=&isReadBulletinzh_TW=true（最後瀏覽日：2023年6月2日）。

　　「台灣優良工藝品TAIWAN GOOD CRAFT認證標誌」（註冊／審定號：證明標章01145133），由國立臺灣工藝研究發展中心申請取得註冊，本標章係由證明標章權人同意之人使用，茲證明其設計製造之工藝產品，包括：陶瓷、木器、金工、寶石、染織、竹工、玻璃及其他類等，其造型創意、設計機能、技藝，表現、時代市場性，均符合證明標章權人之規範及作業評鑑之規定[4]。

圖9-4　台灣優良工藝品 TAIWAN GOOD CRAFT認證標誌

資料來源：經濟部智慧財產局，智慧財產局商標檢索系統，註冊／審定號：證明標章01145133，https://cloud.tipo.gov.tw/S282/OS0/OS0101.jsp（最後瀏覽日：2023年8月12日）。

　　「台灣養蜂協會標章（3D）」（註冊／審定號：證明標章092057539），由台灣養蜂協會申請取得註冊，本標章須由申請人同意他人使用，茲證明其製造、行銷、蜂蜜、蜂王乳、蜂花粉商品符合證明人規範之標準[5]。

圖9-5　台灣養蜂協會標章（3D）

資料來源：經濟部智慧財產局，智慧財產局商標檢索系統，註冊／審定號：證明標章092057539，https://cloud.tipo.gov.tw/S282/OS0/OS0101.jsp（最後瀏覽日：2023年8月12日）。

4　同前註3。
5　同前註3。

第二項　證明服務

「優良服務作業規範（GSP）標章」，由行政院經濟部申請取得註冊，證明所提供之商業服務在經營管理、顧客服務過程及軟硬體設施均符合「優良服務作業規範（GSP）認證標章使用規範」之標準。

圖9-6　優良服務作業規範（GSP）標章
資料來源：經濟部智慧財產局，智慧財產局商標檢索系統，註冊／審定號：證明標章
01143254，https://cloud.tipo.gov.tw/S282/OS0/OS0101.jsp（最後瀏覽日：2023年8月12日）。

第三項　產地證明商標

「關山米證明標章」，由臺東縣關山鎮公所申請取得註冊，得證明「米」係產自於臺東縣關山鎮，且其品質符合證明標章權人訂定之「臺東縣關山鎮公所關山米產地證明標章使用管理規範」之標準[6]。

圖9-7　關山米證明標章
資料來源：經濟部智慧財產局，智慧財產局商標檢索系統，註冊／審定號：證明標章
01428618，https://cloud.tipo.gov.tw/S282/OS0/OS0101.jsp（最後瀏覽日：2023年8月12日）。

6　同前註2。

「苗梨Miaoli Pear證明標章」，由苗栗縣政府申請取得註冊，茲證明其生產之水梨產自於苗栗縣，且符合「苗梨Miaoli Pear產地證明標章使用管理規範」之標準條件[7]。

圖9-8　苗梨Miaoli Pear證明標章

資料來源：經濟部智慧財產局，智慧財產局商標檢索系統，註冊／審定號：證明標章
　　　　　01603591，https://cloud.tipo.gov.tw/S282/OS0/OS0101.jsp（最後瀏覽日：2023
　　　　　年8月12日）。

「合歡山高冷茶（Mt. He Huan High Mountain tea）證明標章」，由南投縣政府申請取得註冊，茲證明其生產製造之合歡山高冷茶產自於合歡山地區，包括南投縣仁愛鄉、花蓮縣秀林鄉富世村，茶園分布於海拔800公尺以上的山坡地，且符合「南投縣政府『合歡山高冷茶』產地證明標章使用規範書」之標準[8]。

7　同前註3。
8　同前註3。

圖9-9　合歡山高冷茶（Mt. He Huan High Mountain tea）證明標章

資料來源：經濟部智慧財產局，智慧財產局商標檢索系統，註冊／審定號：證明標章
　　　　01469705，https://cloud.tipo.gov.tw/S282/OS0/OS0101.jsp（最後瀏覽日：2023
　　　　年8月12日）。

　　「澎湖優鮮水產品證明標章」，由我國澎湖縣政府申請取得註冊，
證明水產品產自澎湖縣，且符合「澎湖縣『澎湖優鮮』水產品證明標章
使用管理作業辦法」之規定[9]。

圖9-10　澎湖優鮮水產品證明標章

資料來源：經濟部智慧財產局，智慧財產局商標檢索系統，註冊／審定號：證明標章
　　　　01325453，https://cloud.tipo.gov.tw/S282/OS0/OS0101.jsp（最後瀏覽日：2023
　　　　年8月12日）。

---

[9]　同前註3。

第三節　證明標章註冊申請（§82）

第82條

申請註冊證明標章者，應檢附具有證明他人商品或服務能力之文件、證明標章使用規範書及不從事所證明商品之製造、行銷或服務提供之聲明。

申請註冊產地證明標章之申請人代表性有疑義者，商標專責機關得向商品或服務之中央目的事業主管機關諮詢意見。

外國法人、團體或政府機關申請產地證明標章，應檢附以其名義在其原產國受保護之證明文件。

第一項證明標章使用規範書應載明下列事項：

一、證明標章證明之內容。

二、使用證明標章之條件。

三、管理及監督證明標章使用之方式。

四、申請使用該證明標章之程序事項及其爭議解決方式。

商標專責機關於註冊公告時，應一併公告證明標章使用規範書；註冊後修改者，應經商標專責機關核准，並公告之。

　　本條規定證明標章申請及使用規範書應載明之事項。證明標章申請要件為申請人應具證明他人商品或服務的能力，且不能從事於欲證明商品或服務之業務，陳具之聲明乃形式審查，倘若有證據顯示申請人實際從事於該商品或服務，主管機關應通知申請人釋明，釐清申請人確未從事該業務，始得受理申請。使用規範書將由商標專責機關核准並公告，提供相關人員作為依循，同時透明化申請程序和條件。

　　衡酌產地證明標章源自特定地域，名稱屬於所有生產者共同財產，申請人必須有代表性、受到在地從業人員信賴、具管理並監督該標章之能力。因此，當產地證明標章申請人代表性出現疑義時，考量對該地區業務熟悉程度及專業知識，主管機關得向中央目的事業主管機關諮詢意見以為判斷。基於外國申請人較難判斷是否有相當代表性，故本法明定檢附其原產地受保護之文件，證明其具備標章權人的資格。

　　證明標章證明之內容：「標章權人所欲證明的特性，用以識別標章主要內涵，須就特性加以說明，第三人得以自使用規範書理解所欲證明的商品或服務及其特性。」使用證明標章之條件：「權利人同意第三人使用該標章之條件，條件須清晰明確，條件複雜者得以附件方式呈現，任何人得自使用規範書知悉。」

　　證明標章使用之管理：「權利人依使用規範書訂定之條件同意他人使用該證明標章，標章權人須持續監督他人使用，因此使用規範書應詳細記錄檢測方式、標準作業流程、具體管理監督辦法、改善期間及罰則等監管措施。」申請使用該證明標章之程序事項及其爭議解決方式：「使用規範書應述明申請程序、檢附文件及爭執解決方式，如抽驗不合格、標章使用與權利人間發生之爭議，使用規範書上程序為處理先行程序，最後決定者仍為中立第三者，如專業仲裁人或法庭，確保爭議解決不受主觀因素影響，維護公平正義。」

第四節　證明標章使用（§83）

> **第83條**
> 證明標章之使用，指經證明標章權人同意之人，依證明標章使用規範書所定之條件，使用該證明標章。

　　標章實際使用得維持證明標章權，使用行為態樣與一般商標相同，惟依其性質由權利人證明他人經其「同意」後，使用於商品或服務有關之商品。維持權利的合法使用條件為，標章權人須依使用規範書所定條件同意他人使用，且他人須依使用規範書所定條件使用，如未按上述條件使用，證明標章之註冊恐將被廢止。

第五節　產地證明標章不適用規定（§84）

第84條
產地證明標章之產地名稱不適用第二十九條第一項第一款及第三項規定。
產地證明標章權人不得禁止他人以符合商業交易習慣之誠實信用方法，表示其商品或服務之產地。

　　本條為產地證明標章之產地名稱有關識別性的特別規定，消費者得透過產地證明標章識別產地，藉由該產地證明標章區別經證明與未經證明者；再者，產地證明標章用以識別之主要部分為「產地名稱」，故不適用第29條第1項第1款及第3項之規定。源於相同地區的商品或服務，仍有權將該地地理名稱作為產地說明之表示。

第六節　團體標章（§85）

第85條
團體標章，指具有法人資格之公會、協會或其他團體，為表彰其會員之會籍，並藉以與非該團體會員相區別之標識。

　　本條定義何謂團體標章。如「中華民國保護動物協會標章」（註冊／審定號：團體標章00000455）由中華民國保護動物協會申請取得註冊，表彰中華民國保護動物協會之組織和其會員之會籍；「中華民國酪農協會酪協標章」（註冊／審定號：團體標章01633771）由中華民國酪農協會申請取得註冊，表彰中華民國酪農協會會員之會籍；「中華民國商務仲裁協會標章」（註冊／審定號：團體標章00000038）由中華民國商務仲裁協會申請取得註冊，表彰中華民國商務仲裁協會之組織和

其會員會籍；「中華民國紳士協會標章」（註冊／審定號：團體標章00000127）由中華民國紳士協會申請取得註冊，表彰中華民國紳士協會之組織和其會員會籍[10]。

表9-2　團體標章實例

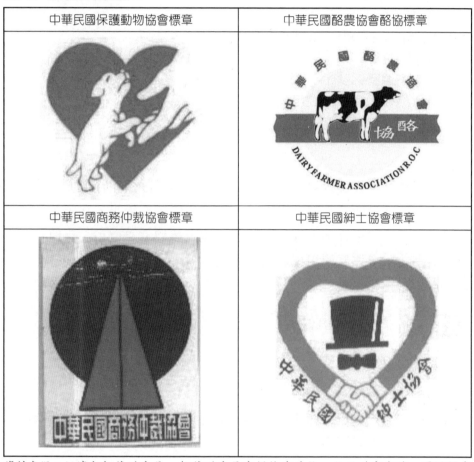

中華民國保護動物協會標章	中華民國酪農協會酪協標章
中華民國商務仲裁協會標章	中華民國紳士協會標章

資料來源：經濟部智慧財產局，智慧財產局商標檢索系統，註冊／審定號：團體標章00000455、註冊／審定號：團體標章01633771、註冊／審定號：團體標章00000038、註冊／審定號：團體標章00000127，https://cloud.tipo.gov.tw/S282/OS0/OS0101.jsp（最後瀏覽日：2023年8月12日）。

---

[10] 同前註2。

第七節 團體標章註冊申請（§86）

> **第86條**
> 團體標章註冊之申請，應以申請書載明相關事項，並檢具團體標章使用規範書，向商標專責機關申請之。
> 前項團體標章使用規範書應載明下列事項：
> 一、會員之資格。
> 二、使用團體標章之條件。
> 三、管理及監督團體標章使用之方式。
> 四、違反規範之處理規定。

團體標章有表彰會籍的功能，為了避免影響團體組織聲譽、信用與形象，申請團體標章註冊應具申請書並檢具使用規範書。詳細記載會員資格、身分、費用等加入條件，落實管控團體標章之使用、管理及監督團體標章使用、違反使用規範的懲處機制。

第八節 團體標章使用（§87）

> **第87條**
> 團體標章之使用，指團體會員為表彰其會員身分，依團體標章使用規範書所定之條件，使用該團體標章。

團體標章的使用，依本法第17條準用第5條商標使用規定，其性質以表彰會籍為目的，區別非該團體的會員，非指示該等物品之商業來源，會員得將標章用於彰顯會籍的物品或文件。

第九節　團體商標（§88）

> **第88條**
> 團體商標，指具有法人資格之公會、協會或其他團體，為指示其會員所提供之商品或服務，並藉以與非該團體會員所提供之商品或服務相區別之標識。
> 前項用以指示會員所提供之商品或服務來自一定產地者，該地理區域之商品或服務應具有特定品質、聲譽或其他特性，團體商標之申請人得以含有該地理名稱或足以指示該地理區域之標識申請註冊為產地團體商標。

　　本條定義團體商標及產地團體商標。一般團體商標，如「中華民國專利師公會」，由中華民國專利師公會申請取得註冊，指定使用於期刊、書籍等商品[11]。

圖9-11　中華民國專利師公會

資料來源：經濟部智慧財產局，智慧財產局商標檢索系統，註冊／審定號：團體商標01443202，https://cloud.tipo.gov.tw/S282/OS0/OS0101.jsp（最後瀏覽日：2023年8月12日）。

　　團體商標用以指示會員提供的商品或服務來自特定產地，源自該地商品或服務具有獨特品質、風味或其他特性，市場評價高，作為消費者選購時重要因素之一，為避免市場誤用其真實產地，保障當地業者共同利益，透過團體商標之註冊以識別其商品或服務的產地。除地理名稱

11　同前註2。

外，具有地理意義的標識亦得以之申請註冊為產地團體商標，如赤崁樓為臺南著名地標、楓葉為加拿大代表性標識。

　　產地團體商標，如「金門酒糟牛肉團體商標」由金門縣農會申請取得註冊，指定使用於牛肉、牛排、牛肉乾等商品；「霧峰香米團體商標」由臺中市霧峰區農會申請取得註冊，指定使用產於臺中市霧峰區之稻米；「拉拉山高山茶團體商標」由桃園市復興區農會申請取得註冊，指定使用產於桃園市復興區行政區域轄內拉拉山海拔1,000公尺以上農地之茶葉；「麻豆文旦團體商標」由臺南市麻豆區農會申請取得註冊，指定使用產製於臺南市麻豆區之文旦[12]。

表9-3　產地團體商標實例

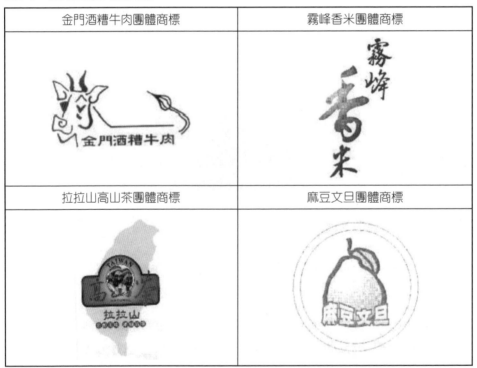

金門酒糟牛肉團體商標	霧峰香米團體商標
拉拉山高山茶團體商標	麻豆文旦團體商標

資料來源：經濟部智慧財產局，智慧財產局商標檢索系統，註冊／審定號：團體商標01316157、註冊／審定號：團體商標01423594、註冊／審定號：團體商標01490198、註冊／審定號：團體商標01462430，https://cloud.tipo.gov.tw/S282/OS0/OS0101.jsp（最後瀏覽日：2023年10月2日）。

12　同前註2。

第十節　團體商標註冊申請（§89）

第89條
團體商標註冊之申請，應以申請書載明商品或服務，並檢具團體商標使用規範書，向商標專責機關申請之。
前項團體商標使用規範書應載明下列事項：
一、會員之資格。
二、使用團體商標之條件。
三、管理及監督團體商標使用之方式。
四、違反規範之處理規定。
產地團體商標使用規範書除前項應載明事項外，並應載明地理區域界定範圍內之人，其商品或服務及資格符合使用規範書時，產地團體商標權人應同意其成為會員。
商標專責機關於註冊公告時，應一併公告團體商標使用規範書；註冊後修改者，應經商標專責機關核准，並公告之。

　　本條規定團體商標申請及使用規範書之內容，條件必須明確以確保任何人得由使用規範書本身，明白使用時須具備之條件。其中產地團體商標，因有指示產地的性質，故申請時應載明地理區域界定範圍內之人，當其商品或服務及資格符合使用規範書，商標權人應同意其成為會員，保障業者公平利用該產地團體商標。

第十一節　團體商標使用（§90）

第90條
團體商標之使用，指團體或其會員依團體商標使用規範書所定之條件，使用該團體商標。

團體商標的使用，指團體或其會員依使用規範書所定條件使用該團體商標，使用情形依本法第17條準用第5條商標使用規定，如以行銷目的，將該團體商標用於會員產製商品或服務有關的物品等情形。

第十二節　產地團體商標準用規定（§91）

第91條
第八十二條第二項、第三項及第八十四條規定，於產地團體商標，準用之。

產地團體商標與產地證明標章申請註冊皆源於當地生產者的共同利益，因此產地團體商標申請人代表性出現疑義之處理方式、外國申請人檢附證明之文件、識別之主要部分準用產地證明標章規定。

第十三節　移轉、授權規定（§92）

第92條
證明標章權、團體標章權或團體商標權不得移轉、授權他人使用，或作為質權標的物。但其移轉或授權他人使用，無損害消費者利益及違反公平競爭之虞，經商標專責機關核准者，不在此限。

本條規定不同於一般商標權之移轉、授權僅以登記為對抗效力。證明標章申請人需有證明能力，負有管理及監督使用責任；團體標章用以表彰會員會籍，具身分表徵的意義；團體商標為團體或會員共同使用，上述三者與權利人自身能力、身分關係密切，原則上不得任意移轉及授權，亦不宜為質權標的物。

第十四節　廢止情形（§93）

第93條
證明標章權人、團體標章權人或團體商標權人有下列情形之一者，商標專責機關得依任何人之申請或依職權廢止證明標章、團體標章或團體商標之註冊：
一、證明標章作為商標使用。
二、證明標章權人從事其所證明商品或服務之業務。
三、證明標章權人喪失證明該註冊商品或服務之能力。
四、證明標章權人對於申請證明之人，予以差別待遇。
五、違反前條規定而為移轉、授權或設定質權。
六、未依使用規範書為使用之管理及監督。
七、其他不當方法之使用，致生損害於他人或公眾之虞。
被授權人為前項之行為，證明標章權人、團體標章權人或團體商標權人明知或可得而知而不為反對之表示者，亦同。

　　本條特別規定證明標章、團體標章及團體商標廢止註冊事由。證明標章、團體標章及團體商標註冊後，除依本法第94條準用第63條規定得廢止註冊外，考量上述三者性質之獨特性，符合本條增訂之廢止事由，如無法明顯區別證明標章與一般商標的性質及功能，證明標章權人恐有不符公平、公正、客觀的立場，證明能力的法源有所變動，或違反法規造成證明能力喪失等七款事由，亦可廢止該證明標章、團體標章或團體商標之註冊。

第十五節　標章之準用（§94）

第94條
證明標章、團體標章或團體商標除本章另有規定外，依其性質準用本法有關商標之規定。但第十九條第八項規定，不在準用之列。

　　本法於2023年5月9日進行第17次修正，建立加速審查機制。本條規範不符合加速審查機制之商標種類，涵蓋「證明標章」、「團體標章」或「團體商標」，三者皆不適用加速審查機制。

|第十章|
罰　則

　　商標與商業行為息息相關，為宣示維護市場公平競爭之目的，縱使在我國尚未註冊取得商標權，我國法律仍針對諸多不公平競爭或不法侵害他人權利的情形，予以明確的限制。譬如說，禁止以他人著名商標申請註冊，或有減損著名商標或標章之識別性或信譽之虞等情形，此一維護市場公平性，即涉及公平交易法；又如，藉由刑法加以規範，意圖欺騙他人而偽造或仿造已登記的商標或商號者，以刑法作為約束或制裁的手段。簡言之，商標法未規定者，適用其他法律之相關規定。

　　商標法與公平交易法，雖然皆以維護市場公平競爭為立法目的，然而細探二法間之異同點，不難發現二法所關注的焦點並不相同。前者，主要是賦予商標權人專屬排他的權利，以該權利為中心，排除他人有損害該權益的觀點；後者，關注在市場公平競爭環境及市場倫理的維護上，主要是規範何種行為態樣應被禁止，只要利用或模仿他人的成果達到不公平競爭的程度，公平交易法得賦予商標權人救濟之途徑。簡言之，公平交易法是提供補充性的救濟規定，是為制止因商業仿冒行為而建立起的不公平競爭體系，倘若僅有侵害行為存在，但未發生任何不公平競爭的情形，則無公平交易法之適用。

　　表徵，是指某項具識別力或次要意義的特徵，得以表彰商品或服務來源，使相關事業或消費者用以區別不同的商品或服務。商品表徵的仿冒又可再為區分，在包裝或外觀上高度仿冒抄襲，已造成消費大眾混淆者，情節較為嚴重，屬公平交易法第22條所規範的仿冒行為；若已作了相當程度的修改，雖使消費者得以區辨，但依然可看出欲攀附他人商譽的主觀犯意，則屬公平交易法第25條所規範的其他不正行為。簡言之，二者主要區別仍在於仿冒產品是否會造成消費者的誤認，亦即罰責

因抄襲程度輕重而有所差異。

表10-1　商標法與公平交易法

	相同	相異
商標法	立法目的：維護市場公平競爭	賦予商標權人專屬排他權，排除他人損害權益的觀點
公平交易法		利用或模仿他人成果達不公平競爭，此行為態樣即應被禁止

資料來源：本章自行製作。

　　刑法第253條規定：「意圖欺騙他人而偽造或仿造已登記之商標、商號者，處二年以下有期徒刑、拘役或科或併科九萬元以下罰金。」行為人之行為符合下列要件，須負刑責：須意圖欺騙他人，指侵害人主觀上具有欺騙他人的意圖，至於他人是否受騙，則非重點所在；行為客體須為已經登記的商號，換句話說，在商標註冊前的偽造或仿造行為，不在此限；偽造、仿造的商標須使用於同一或近似商品，也就是不會產生相似且混淆的產品，不算。

　　刑法第254條規定：「明知為偽造或仿造之商標、商號之貨物而販賣，或意圖販賣而陳列，或自外國輸入者，處六萬元以下罰金。」行為人之行為符合下列要件，須負刑責：須明知偽造或仿造之商標、商號的貨物，也就是，因過失而不知情者，不罰；客觀要件則須有販賣或意圖販賣而陳列或自外國輸入之行為，若僅是裝飾而陳列或輸入的行為，也是不罰。

表10-2　商標與刑法

	偽造仿造商標商號罪	販運偽造仿造商標商號之貨物罪
要件一	主觀上具有欺騙他人的意圖	明知偽造、仿造商標、商號之貨物
要件二	行為客體須為已經登記的商號	有販賣或意圖販賣
要件三	須使用於同一或近似商品	

資料來源：本章自行製作。

小博士解說 ── 先行政後司法原則

　　公平交易法對仿冒商標或商標具有妨礙公平競爭行為，除得請求民事救濟之外，亦有刑罰規定；處罰方式採取先行政後司法原則，故有違反規定者，公平交易委員會將限期命其停止、改正其行為或採取必要更正措施，一般還會依違法行為的嚴重性與所獲取利益處以罰鍰，若被處分人逾期未停止、改正其行為或未採取必要更正措施，或停止後再為相同或類似違反行為者，可處行為人三年以下有期徒刑、拘役或科或併科新臺幣1億元以下罰金。

第一節　刑事罰則（§95）

第95條

未得商標權人或團體商標權人同意，有下列情形之一，處三年以下有期徒刑、拘役或科或併科新臺幣二十萬元以下罰金：

一、於同一商品或服務，使用相同於註冊商標或團體商標之商標者。

二、於類似之商品或服務，使用相同於註冊商標或團體商標之商標，有致相關消費者混淆誤認之虞者。

三、於同一或類似之商品或服務，使用近似於註冊商標或團體商標之商標，有致相關消費者混淆誤認之虞者。

意圖供自己或他人用於與註冊商標或團體商標同一商品或服務，未得商標權人或團體商標權人同意，為行銷目的而製造、販賣、持有、陳列、輸出或輸入附有相同或近似於註冊商標或團體商標之標籤、吊牌、包裝容器或與服務有關之物品者，處一年以下有期徒刑、拘役或科或併科新臺幣五萬元以下罰金。

前項之行為透過電子媒體或網路方式為之者，亦同。

　　2022年4月15日完成第16次修法，增訂本條第2項，依據跨太平洋夥伴全面進步協定（CPTPP），對於具商業規模之仿冒相同或無法相

區別商標之標籤或包裝而用於他人註冊商標同一商品或服務者，應訂有刑事處罰規定；又依刑罰明確性原則，明定本項構成要件係指以行銷目的而製造、販賣、持有、陳列、輸出或輸入仿冒標籤、包裝等行爲，對於非商業或非交易過程中製造、陳列標籤等行爲，則不該當本項規範[1]。

鑑於本法並無上開跨太平洋夥伴全面進步協定所定無法相區別商標之用語，且參酌司法實務案例，成立本條第1項、第96條或第97條之罪者，多以使用近似程度較高之商標於同一或類似程度較高之商品或服務，有致相關消費者混淆誤認之虞時，始課予行爲人刑事處罰[2]。

參考日本商標法與德國商標法有關仿造商標標籤或包裝容器等相關條文之規定，亦以相同或近似於註冊商標爲範圍，其司法實務對於侵權案件之認定，與我國法院相同，係採較高之近似標準。因此，本項罰則雖及於近似商標概念，在司法實務操作上，應不至有擴大適用之疑慮。本項之罰則規定，係針對商標侵權之準備及輔助行爲性質爲特別規範，因目前司法實務係以刑法第253條、第211條、第216條、第339條等仿造商標標籤罪、（行使）僞造私文書罪、詐欺罪等，科以較高刑度，乃增訂本項規定，回歸適用本法[3]。

第二節　刑事罰則（§96）

第96條
未得證明標章權人同意，於同一或類似之商品或服務，使用相同或近似於註冊證明標章之標章，有致相關消費者誤認誤信之虞者，處三年以下有期徒刑、拘役或科或併科新臺幣二十萬元以下罰金。
意圖供自己或他人用於與註冊證明標章同一商品或服務，未得證明標章權人同

---

[1] 2022年商標法修正理由。
[2] 同前註1。
[3] 同前註1。

> 意，為行銷目的而製造、販賣、持有、陳列、輸出或輸入附有相同或近似於註冊證明標章之標籤、吊牌、包裝容器或與服務有關之物品者，處三年以下有期徒刑、拘役或科或併科新臺幣二十萬元以下罰金。
> 前項之行為透過電子媒體或網路方式為之者，亦同。

　　本條為證明標章之刑事罰則，行為人主觀故意且未經同意使用仿冒註冊證明標章，或出於行銷目的將仿冒註冊證明標章使用於製造、販賣、持有、陳列、輸出或輸入之商品中，將依本法規定科以刑責。2022年4月15日完成第16次修法，增訂本條第3項，由於網際網路進行販賣交易情形日漸興起，為避免適用時產生疑義，明定第2項之行為如係透過電子媒體或網路方式為之者，亦屬規範禁止之行為，防範透過電子媒體或網路方式之規避行為[4]。

第三節 刑事罰則（§97）

> **第97條**
> 販賣或意圖販賣而持有、陳列、輸出或輸入他人所為之前二條第一項商品者，處一年以下有期徒刑、拘役或科或併科新臺幣五萬元以下罰金。
> 前項之行為透過電子媒體或網路方式為之者，亦同。

　　本條規定販賣或意圖販賣仿冒商品之刑事處罰，透過電子媒體或網路方式進行，如將仿冒商品陳列於網站上販售亦受本條之規範，陳列商品形式不限於實體銷售通路。本法對於明知他人所為之仿冒品而販賣、意圖販賣而持有、陳列、輸出或輸入者，較自行使用仿冒商標商品科以

4　同前註1。

較輕之刑責。明知爲仿冒商標之商品而販賣罪，以行爲人對於其販賣之物係仿冒商標之商品，出於明知爲前提要件。所謂明知，係指直接故意而言，若爲間接故意或過失，均難繩以該條之罪[5]。實務所應審究者，乃在是否有積極證據，該證據足證明被告確有販賣仿冒商標商品之犯罪故意，至於證據之證明力則由法院依具體個案判斷之，此乃事實審法院之職權[6]。

第一項　仿冒服飾案[7]

黃○勤爲佳○服飾有限公司（下稱佳○公司）負責人，亦是勤○公司負責人，黃○興爲黃○勤之兄，負責管理位在新北市工廠（以下簡稱和平路工廠），而佳○公司與勤○公司均將衣服半成品送至和平路工廠，由該工廠負責車縫成完整的衣服。歐○呈爲麒○刺繡企業有限公司（下稱麒○公司）之實際負責人；陳○賢爲豐○企業有限公司（下稱豐○公司）負責人；陳○忠則爲帆○成衣廠之負責人；官○田則爲官○長成衣整燙企業社之負責人。

黃○勤、黃○興、歐○呈、陳○賢、陳○忠、官○田（以下合則稱黃○勤等六人，分則各稱其等姓名）與其他姓名年籍不詳之下游夜市零售攤商之成年人，均明知表10-3所示之商標，是表10-3所示之公司向經濟部智慧財產局（下稱智慧局）申請註冊登記，並指定使用於服飾等商品，表10-3所示之商標常年在全球國際市場行銷甚廣而著有商譽，爲業界及消費大眾所共知，現仍在專用期間內，未經上開品牌之公司同意或授權，不得在相同或相類似商品中，使用與上述商標圖案相同或近似的商標圖案，也不能販賣印有上述商標圖案、實際上卻非上開品牌之商標專用權人所生產或授權生產之商品。

詎黃○勤等六人陸續自2015年年初起，共同基於違反商標法之犯意，自上游到下游形成一個製造仿冒商品、對外銷售之產業鏈，由黃○

5　最高法院91年度台上字第2680號刑事判決。
6　智慧財產法院100年度刑智上易字第59號刑事判決。
7　臺灣新北地方法院109年度智易字第11號刑事判決。

勤負責統籌、發包、指揮，陳○賢、歐○呈各自在上揭豎○公司、麒○公司位在新北市營業據點，負責將上開品牌之仿冒商標圖案或以刺繡方法、或以印刷之方法，繡製、印製於衣服上後，再交由黃○興、陳○忠各自在上揭和平路工廠、帆○成衣廠，進行仿冒衣物之車縫，再由官○田位在臺北市營業據點、不知情之李○○分別進行整燙、包裝，繼由黃○勤批發與其他姓名年籍不詳之下游夜市零售攤商進行販售，以此方式侵害上開品牌持有人之商標權。

案經荷蘭商奈克創新有限合夥公司、美商昂德亞摩公司、阿迪達斯公司、德商彪馬歐洲公開有限責任公司、義大利商固喜歡固喜公司、美商史塔西公司、美商新巴倫斯運動公司、加拿大商羅茲公司、美商利惠公司、瑞士商香奈兒股份有限公司告訴暨內政部警政署保安警察第二總隊移送臺灣新北地方檢察署檢察官偵查起訴。

表10-3 仿冒服飾案侵害之商標

扣案仿冒品	所侵害之商標	商標權人	數量（件）
ADIDAS衣物	ADIDAS及圖	阿迪達斯公司	4,210
ROOTS衣物	ROOTS及圖	加拿大商羅茲公司	4,675
Champion衣物	Champion及圖	美商HBI BRANDED APPAREL ENTERPRISES, LLC	6,054
Under Armour衣物	Under Armour及圖	美商昂德亞摩公司	9,730
PUMA衣物	PUMA及圖	德商彪馬歐洲公開有限責任公司	1,603
GUCCI衣物	GUCCI圖樣	義大利商固喜歡固喜公司	40
superdry衣物	superdry及圖	英國DKH RETAIL LIMITED	981
stussy衣物	stussy及圖	美商史塔西公司	29
New Balance衣物	New Balance及圖	美商新巴倫斯運動公司	232
Levis衣物	Levis及圖	美商利惠公司	246
Abercrombie & Fitch衣物	Abercrombie & Fitch及圖	Abercrombie & Fitch公司	6,750
Hollister衣物	Hollister及圖	Abercrombie & Fitch公司	1,104

表10-3 仿冒服飾案侵害之商標（續）

扣案仿冒品	所侵害之商標	商標權人	數量（件）
chanel衣物	chanel圖樣	瑞士商香奈兒股份有限公司	69
MONCLER衣物	MONCLER及圖	MONCLER S.P.A.公司	225
ArcTeryx衣物	ArcTeryx及圖	ArcTeryx公司	148
NIKE衣物	NIKE及圖	荷蘭商奈克創新有限合夥公司	7,120
總計			43,216

資料來源：本章自行製作，參考臺灣新北地方法院109年度智易字第11號刑事判決。

第二項　本案爭點[8]

被告黃○興部分是否為勤美公司負責人，以及是否如其所辯，只作與Champion品牌有關製造仿冒衣物之事實，其他商標與其無關？被告陳○忠部分是否如其所辯，只作與ADIDAS、Under Armour、PUMA、NIKE品牌有關製造仿冒衣物之事實，其他商標與其無關？被告官○田部分是否如其所辯，只作與Champion品牌有關製造仿冒衣物之事實，其他商標與其無關？

第三項　法院見解[9]

被告黃○興為被告黃○勤之兄，被告黃○興於2015年間就在新北市工廠，擔任管理人，這間工廠最主要是接受佳○公司和勤○公司委託負責衣物的車縫代工，車縫時商標都已經打上去、繡上去或印上去了等情，為被告黃○興所自承。被告黃○興辯稱其僅有仿冒Champion商標一種，嚴重與客觀卷證及常情不符，並不足採，其對於本所有仿冒商標服飾等，均有自2015年間起即參與製造、販賣等情，堪以認定。

被告陳○賢及陳○忠在本院準備程序時，對於本案全部犯罪事實均已認罪，迭如前述。足見其等嗣後否認侵害其他大部分商標權之犯行，

8　同前註7。
9　臺灣新北地方法院109年度智易字第11號刑事判決、智慧財產及商業法院110年度刑智上易字第72號刑事判決。

顯係畏罪卸責之虛詞，不足採信。警方於2018年2月8日至被告官○田處所搜索扣得之物，經警方會同被告官○田清點後，該等明細文件亦經被告官○田簽名與押日期在案，從明細中可看出其所侵害之商標達十幾種，並非只有Champion商標一種，顯見被告官○田所辯與客觀卷證嚴重不符，其辯詞並不足取。

　　按商標法第97條所欲規範者，為前二條行為主體以外，其他行為人之可罰行為，若該條所列之行為，係由前二條行為主體所實施者，其情形已為前條罪責所涵蓋，並無另行構成該條罪責之餘地，故核被告黃○勤、黃○興、歐○呈、官○田，均係犯商標法第95條第1款（舊法）未得商標權人同意，為行銷目的而於同一商品，使用相同於註冊商標之商標罪。被告黃○勤、黃○興、歐○呈、官○田與被告陳○忠、陳○賢就上開犯行，有犯意聯絡及行為分擔，應論以共同正犯。又被告等以一行為，同時侵害數商標權人之數個商標專用權，均屬以一行為而觸犯數罪名，為想像競合犯，應依刑法第55條之規定，從一重論以商標法第95條第1款（舊法）侵害商標權罪。

　　查扣案如表10-3「扣案仿冒品（數量）」欄位所示之仿冒商標商品，係侵害商標權之物品，依修正後商標法第98條規定，不問屬於犯罪行為人與否，應宣告沒收。扣案工具及物品是用於侵害商標權之工具及物品，或預備用以侵害商標權之物品，業據被告等陳述在卷，應依刑法第38條第2項之規定，在各該被告犯罪項下宣告沒收。

第四節　刑事罰則（§98）

第98條
侵害商標權、證明標章權或團體商標權之物品或文書，不問屬於犯罪行為人與否，沒收之。

　　本條為侵權商品之沒收規定，本法沒收規定採取絕對義務沒收主義，為我國刑法沒收之特別規定，參照最高法院93年度台上字第2751號刑事判決，所謂絕對義務沒收，凡法條規定「不問屬於犯人與否，沒收之」者屬之，法院就此等之物，無審酌餘地，除已證明滅失者外，不問屬於犯人與否或有無查扣，均應沒收之[10]。

　　為避免侵害商標權、證明標章權或團體商標權之商品，流於市場持續侵害商標權人權益，遏止其他意圖侵害商標權行為，即使上述商品雖非我國法令禁止私人製造、流通、持有或行使之物品，故商標法特別規定擴大沒收客體，防止再次流入交易市場，維繫我國公平交易之商業行為。

表10-4　本法與刑法有關沒收之規定

	絕對義務沒收		相對義務沒收	職權沒收	
	得單獨宣告		原則於裁判時併宣告之；例外得單獨宣告		
	違禁物	專科沒收之物	犯罪所得	供犯罪所用或犯罪預備之物	犯罪所生之物
刑事沒收規定	不問屬於犯罪行為人與否		屬於犯罪行為人；犯罪行為人以外之自然人、法人或非法人團體，明知他人違法行為而取得、因他人違法行為而無償取得，或以顯不相當之對價取得、犯罪行為人為他人實行違法行為，他人因而取得	屬於犯罪行為人；犯罪行為人以外之自然人、法人或非法人團體，而無正當理由提供或取得者	

---

[10] 刑罰法令關於沒收之規定，有採職權沒收主義與義務沒收主義。職權沒收，指法院就屬於被告所有，並供犯罪所用或因犯罪所得之物，仍得本於職權為斟酌沒收與否之宣告。義務沒收，又可分為絕對義務沒收與相對義務沒收二者；前者指凡法條規定「不問屬於犯人與否，沒收之」者屬之，法院就此等之物，無審酌餘地，除已證明滅失者外，不問屬於犯人與否或有無查扣，均應沒收之；後者指凡供犯罪所用或因犯罪所得之物，均應予以沒收，但仍以屬於被告或共犯所有者為限。最高法院93年度台上字第2751號刑事判決。

表10-4　本法與刑法有關沒收之規定（續）

	絕對義務沒收		相對義務沒收	職權沒收	
刑法	§38I	§200、§205、§209、§219、§235III、§265、§266II、§315-3	§38-1I本文、§38-1II	§38II、§38III	§38II、§38III
商標法	§98		§98	用於從事侵權之原料或器具	§98

資料來源：本章自行製作。

第一項　名牌仿冒品案[11]

　　被告明知如表10-5所示之商標圖樣，係各申請商標註冊之公司向我國經濟部智慧財產局申請登記，取得商標專用權而指定使用於特定類別之商品，於商標權專用期間內，未經上揭商標權人授權或同意，不得於同一或類似商品，使用相同或近似之註冊商標，亦不得販賣之；又明知以不詳之方式取得之商品均係仿冒上開商標之商品，於2018年至2019年間，意圖為自己不法之所有。基於以網際網路對公眾詐欺取財及透過網路方式販賣仿冒商標商品之犯意，在其桃園市住處，以電子設施連接網路登入雅虎奇摩拍賣網站，以其所申設之帳號，刊登販售仿冒上開仿冒商標商品之資訊，以此方式供不特定人上網選購，並向告訴人與被害人聲稱其所販售之商品為真品，使告訴人與被害人陷於錯誤，購買仿冒商標商品，而詐取財物得逞。後因林姓告訴人察覺商品有異前往報警，警方遂聯繫其餘告訴人與被害人將其等購買之商品併送鑑定，發現均為仿冒品，而查知上情。被告固不否認有分別販售本案所示之物予告訴人等人之情，惟矢口否認有任何網路詐欺及非法販賣侵害商標權商品犯行。

---

[11]　臺灣桃園地方法院109年度智易字第24號刑事判決。

表10-5 名牌仿冒品案商標圖樣

商標名稱及圖樣	商標權人	商標註冊審定號	商品／服務名稱
GUCCI（墨色） **GUCCI**	義大利商固喜歡固喜公司	00152324	各種書包、手提箱袋、旅行袋、皮夾
GG (18) textile	義大利商固喜歡固喜公司	01552675	化妝袋、名片皮夾、非貴重金屬錢包、公事包、手提箱、票券用皮夾、信用卡皮夾、旅行袋、旅行箱、護照皮夾、手提袋、皮革製箱（盒）、皮革製帶（非服飾用）
GG (20) (WITHOUT SHADOWS)	義大利商固喜歡固喜公司	01790132	手提包，水桶包，女用皮包；附有肩帶的手提包；手提袋；波士頓包；腰包；購物袋；大型手提袋；晚禮服用手提包；無提帶而夾在腋下用的皮包；錢包；皮包；信用卡皮夾；名片皮夾；書包及手提式書包；手提箱；皮製鑰匙包；背包；背囊；隨身手提行李袋
BALENCIAGA BALENCIAGA	法商巴黎世家公司	01211895	衣服、服飾用皮帶、鞋、帽
CELINE CELINE	法商賽玲有限公司	00326056	皮夾、手提箱袋、皮包、旅行袋
GIVENCHY **GIVENCHY**	法商紀梵希股份有限公司	00422328	各種書包、手提箱袋、旅行袋及皮夾

資料來源：本章自行製作，參考智慧財產及商業法院111年度刑智上訴字第20號刑事判決。

第二項　本案爭點

警方查緝後，被告販賣之商品所得鑑定報告是否具備證據能力？被告販賣商品是否爲仿冒商品？被告是否以詐欺手段銷售仿冒商標之商品，意圖詐取買賣價金？

第三項　法院見解

被告及辯護人雖就偵查中出具之鑑定報告等證據能力表示爭執，惟因本院並未引用上開鑑定報告作爲本案積極證據之用，自毋庸論述上開鑑定報告之證據能力，併予說明。

扣案之肩背包，經商標權人公司鑑定結果非其公司生產製造之商品等情，此有該公司出具之鑑定暨鑑價報告書暨所檢附之眞仿品對照暨仿品理由書在卷可佐，堪認被告販售之物與被害人、告訴人所示之物，確屬仿冒他人商標之商品無訛。扣案之包包、短夾，經商標權人鑑定結果，因扣案物非該公司生產製造之商品等情，此有該公司出具之鑑定報告書暨所檢附之眞仿品照片在卷可佐。而扣案所示之鞋子，經該公司鑑定結果，因扣案物之商標與眞品標準不符及扣案物鞋墊上之商標與眞品標準不符，扣案之鞋子鑑定後並非其公司生產製造之商品等情，此有公司出具之鑑定報告書暨所檢附之眞仿品照片附卷可參，從而，被告販售與告訴人之物與被害人、告訴人所示之物，確屬仿冒他人商標之商品無訛。

被告自稱係從事代購國外商品、精品爲業，對於各該商品之眞僞辨識方法應知之甚稔，參以如表10-5所示商標圖樣部分業爲相關大眾所知之著名商標，復酌以被告曾因在網路上販賣仿冒商標商品，經法院判刑確定，此有臺灣高等法院被告前案紀錄表在卷可參。其既已有販賣仿冒品遭查獲判刑之經驗，豈有不加警惕，而未對商品來源合法性詳加查證，避免再次觸法，堪認被告對於本案查扣之商品，自始即明知係屬仿冒品而故爲販賣。從而，被告明知其所銷售之商品係仿冒商標商品，仍故意隱匿，並宣稱所販售之商品爲眞品，藉此達到銷售上開商品之目的，牟取買賣價金，自有不法所有之意圖及販賣仿冒商標商品之故意甚

明。

按商標法關於侵害他人商標專用權之處罰，並非當然包括不法得利之意義在內，其雖爲欺騙其他之人而侵害他人商標專用權，然其行爲若未具備不法所有意圖之要件時，既非可繩以刑法詐欺之罪，仍僅能依商標法中有關之規定處罰，則其於侵害商標專用權外，若有詐欺之行爲者，當應另成立詐欺罪（最高法院80年度台上字第834號判決意旨參照）。

被告透過雅虎奇摩拍賣網站，以網際網路散布販售標榜眞品而實爲侵害商標權商品之訊息，致告訴人與被害人陷於錯誤而購買上開商品，並支付價金，核被告所爲均係犯商標法第97條透過網路方式非法販賣侵害商標權之商品罪及刑法第339條之4第1項第3款之以網際網路對公眾散布之詐欺取財罪（共六罪）。被告意圖販賣侵害商標權商品而持有、陳列仿冒商標商品之行爲，應爲販賣侵害商標權商品行爲所吸收，不另論罪。

按侵害商標權、證明標章權或團體商標權之物品或文書，不問屬於犯罪行爲人與否，沒收之，商標法第98條定有明文。扣案物品如表10-6「購買商品」欄位所示之物，均爲侵害商標權之商品，不問屬於被告與否，均應依商標法第98條規定，宣告沒收。

表10-6　名牌仿冒品案之商品

告訴人／被害人	交易時間	買賣價金（新臺幣）	購買商品	主文欄
黃○鋐	2019/2/7	32,900元	GUCCI 黑色肩背包壹個	被告以網際網路對公眾散布而犯詐欺取財罪，處有期徒刑壹年肆月。扣案仿冒GUCCI商標之黑色肩背包壹個沒收。
林○涵	2018/12/8	6,200元	GUCCI 咖啡色短夾壹個	被告以網際網路對公眾散布而犯詐欺取財罪，處有期徒刑壹年貳月。扣案仿冒GUCCI商標之咖啡色短夾壹個沒收。

表10-6 名牌仿冒品案之商品（續）

告訴人／被害人	交易時間	買賣價金（新臺幣）	購買商品	主文欄
吳○德	2018/8/25	24,106元	BALENCIAGA 黑色鞋子壹雙	被告以網際網路對公眾散布而犯詐欺取財罪，處有期徒刑壹年參月。扣案仿冒BALENCIAGA商標之黑色鞋子壹雙沒收。
林○鋼	2018/12/10	23,851元	BALENCIAGA 紅黑色老爺鞋壹雙	被告以網際網路對公眾散布而犯詐欺取財罪，處有期徒刑壹年參月。扣案仿冒BALENCIAGA商標之紅黑色老爺鞋壹雙沒收。
吳○倩	2018/11/25	41,596元	CELINE 淡灰褐色肩背包壹個	被告以網際網路對公眾散布而犯詐欺取財罪，處有期徒刑壹年肆月。扣案仿冒CELINE商標之淡灰褐色肩背包壹個沒收。
顏○寧	2018/9/12	43,609元	GIVENCHY 黑色肩背包壹個	被告以網際網路對公眾散布而犯詐欺取財罪，處有期徒刑壹年肆月。扣案仿冒GIVENCHY商標之黑色肩背包壹個沒收。

資料來源：本章自行製作，參考智慧財產及商業法院111年度刑智上訴字第20號刑事判決。

第五節 行政罰則（§98-1）

第98條之1
未依本法登錄而充任商標代理人或以商標代理人名義招攬業務者，由商標專責機關處新臺幣三萬元以上十五萬元以下罰鍰，並限期令其停止行為；屆期不停止者，按次處罰至停止為止。

前項規定，於商標代理人停止執行業務期間，或經公告撤銷或廢止登錄者，亦適用之。

商標代理人違反第六條第四項所定辦法中有關在職訓練之方式、時數或執行商標代理業務管理措施之規定者，商標專責機關應視其違規情節予以警告、申誡、停止執行業務、撤銷或廢止登錄處分，並公告於商標代理人名簿。

本條文為本法2023年5月9日第17次修法後增訂重點，近年來商標代理人業務範疇延展，衡酌商標代理人專業性，減少申請人與商標權人委任難以勝任該職責之人選，避免行政資源耗損、人力浪費，本次修法後增訂商標代理人相關規範和行政罰則，明文訂定商標代理人違規事項，以完善商標代理人制度。

第六節　非法人團體得提起訴訟（§99）

第99條
未經認許之外國法人或團體，就本法規定事項得為告訴、自訴或提起民事訴訟。我國非法人團體經取得商標權或證明標章權者，亦同。

本條規定商標訴訟之當事人能力，商標註冊申請不以依法認許之外國法人為限，無論自然人或法人經審查核准註冊取得商標權，同時賦予訴訟上之權利。本條規定涉及外國公司部分，應優先適用公司法相關規定；為避免缺乏法律救濟途徑，影響國際貿易，非外國公司之法人或團體商標專用權受侵害時，本法明定未經認許之外國法人或團體得為訴訟主體。取得證明標章之當事人常有非法人團體，如中華民國有機農業產銷經營協會等，爰明定我國非法人團體得為告訴、自訴之當事人，以保障非法人團體之權益。

表10-7　得為提起訴訟之當事人

自訴人／告訴人	法人	外國非法人團體	我國非法人團體	自然人	行政機關
商標	V	V	X	V	X
團體商標				X	
團體標章					
證明標章			V（§99但書）		

資料來源：本章自行製作。

第七節　商標權侵害救濟之案例探討

　　美國近期商標權人主張網路拍賣者的服務成立商標侵權之案例屢見不鮮，使網路拍賣者面對負擔商標侵害責任的風險；然我國目前雖尚未有商標權人主張網路服務提供者商標權侵害責任之案例，但日後亦有可能產生相關的爭議，因而有對此爭議討論之必要。另，臺灣目前亦無明文規範網路服務提供者須負擔間接侵害責任，且無實際發生的案例可資參考，而臺灣法律面對此問題可能的思考途徑，除了商標直接侵權成立要件外，尚包含民法上共同侵權連帶責任之成立要件，惟日後若欲制定相關法律規範，參酌依據臺灣法案例將是重要的，作為將來臺灣判斷網路服務提供者商標間接侵害責任成立要件的解釋方向。最後，對於網路服務提供者擔負商標間接侵害責任，可能會使網路拍賣者擔負過高之風險，因此是否使網路服務提供者免除責任之規定，爰參考著作權中避風港條款，藉以免除其侵權責任。

　　網際網路的及時性以及無遠弗屆的特性，可以使數位化的資訊與文化快速地傳遞至全世界，因而我們的生活與網際網路緊緊相連；人們可以不須出門即可藉由網路的購物網，買到需要的商品，因而帶動了網路電子商務之盛行；由於網路之發達，促使傳統的行銷與交易模式轉移到網路上進行，然而網際網路創造了商機但也帶來了危機。透過網際網路除了可以讓人們買到想要的商品，亦可能買到仿冒品；由於網際網路的

便捷性，仿冒品可以經由網路上的拍賣市場快速地傳播，造成商標權人以及消費者的損害；或是於網際網路上使用他人的商標為關鍵字，用以搜索自己的商品造成消費者的混淆誤認，並侵害商標權人的商標權。

新修正商標法第5條第2項規定中加入了利用網路為行銷之目的，使行為人即使用者透過網路銷售仿冒品時，將構成商標直接侵害；但此法條是否擴及網路服務的提供者（Internet Service Providers，以下簡稱ISP業者）？

傳統智慧財產權侵害責任是否能擴展到網際網路上的商標侵害？ISP業者所提供之服務及商品對商標權人之商標造成侵害，或導致消費者對於商標權人的商品及服務之來源產生混淆誤認，此時商標權人得向ISP業者主張商標直接侵害責任；若無法對ISP業者成立商標直接侵害責任；ISP業者是否可能成立美國法下之商標間接侵害責任（secondary Infringement or indirect infringement），而此爭議是否使ISP業者所經營之電子商務網站面臨重大法律風險？其是否亦能夠主張無扮演監控的角色於其所提供之網路上，藉此規避風險並主張不構成商標侵害責任？

商標具有辨別、品質擔保以及廣告促銷等功能；商標可由文字、圖形、記號、聲音、顏色、立體形狀或其聯合式所組成，具有識別性使商標成為表彰商品或服務來源，並可藉此與他人之商品或服務相區別；或未符合前述規定，經申請人使用且在交易上已成為申請商品或服務之識別標識時，即成為第二意義而受商標法之保護。

商標權具有獨占性以及排他性，故依法取得商標權者，即有法律加以保護，從而商標權受侵害時，應予以救濟。各國立法，均給予受侵害之商標權人可請求民事救濟的權利，對於故意之侵害行為，另有刑法之規範[12]，本節就商標權受侵害時商標權人可為之民事救濟以及刑事救濟介紹之。

---

12 黃倩怡，論美國法上商標權侵害之合理使用——以商業性言論為主，國立中正大學財經法律研究所碩士論文，2007年2月，頁139。

第一項　民事救濟

　　商標權人之商標受有損害，商標權人依下述可以向侵害商標權之人為民事之救濟。

　　一、**侵害除去請求權**：商標權人對於侵害其商標權者，得請求排除其侵害；侵害排除請求權，亦即侵害停止請求權。其侵害須已現實發生，且現仍存在[13]。

　　二、**侵害防止請求權**：商標權人對欲有侵害其商標權之虞者，得請求防止之，以預防侵害之發生，並加強商標之保護。同屬對商標侵害行為之禁止請求權[14]。

　　三、**損害賠償請求權**：商標權人對於因故意或過失侵害其商標權者，得請求損害賠償[15]。

　　四、**銷毀請求權**：商標權人，得請求銷毀侵害商標權之物品及從事侵害行為之原料或器具[16]。

　　五、**信譽回復請求權**：商標權人，得請求侵害商標權者負擔費用，將有關侵害商標權勝訴之判決書內容全部或一部登載新聞紙公告之，以回復商標權人之營業信譽並使敗訴之被告受輿論之制裁[17]。

第二項　刑事救濟

　　商標權屬無體財產權，其受到侵害時，自應以民事救濟為主軸，惟因智慧財產之抽象性與無體性容易受侵害而難以察覺，且請求損害賠償

---

[13] 2011年商標法修正條文第69條第1項，明定商標之除去及防止請求權，不以行為人主觀上具故意或過失為要件，只需有侵害行為發生，商標專用權人即可行使其除去侵害或防止侵害請求權。

[14] 同前註13。

[15] 2011年商標法修正條文第69條第3項。

[16] 2011年商標法修正條文第69條第2項，修正理由：「法院審酌侵害之程度及第三人利益後，得為其他必要之處置；此即在於預防侵害之擴大，使商標權的保護更為周全。」

[17] 2011年商標法修正時已將名譽回復請求權刪除，其修正理由為：「有關被侵害人聲請將判決書全部或一部登報一事，訴訟實務上，原告起訴時，即得依民法第一百九十五條第一項後段『其名譽被侵害者，並得請求回復名譽之適當處分』之規定，在訴之聲明中一併請求法院判決命行為人登報以為填補損害，本條應無重複規定之必要，爰予刪除，回歸適用民法相關規定。」

時不易舉證。爲加強商標權之保護，有以刑事救濟嚇阻侵害發生之必要。臺灣商標法原無刑事處罰之規定，凡有違反商標法之案件，僅得依刑法妨害農工商罪科處刑罰。1972年商標法修正時，始增訂刑事救濟之規定，並於1983年大幅修正，以嚇阻仿冒商標、確保商標權人及消費者之利益，並提升臺灣國際商業信譽[18]。

以下就商標法以及其他法律中有關商標侵害罪刑規定，分述如下。

壹、商標法

一、使用仿冒註冊商標罪

商標法第95條規定，未得商標權人或團體商標權人同意，有下列情形之一，處三年以下有期徒刑、拘役或科或併科新臺幣20萬元以下罰金。

第1款：於同一商品或服務，使用相同於註冊商標或團體商標之商標者，其構成要件爲：（一）行爲人須爲故意[19]；（二）行爲人的商標與其註冊商標相同；（三）使用於同一商品或服務。

第2款：於類似之商品或服務，使用相同於註冊商標或團體商標之商標，有致相關消費者混淆誤認之虞者。

第3款：於同一或類似之商品或服務，使用近似於註冊商標或團體商標之商標，有致相關消費者混淆誤認之虞者。

本法第95條第2款與第3款構成要件爲：（一）行爲人須爲故意，即故意使用他人已註冊之商標；（二）使用之商標須與他人註冊商標構成相同或近似，未經他人允許而使用相同或近似之商標；（三）使用於同一商品或服務，方法涵蓋將相同之商標使用於類似商品或服務、將近似之商標使用於同一商品或服務、將近似之商標使用於類似商品或服務，有致相關消費者混淆誤認之虞。

商標法刑事處罰之對象，並不包括單純購買之消費行爲，故商標

---

18 曾陳明汝，商標法原理，新學林出版股份有限公司，2007年4月，頁130-132。
19 基於罪刑法定主義，商標法第81條未明定過失之侵害行爲，故應限於故意之行爲。陳文吟，商標法論，三民書局股份有限公司，2005年2月，頁151。

法於2022年修法時，衡酌第95條第1項序文適用本法總則章第5條之規定，既有條文已限縮適用範圍，原條文之「爲行銷目的」屬重複規定，爰予刪除。

二、販賣屬侵害商標之商品[20]

商標法第82條（舊法）規定，明知爲前條商品而販賣、意圖販賣而陳列、輸出或輸入者，處一年以下有期徒刑、拘役或科或併科新臺幣5萬元以下罰金。

其構成要件爲：（一）行爲人爲故意；（二）行爲客體爲前舉之仿冒商標商品；（三）須有販賣行爲或意圖販賣而持有、陳列、輸出或輸入之行爲。「販賣」係指出售而言；「意圖販售而持有、陳列」則具有販賣之違法意思之主觀因素兼具客觀上有陳列、輸出或輸入之行爲。

2011年商標法修正後第97條條文爲，明知爲前二條規定的仿冒商標的商品而販賣、意圖販賣而持有[21]、陳列、輸出或輸入者，處一年以下有期徒刑、拘役或科或併科新臺幣5萬元以下罰金；透過電子媒體或網路方式爲之者，亦同。

目前商品之行銷或提供服務之型態日新月異，電子商務及網際網路發達之經濟蓬勃發展，故將透過電子媒體或網路方式爲本條規範行爲者，列爲處罰之對象，以遏止將侵權商品散布之情形[22]。

三、使用仿冒註冊證明商標[23]

商標法第96條規定，未得證明標章權人同意，於同一或類似之商品或服務，使用相同或近似於註冊證明標章之標章，有致相關消費者誤

---

[20] 陳文吟，商標法論，三民書局股份有限公司，2006年5月，頁151。基於罪刑法定主義，商標法第81條未明定過失之侵害行爲，故應限於故意之行爲。

[21] 明知爲侵害他人商標權之商品，如非以營利販賣意圖而販入（如原以自用目的而販入），或因其他原因而持有（如受贈等），嗣後起意營利販賣者，其行爲無法爲現行條文所列舉之販賣、意圖販賣而陳列、輸出或輸入之構成要件所涵括，然爲避免侵害他人商標權商品於市面散布流通，而侵害商標權人之權益，該等行爲亦有處罰之必要，爰增列意圖販賣而「持有」者爲處罰之對象，以資明確。2011年商標法立法理由。

[22] 同前註21。

[23] 2011年商標法修正新增訂之條文。

認誤信之虞者，處三年以下有期徒刑、拘役或科或併科新臺幣20萬元以下罰金。

意圖供自己或他人用於與註冊證明標章同一商品或服務，未得證明標章權人同意，為行銷目的而製造、販賣、持有、陳列、輸出或輸入附有相同或近似於註冊證明標章之標籤、吊牌、包裝容器或與服務有關之物品者，處三年以下有期徒刑、拘役或科或併科新臺幣20萬元以下罰金。若透過電子媒體或網路方式為之者，亦同。

現行條文有關商標侵權之刑罰規定，並未包括侵害證明商標之情形。而證明商標為證明商品或服務之特性、品質、精密度、產地等事項，本身具有公眾信賴之期待與消費者保護之功能，較一般商標具有更高之公益性質，侵害證明商標權對社會公眾造成之損害較一般商標權為重大，且一般商標侵害具有罰則之規定，故證明商標遭受侵害時，亦應加以規範。對於明知有侵害證明商標權之虞，仍販賣或意圖販賣而製造、持有、陳列附有相同或近似於他人註冊證明商標標識之標籤、包裝容器或其他物品者，其不僅侵害證明商標權，同時亦危及公益，自應加以規範禁止[24]。

貳、刑法[25]

一、偽造仿造商標商號罪

刑法第253條規定：「意圖欺騙他人而偽造或仿造已登記之商標、商號者，處二年以下有期徒刑、拘役或科或併科九萬元以下罰金。」

行為人之行為符合下列要件，須負刑責：（一）須意圖欺騙他人，指侵害人主觀上具有欺騙他人之意圖，始負本條規定之刑責，至他人是否受騙，則非所問；（二）行為之客體須為已登記之商號，即已註冊之商標。換言之，在商標註冊前之偽造或仿造之行為，則無本條刑責可言；（三）偽造、仿造之商標須使用於同一或近似之商品。

[24] 同前註21。
[25] 同前註18，頁132-133。

二、販運僞造仿造商標商號之貨物罪

刑法第254條規定：「明知爲僞造或仿造之商標、商號之貨物而販賣，或意圖販賣而陳列，或自外國輸入者，處六萬元以下罰金。」

行爲人之行爲符合下列要件，須負刑責：（一）須明知僞造仿造之商標商號之貨物。亦即以處罰故意爲要件，因過失而不知情者，則不構成本罪；（二）客觀要件則須有販賣或意圖販賣而陳列或自外國輸入之行爲。若僅是裝飾而陳列或輸入之行爲則不構成本罪。

參、公平交易法

公平交易法立法目的旨在維護交易秩序與消費者利益，確保公平競爭，並促進經濟之安定與繁榮。因此公平交易法中有關侵害商標或商標之規定，係在禁止妨礙公平競爭的行爲，若是有侵害行爲之存在，但未有發生不公平競爭之情形，則無公平交易法之適用。公平交易法中，對仿冒商標或商標具有妨礙公平競爭之行爲，除得請求民事救濟之外，亦有刑罰之規定[26]。

事業就其營業所提供之商品或服務，不得有下列行爲[27]：

一、以著名之他人姓名、商號或公司名稱、商標、商品容器、包裝、外觀或其他顯示他人商品之表徵，於同一或類似之商品，爲相同或近似之使用，致與他人商品混淆，或販賣、運送、輸出或輸入使用該項表徵之商品者。

二、以著名之他人姓名、商號或公司名稱、標章或其他表示他人營業、服務之表徵，於同一或類似之服務爲相同或近似之使用，致與他人營業或服務之設施或活動混淆者。

2015年2月4日公布修正公平交易法，考量對於仿冒行爲公平交易法爲商標法之補充規定，爲避免法益保護輕重失衡，爰刪除公平交易法第22條對仿冒行爲之行政責任及刑事責任規定，改採民事責任。故有關事業仿冒行爲涉及違反公平交易法第22條規定之爭議，即應由爭議

---

26 陳文吟，商標法論，三民書局股份有限公司，2006年5月，頁152。
27 公平交易法第22條第1項規定。

雙方當事人逕循民事司法途徑尋求解決，而無公平交易委員會以行政裁處手段介入規制之餘地[28]。

但若為普通使用方法或善意為相同或近似使用之行為者，不在此限。事業因他事業之行為致其商品或服務來源有混淆誤認之虞者，得請求他事業附加適當之區別標示[29]。

第三項　損害賠償額之計算[30]

關於計算商標權侵害之損害賠償額，除賠償實際損害外，因商標權之無體性，往往無法正確評估實際所受之損害，因此多數國家之立法例，蓋有損害額推定、擬制、酌定，甚或多倍賠償制等規定。我國現行商標法規定，商標權人於請求損害賠償時，得選擇性計算其損害賠償額[31]。

商標法明定可能估算標準，分述如下：

一、**具體損害計算說**：依民法第216條規定，以被害人所受之損害與所失利益為計算基準，以填補權利人所遭受的全部損害。

二、**差額說**：民法第216條，以填補債權人所受侵害及所失利益為限。但不能提供證據方法以證明其損害時，商標專用權人，得就其使用註冊商標通常所可獲得之利益，減除受侵害後使用同一商標所得之利益，以其差額為所受損害[32]。

三、**仿冒品販賣總額利益說**：依侵害商標專用權者因侵害行為所得之利益。於侵害商標專用權者不能就其成本必要費用舉證時，以銷售該項商品全部收入為所得利益[33]。

---

[28] 公平交易委員會，有關事業仿冒行為涉及違反公平交易法第22條規定之爭議，應循何種途徑尋求解決？，2015年5月6日，https://www.ftc.gov.tw/internet/main/doc/docDetail.aspx?uid=1210&docid=14019&mid=1201（最後瀏覽日：2023年12月22日）。

[29] 公平交易法第20條第3項、第4項。

[30] 曾勝珍，商標侵害理論之探討（下），全國律師雜誌，2011年12月，頁32。

[31] 陳文吟，商標法論，三民書局股份有限公司，2006年5月，頁127。

[32] 同前註18，頁127。

[33] 此計算方式，仍非相當準確，尤其是其所減少之利益，是否與商標侵害行為有因果關係，舉證上有其困難。又此說需要由原告證明其使用註冊商標及受侵害後使用同一商標所得之利益，難免需暴露自己的營業秘密。同前註18，頁128。

四、仿冒品總價額說：就查獲侵害商標專用權商品售價單價500倍至1,500倍之金額；但所查獲商品超過1,500件時，以其總價定賠償金額[34]。上述金額顯不相當者，法院得予酌減。倘商標權受侵害，以致商標權人之業務上的信譽受減損時，得另行請求相當金額之賠償[35]。

商標法於2011年修正時，增訂第71條第1項第4款得以「合理授權金額」作爲損害賠償數額，相當於商標權人授權他人使用所得收取之權利金數額爲其損害。商標權人以外之人，如欲合法使用註冊商標，本可透過商標授權之方式，於經授權之範圍內，支付對價後方能使用。就此而言，未經商標授權之侵害使用行爲，對於商標權人所造成之損害，就相當於侵害商標權人透過授權條件所可以取得之客觀財產價值，也等同於商標權人的所失利益，故以此作爲損害賠償之基準也屬正當，利於商標權人有更多元的方式得以選擇適用，更避免商標權人因爲舉證損害數額之困難，致使實施商標權排除侵害效果大打折扣[36]。

第四項　商標實務之探討

我國商標法爲防止他人使用註冊商標或減損、侵害商標商譽之行爲，依商標法第35條第2項規定，爲下列之行爲時，應得商標權人之同意，該行爲內容包括：一、於同一商品或服務，使用相同於註冊商標之商標者；二、於類似之商品或服務，使用相同於註冊商標之商標，有致相關消費者混淆誤認之虞者；三、於同一或類似之商品或服務，使用近似於註冊商標之商標，有致相關消費者混淆誤認之虞者。因此未經商標權人之同意，而有上揭之行爲，即爲構成商標權之侵害。

商標法未明定間接侵害責任，因此當受害人於網路上買到侵害商標

[34] 採此說，商標權人只要證明被告因侵害行爲而受有利益即可請求損害賠償。惟侵害人可以舉反證推翻。例如，證明其取得之利益與侵害行爲並無因果關係存在；或舉證證明其所得利益少於所付出之成本，甚或證明被害人根本未有損害等。則原告亦難獲得賠償；此外被告反證時，亦同樣會暴露營業秘密。同前註18，頁128。

[35] 2011年商標法修正時新法第71條直接刪除了現行條文第63條第3項因侵害而減少業務上信譽之規定，蓋因本法1993年12月22日修正時，已刪除商標應與其營業一併移轉之規定，商標已獨立於營業之外，爲單純財產上之權利，適用第1項之損害賠償計算方式。同前註21。

[36] 同前註21。

的商品時，買家對於ISP業者可依據民法與消費者保護法主張其權益。惟提供網路拍賣服務的ISP業者往往拿出與使用者事先簽訂的使用者條款，藉以規避法律責任。網路拍賣服務提供者對於使用其服務的使用者販賣仿冒品，是否可以因此免負法律責任，以下將從實體之商場經營者是否應與承租攤販、承租人或供應商負商標連帶侵權責任之見解，進而分析ISP業者與直接侵害人之商標共同侵權行為是否有連帶責任。

壹、出一張嘴案

被告以「出一張嘴」在Google網站刊登之關鍵字廣告，由於關鍵字廣告內容本身並未使用系爭商標圖樣[37]作為商品或服務之行銷使用，同時鍵入關鍵字之使用者並不會因此而認為或混淆廣告內容所推銷之商品或服務是屬於商標所有人即原告所提供，並非屬商標使用行為，從而並未構成系爭商標權之侵害。

貳、本案爭點

本案之爭點為被告以「出一張嘴」在Google網站刊登之關鍵字廣告（刊登之關鍵字廣告屬付費排序廣告）作為關鍵字以為索引，是否侵害系爭商標權？

參、法院見解

被告之行為是否侵害原告之商標權？商標之使用應具備下列要件：一、使用人須有表彰自己之商品或服務來源之意思；二、使用人須有行銷商品或服務之目的；三、須有標示商標之積極行為；四、所標示者須足以使相關消費者認識其為商標。而判斷是否作為商標使用，除應依上開要件審認外，並應斟酌平面圖像、數位影音或電子媒體等版（畫）面之配置、字體字型、字樣大小、有無特別顯著性，以及是否足資消費者藉以區別所表彰之商品來源等情綜合認定之，尚非一經標示於產品包裝或出現於產品廣告內之文字、圖樣，即當然構成商標之使用。本款以第

---

[37] 商標註冊第01126477號。

三人使用相同於其註冊商標之商標為要件，而所謂使用商標，即應回歸商標法第2條、第6條之商標使用定義，故如非作為商標使用，即無構成第29條第2項第1款（舊法）之侵害商標權可言[38]。

被告以「出一張嘴」在Google網站刊登之關鍵字廣告，屬付費排序廣告，為兩造所不爭執，係以「出一張嘴」作為關鍵字以為索引，由於關鍵字廣告內容本身並未使用系爭商標圖樣作為商品或服務之行銷使用，同時鍵入關鍵字之使用者並不會因此而認為或混淆廣告內容所推銷之商品或服務是屬於商標所有人即原告所提供，並非屬商標使用行為，從而並未構成系爭商標權之侵害。

被告與原告公司間之加盟授權合約難證明於2007年2月間合法終止，故被告公司至同年4月間止，應仍有合法使用系爭商標於招牌及各項營業設備之權利，即難認被告有侵害原告之商標權之情形。原告並主張被告侵害系爭商標權，追加主張被告冒用「出一張嘴」商標之行為已造成對其商譽之重大侵害，爰依民法第184條、公司法第23條規定為請求權重疊競合請求被上訴人損害賠償，而為前開聲明所示之請求，於法均屬無據，應予駁回。

肆、本文評析

商標權人欲主張ISP業者成立商標共同侵權行為，與網路服務使用者連帶負商標侵權責任，依臺灣高等法院與智慧財產及商業法院對於商場經營者是否應與專櫃承租人或供貨商負連帶責任，法院則依據民法第184條與商標法第69條之規定，判斷ISP業者是否對於侵權行為之認知有故意或過失不法侵害他人商標權之行為。如果對侵權行為無認知，則非直接侵權行為人，不須負擔商標間接侵害責任。

判斷ISP業者對於網路服務使用者所上傳之商品或服務之內容；抑或向ISP業者所購買之關鍵字廣告內容中，判斷商標侵權應盡何種注意

---

[38] 智慧財產法院97年度民商上易字第4號、97年度民商上字第3號、98年度民商訴字第28號；臺灣高等法院92年度重上字第531號、95年度智上字第196號；最高法院93年度台上字第763號、97年度台上字第2256號等判決意旨參照。

義務。依目前實務見解，若業者未盡查證程序且未追查其行銷商品商標權的歸屬，或未要求經銷商或專櫃提出商標權人之授權契約，可能認定其欠缺防止商標侵權損害之可能性。惟法院處理ISP業者與服務使用者負商標共同侵權責任時，該如何認定ISP業者應盡的注意義務，似乎尚未有標準。因此ISP業者對於侵權行為的認知程度以及須達到何種程度，則影響訴訟結果。

　　實務見解表明侵權行為人所應負的注意義務，應以善良管理人的注意義務為準[39]，故ISP業者若未審視該網路服務使用者所上傳或存取之商標侵權內容，或未盡善良管理人之注意義務，可推定ISP業者之關鍵字廣告行銷服務，與服務使用者之侵權行為具有客觀之共同原因，可認定網路服務提供者應負共同侵權責任。

　　ISP業者，對於其使用者的侵權行為是否負擔侵權責任，商標法中並無明文規定是否負擔間接侵害責任，然而網路的普及化，實務雖尚未出現ISP業者所提供之服務被控成立商標侵權之案例，為了防範未然，因此有使間接侵害責任明文化之必要。對於虛擬或電子購物平臺若經查獲提供仿冒品銷售，該平臺提供者是否負有民事侵權責任，實務上則依據民法第185條共同侵權行為責任規定予以判斷，因而不在商標法中增列條文規定。惟科技日新月異，民法第185條規定是否足以涵蓋網路上的犯罪？本文認為應「明文規定間接侵害責任」。

　　現行商標法條中未規定間接侵害責任，ISP業者若只是提供網路服務或是設備，對於使用者不法侵害他人權利之行為，基本上應是不負責任；惟許多ISP業者透過其自訂的使用者條款並且稱自己僅係提供交易的平臺藉以規避責任；然而ISP業者欲免除對其使用者的責任，應係以其已盡到防止侵權發生之注意義務，因此ISP業者雖只是提供網路平臺，賣家為直接侵權人，但權利人希望透過ISP業者幫忙，節省查核成本。目前商標法中並無使網路服務提供者對於商標權人負擔法律責任之

39　參見最高法院19年上字第2746號判例，因過失不法侵害他人之權利者，故應負損害賠償責任。但過失之有無，應以是否怠於善良管理人之注意義務為斷者，苟非怠於此種義務，即不得謂之過失。

規定,因此建議商標法參酌民法第185條第2項規定以及美國普通法中間接侵害責任之規定,於商標法中增訂商標間接侵害責任,作為法院判斷網路服務提供者是否構成商標間接侵害之依據。

|第十一章|
附　則

　　本法修正開放商標申請註冊類別、展覽會優先權、申請評定或廢止案件應檢送使用證據等制度，爲避免影響原商標權益，參照我國釋字第525號信賴保護原則及釋字第529號意旨，行政法規公布施行後，制定或發布法規之機關依法定程序予以修改或廢止時，亦應兼顧規範對象信賴利益之保護。因公益之必要廢止法規或修改內容，致人民客觀上具體表現，有因信賴而生實體法上利益受損害，應採取合理的補救措施，或訂定過渡期間之條款，俾減輕損害，方符憲法保障人民權利之意旨[1]。

　　配合商標專責機關審查作業流程與電子系統準備期間，本章明定新舊法轉換期間之過渡規定，如2003年4月29日已註冊之服務標章、聯合商標及防護商標之權利及存續期間；新法施行後註冊費之繳納；申請商標各項程序之規費；異議案、評定案、廢止案之審理；動態、全像圖商標申請註冊之申請日及優先權日過渡條款。本章旨在完善新舊法規定之差異，緩和制度轉換衍生之爭執，保障當事人之權益。

第一節　服務標章之過渡規定（§100）

第100條

本法中華民國九十二年四月二十九日修正之條文施行前，已註冊之服務標章，自本法修正施行當日起，視為商標。

---

[1]　大法官釋字第529號意旨。

配合修正擴大商標定義，廢除服務標章之用語，明定2003年4月29日修正之條文施行前，已註冊之服務標章，應於2003年11月28日施行當日起視為商標。

第二節　廢除聯合註冊制度之過渡規定（§101）

第101條
本法中華民國九十二年四月二十九日修正之條文施行前，已註冊之聯合商標、聯合服務標章、聯合團體標章或聯合證明標章，自本法修正施行之日起，視為獨立之註冊商標或標章；其存續期間，以原核准者為準。

第三節　廢除防護註冊制度之過渡規定（§102）

第102條
本法中華民國九十二年四月二十九日修正之條文施行前，已註冊之防護商標、防護服務標章、防護團體標章或防護證明標章，依其註冊時之規定；於其專用期間屆滿前，應申請變更為獨立之註冊商標或標章；屆期未申請變更者，商標權消滅。

2003年11月28日前，已註冊的防護商標或標章，應於其專用權期間屆滿前申請延展註冊，一併申請變更為獨立的註冊商標或標章；如果期間屆滿前未完成變更，依本條規定商標權消滅，且不適用本法第34條第1項後段有關延展優惠期間。

第四節　三年未使用期間計算之特別規定（§103）

> **第103條**
> 依前條申請變更為獨立之註冊商標或標章者，關於第六十三條第一項第二款規定之三年期間，自變更當日起算。

　　本法第16條之除外規定，本條明定其緩衝期間，避免因法令修正，權利人缺乏準備時間，導致註冊商標遭廢止而影響當事人權益，防護商標或標章成為獨立商標或標章後起算，三年內必須依法使用，否則恐被廢止註冊之虞。

第五節　商標之規費（§104）

> **第104條**
> 依本法申請註冊、加速審查、延展註冊、異動登記、異議、評定、廢止及其他各項程序，應繳申請費、註冊費、加速審查費、延展註冊費、登記費、異議費、評定費、廢止費等各項相關規費。
> 前項收費標準，由主管機關定之。

　　本條規定商標各項申請應繳納規費，各機關依規費法應收取各項規費，落實「使用者付費、受益者付費」之原則，規費數額應合理反映行政審查成本、平衡財政收支，故授權商標主管機關訂定規費數額，行政院經濟部依授權訂定「商標規費收費標準」，詳見附錄七。

第六節　廢除註冊費分期繳納之過渡規定（§105）

第105條
本法中華民國一百年五月三十一日修正之條文施行前，註冊費已分二期繳納者，第二期之註冊費依修正前之規定辦理。

第七節　異議案與評定案之過渡規定（§106）

第106條
本法中華民國一百十二年五月九日修正之條文施行前，已受理而尚未處分之異議或評定案件，以註冊時及修正施行後之規定均為違法事由為限，始撤銷其註冊；其程序依修正施行後之規定辦理。但修正施行前已依法進行之程序，其效力不受影響。
對本法中華民國一百十二年五月九日修正之條文施行前註冊之商標、證明標章及團體標章，於修正施行後提出異議、申請或提請評定者，以其註冊時及修正施行後之規定均為違法事由為限。

　　2023年5月9日第17次修正涵蓋評定及廢止程序，為明確新舊法適用，配合調整過渡期間規定。商標審查人員如遇此類案件，應限期通知申請人，申請人需就系爭商標違反修法後之相當法條規定進行補正或釋明。

第八節　廢止案之過渡規定（§107）

第107條
本法中華民國一百年五月三十一日修正之條文施行前，尚未處分之商標廢止案件，適用修正施行後之規定辦理。但修正施行前已依法進行之程序，其效力不受影響。

2023年5月9日第17次修正涵蓋廢止程序，為明確新舊法適用，配合調整過渡期間規定。

第九節　申請日之特別規定（§108）

第108條
本法中華民國一百年五月三十一日修正之條文施行前，以動態、全像圖或其聯合式申請註冊者，以修正之條文施行日為其申請日。

對於本次修正施行前已提出動態、全像圖或其聯合式商標或標章申請註冊的案件，以施行日2011年7月1日為申請日。在本次修正施行前申請氣味商標及其他新型態商標案件，因不在本條適用範圍內，故主管機關不受理。

第十節　優先權制度（§109）

> **第109條**
> 以動態、全像圖或其聯合式申請註冊，並主張優先權者，其在與中華民國有相互承認優先權之國家或世界貿易組織會員之申請日早於本法中華民國一百年五月三十一日修正之條文施行前者，以一百年五月三十一日修正之條文施行日為其優先權日。
> 於中華民國政府主辦或承認之國際展覽會上，展出申請註冊商標之商品或服務而主張展覽會優先權，其展出日早於一百年五月三十一日修正之條文施行前者，以一百年五月三十一日修正之條文施行日為其優先權日。

　　本次修法增訂展覽會優先權主張，修正施行日之後主張展覽會優先權者，依本法第21條提出申請，又本條明定其展出日早於本法修正之條文施行日者，以2012年7月1日為其優先權日。

第十一節　商標代理人之登錄（§109-1）

> **第109條之1**
> 本法中華民國一百十二年五月九日修正之條文施行前三年持續從事商標代理業務，且每年辦理申請商標註冊及其他程序案件達十件者，得於修正施行之翌日起算一年內申請登錄為商標代理人。
> 未依前項規定登錄為商標代理人，且不具第六條第二項所定資格者，不得繼續執行商標代理業務。但所代理案件於本法中華民國一百十二年五月九日修正之條文施行前業經商標專責機關受理，於尚未審定或處分前，不在此限。

　　本條文為本法2023年5月9日第17次修法後增訂重點，修法前商標法僅要求商標代理人在國內有住所，並無相關能力測驗要求，為因應日

趨複雜的商標業務，立法院修正條文規定，申請登錄成為商標代理人之資格內容涵蓋：通過專業能力認證考試，或於本次修法前曾從事一定期間之商標審查工作，律師及其他依法得執行商標代理業務之專門職業人員，則仍然繼續當然取得代理商標業務的資格[2]。

行政院經濟部智慧財產局於2023年7月14日發文，預告訂定「商標代理人登錄及管理辦法」，該預告依據行政程序法第154條第1項於行政院公報公告載明擬定法規命令相關事項。「商標代理人登錄及管理辦法」訂定依據為本法第6條第4項，草案總說明詳見附錄二，同時載於經濟部智慧財產局全球資訊網站與經濟部主管法規查詢系統／草案預告論壇，或由「經濟部全球資訊網首頁>法規及訴願>草案預告」進入該網頁[3]。

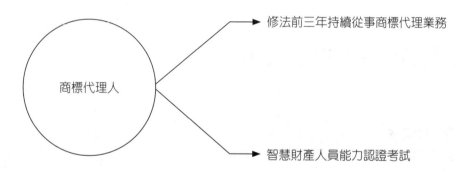

圖11-1　商標代理人

資料來源：本章自行製作。

2　聖島智慧財產專業團體，立法院於2023年5月9日通過商標法部分條文修正草案，2023年5月9日，https://www.saint-island.com.tw/TW/News/News_Info.aspx?IT=News_1&CID=266&ID=62608（最後瀏覽日：2023年8月20日）。

3　經濟部智慧財產局，預告訂定「商標代理人登錄及管理辦法」，2023年7月25日，https://www.tipo.gov.tw/tw/cp-337-924761-dd741-1.html（最後瀏覽日：2023年8月19日）。

第十二節 施行細則（§110）

> **第110條**
> 本法施行細則，由主管機關定之。

　　商標法施行細則自1930年12月30日發布，歷經19次修正，最後修正日期為2018年6月7日，全文共五章50條，第一章「總則」第1條至第11條；第二章「商標申請及審查」第12條至第34條；第三章「商標權」第35條至第46條；第四章「證明標章、團體標章及團體商標」第47條與第48條；第五章「附則」第49條與第50條，全文詳見附錄三。

第十三節 施行日期（§111）

> **第111條**
> 本法之施行日期，由行政院定之。

　　依我國中央法規標準法規定，本法係於2011年6月29日經總統公布，由行政院規定本法施行日期。

|第十二章|
綠商標

　　伴隨全球氣候變遷、永續發展與環保意識興起，歐盟綠商標研究報告以歐盟智慧財產局調和資料庫（The EUIPO's Harmonised Database, HDB）作資料來源，分析自1996年至2020年商標註冊申請案件，歸納出九大群組，35個小類別。九大群組分述如下：能源產品、運輸、節約能源、再利用／回收利用、污染控制、廢棄物管理、農業、環保意識及氣候變遷。

　　35個小類別包括：生質燃料、太陽能、風力能源、其他能源、一般運輸、電動車、電動摩托車、電動腳踏車、混合電動汽車、氫能汽車、電動引擎、其他車輛、節能、電力儲存、低能耗照明、能源管理、回收利用、可重複使用的袋、可重複使用的瓶、可再填充印表機色帶匣、其他可重複使用、一般污染、水質淨化、空氣淨化、生物可分解、廢棄物處理、處理廢料、肥料替代品、殺蟲劑替代品、其他農業、生態／環境、永續、與環境有關的服務、碳監測器、碳經紀。

　　我國經濟部智慧財產局參考歐盟綠商標研究報告，利用商標資料庫數據，歸納歐盟綠色分類九大相關領域的綠商標註冊申請案件，分析我國自2013年至2022年之商標註冊申請案件，總計約847,983件商標，1,091,102類商標，2,930萬個商品或服務名稱，統計九大相關綠商標的註冊申請案件領域[1]。

---

[1]　經濟部智慧財產局，我國近10年綠商標產業之申請比較分析報告，2023年5月17日，https://topic.tipo.gov.tw/trademarks-tw/lp-985-201.html（最後瀏覽日：2023年10月2日）。

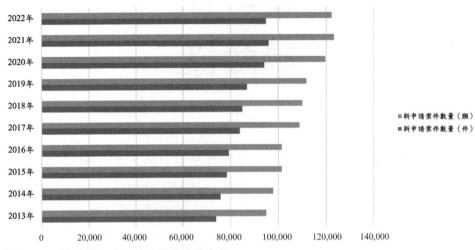

圖12-1 統計近10年商標申請註冊案件

資料來源：本章自行製作，參考經濟部智慧財產局，我國近10年綠商標產業之申請比較分
析報告，2023年5月17日，https://topic.tipo.gov.tw/trademarks-tw/lp-985-201.html
（最後瀏覽日：2023年10月2日）。

第一節　何謂綠商標

　　綠商標分析商標申請案指定使用於尼斯分類之商品或服務名稱[2]，
結合「商品或服務名稱」與「尼斯分類」進行分析，判斷商品名稱屬於
「綠色」或「非綠」，無論是否包含其他非綠色名稱，只要一個主要活
動與綠色有關，其他名稱則是該活動的相關產品或附屬品，該商品即符
合綠商標之定義。

　　雖然2022年7月6日歐洲議會將部分核能和天然氣發電標記為「綠
色能源」，惟核電及天然氣是否被視為永續或綠能，各界人士意見分

---

[2] 國際尼斯分類是一種對商標申請商品和服務進行分類的制度，由世界智慧財產權組織管理，
共計45類，其中商品涵蓋34個類別和服務涵蓋11個類別，每個類別都有一類別標題，該標題
提供涵蓋的商品或服務類型一般原則性訊息，進一步包含該類別中的小標題，以更完善定義
受保護的商品或服務。經濟部智慧財產局，商品與服務國際（尼斯）分類修正版本，2023年
9月26日，https://topic.tipo.gov.tw/trademarks-tw/cp-539-860501-9fc4a-201.html（最後瀏覽日：
2023年10月2日）。同前註1。

歧，仍具爭議。縱使核能可能被視爲永續性能源，但最終產物廢料或將
影響環境，因此比照歐盟綠商標研究報告，排除帶有與核能相關名稱之
商標。

第二節　統計結果

　　綠商標共計122,916件，占「所有商標註冊申請案」約14.5%；非
綠商標有725,067件，占比爲85.5%。依據10年統計結果，顯示我國產
業環保意識逐漸抬頭，申請人意識到綠商標的重要性，我國商標註冊申
請案中，氣候變遷、節能和環保等問題日益受到公眾和政策制定者的
關注。綠商標之申請人，其中有63.12%爲本國籍，36.88%爲外國籍；
2022年，本國籍申請量顯著增加，而外國籍申請量略有下滑[3]。

表12-1　綠色商品類別與數量

九大群組	35小類別	案件申請數量	（%）
能源產品	生質燃料、太陽能、風力能源、其他能源	34,566	20.86
運輸	一般運輸、電動車、電動摩托車、電動腳踏車、混合電動汽車、氫能汽車、電動引擎、其他車輛	5,303	3.20
節約能源	節能、電力儲存、低能耗照明、能源管理	52,149	31.48
再利用／回收利用	回收利用、可重複使用的袋、可重複使用的瓶、可再填充印表機色帶匣、其他可重複使用	3,714	2.24
污染控制	一般污染、水質淨化、空氣淨化、生物可分解	46,051	27.79
廢棄物管理	廢棄物處理、處理廢料	6,784	4.09
農業	肥料替代品、殺蟲劑替代品、其他農業	5,359	3.23
環保意識	生態／環境、永續	4,708	2.84
氣候變遷	與環境有關的服務、碳監測器、碳經紀	7,048	4.25
總計		165,682	99.98

資料來源：本章自行製作，參考經濟部智慧財產局，我國近10年綠商標產業之申請比較分
　　　　　析報告，2023年5月17日，https://topic.tipo.gov.tw/trademarks-tw/lp-985-201.html
　　　　　（最後瀏覽日：2023年10月2日）。

---

[3]　同前註2。

第三節　結論與建議[4]

　　綜觀我國綠商標註冊申請數量，本國籍的申請人占整體綠商標註冊申請六成三以上，其中節約能源、污染控制、能源產品三大領域是我國綠商標的優勢範圍，各該領域中我國籍申請人分別各占45.53%、57.89%、64.23%，顯示國人申請商標註冊時，已開啓邁向節能減碳與淨零排放的終極目標，除了加強提升現有技術設備效率，積極開發再生能源，加強淨化環境及污染防治，亦可爲我國創造綠色環境。

　　統計自2013年至2022年商標申請案件，綠商標占所有商標申請總量比例約15%，有持續成長趨勢，反映出與能源產品、污染控制、節約能源等議題相關性高，爲實現淨零排放，把新產品和服務推向市場，重新改良或設計現有產品，使其更具永續性，對於商標申請者與消費者而言，環境考慮因素逐漸重要，顯見智慧財產權和其他政策或財政資源相同重要，皆爲體現減少碳排放之政策要素。

　　經濟部智慧財產局已彙整與綠色有關之證明標章資訊，於官方網站新增「淨零排放有關證明標章資訊專區」[5]，如經濟部能源局「節能標章」、行政院環境保護署「產品碳足跡標籤」、經濟部工業局「綠色工廠GREEN FACTORY」等共計34個綠色證明標章。與此同時，中央與地方縣市政府合作，配合執行補助獎勵方案，鼓勵民眾共同響應節能減碳政策；國人消費及購買商品時，得以綠色證明標章判斷物品是否符合友善環境原則。

　　接軌國際趨勢，配合節能減碳政策，考量現行實務環境及需求，我國積極推動商標註冊電子化，開放申請人得申請領取電子版證書，以電子化方式領證，減少使用紙張、碳粉匣、機器、設備、電力、保養維修等資源，完善智慧財產權數位服務，連帶促進商標註冊作業簡化流程及提高效率，商標權人對於證書之保存與管理更爲便捷。

4　同前註2。

5　經濟部智慧財產局，淨零排放有關證明標章資訊專區，2023年5月12日，https://topic.tipo.gov.tw/trademarks-tw/cp-940-903625-d1106-201.html（最後瀏覽日：2023年10月2日）。

表12-2　淨零排放有關證明標章實例

標章圖樣	標章名稱	註冊號	標章權人	促進淨零排放相關說明
	節能標章	67	經濟部能源局	高能源效率，在同樣功能條件的使用狀態下，消耗較少的能源、負擔較低的能源費用，尤其對於高耗能、長期使用或使用壽命長的產品項目，將有著更顯著的差異。
	產品碳足跡標籤	1431582	行政院環境保護署	支持廠商揭露產品碳足跡，並於產品使用及廢棄處理時配合減少碳排放，達到減少溫室氣體排放之目的。
	環保標章	1543432	行政院環境保護署	依據ISO 14024環保標章原則與程序而定，標示此標章的產品或服務是對環境造成較少衝擊，透過生產製造、供應及需求之市場機制，驅動環境保護潛力。
	環保教育標章	1553028	行政院環境保護署	配合推動國家環境教育政策，經環保署認證可依環境教育法提供環境教育之機構、設施場所及人員。
	海洋廢棄物循環產品標章	2156735	行政院環境保護署	以海洋廢棄物為原料再生製成，鼓勵企業積極投入海洋環境保護，從減廢減少資源耗用的角度，思索採用海洋廢棄物循環利用再製成產品之可行性。

表12-2 淨零排放有關證明標章實例（續）

標章圖樣	標章名稱	註冊號	標章權人	促進淨零排放相關說明
	綠色工廠 GREEN FACTORY	1508733	經濟部工業局	標示此標章的工廠廠房建築物有通過內政部綠建築標章的認證，而且工廠的生產營運管理通過工業局清潔生產評估，綠色工廠同時符合硬體及軟體兩層面的綠色規格，為兼顧綠色製程、生態環境、企業社會責任之全方位綠色廠房認證系統。2012年由台積電12廠率先取得國內第一張綠色工廠標章。
	臺中市綠色包裝認證標章 GPL	1546587	臺中市政府環境保護局	商品其禮盒包裝形式的包裝材質為再生材質或可重複使用的材料，包裝層數及體積判斷不會過度包裝，印刷採用環保大豆油墨或其他具環保標章認證之油墨為主。
	綠標溫室綠能養豬優良雲林縣政府及圖	1680593	雲林縣政府	標示此標章的場所是考核其使用覆蓋的材質、生產管理、溫度控制、能源管理等面向，經評估其溫室氣體排放現況，達到節能節水、低碳農業之目標的溫網室及大型畜牧場。
	綠標溫室綠能養豬特優雲林縣政府及圖	1680594		
	ISO 14021 TYPE II 及圖	2137123	財團法人環境與發展基金會	符合ISO 14021規範所訂之環保特性標準，環保特性包含：回收料含量、可堆肥化、減少資源之使用、減少用水等10餘項，曾協助40餘家國內廠商證明「未使用破壞臭氧層物質」、「回收料含量」、「節省能源」及「使用天然資源」等。

表12-2　淨零排放有關證明標章實例（續）

標章圖樣	標章名稱	註冊號	標章權人	促進淨零排放相關說明
	CERTIFID cradletocradle & Design	1740316 1749160	美商麥唐諾布朗嘉設計有限公司	產品具「材料安全性、材料可循環再利用性、利用再生能源與碳排放管理、廢水排放與利用之水管理、企業社會責任」標準。
	自願性臺灣再生能源憑證標誌	1904634	經濟部標準檢驗局	係通過再生能源發電設備查核及發電量查證，登錄電量每達1,000度累計一張憑證。
	台灣教育力綠電品質證明標章（EDU power及圖）	2049256	國立高雄大學	再生能源係來自教學或研究單位所產出，或再生能源產出之發電設備之設置日期為近10年內新設置之設備。再生能源購買人並同時捐注經費於教育力基金，協助我國中小學教育的發展。
	網購包裝減量標章	2088163	行政院環境保護署	網購業者出貨商品的包裝減量執行計畫經審查並符合網購包裝減量指引之減量原則，有助達成包裝減量、環保材質以及循環包材目標。依經濟部統計，電子購物營業額2020年已達2,412億元，約3.5萬公噸網購包裝，為減少網路購物產生的一次性包裝，環保署於2019年訂定「網購包裝減量指引」，推動網購包裝減量、網購包裝循環再使用，即為指引重要目標。
	資源再生綠色產品證明標章	2188291	經濟部工業局	產品藉由使用一定比例以上之回收料作為物料，且生產階段符合省能資源、少污染，具增加社會利益或減少社會成本之效益。

表12-2　淨零排放有關證明標章實例（續）

標章圖樣	標章名稱	註冊號	標章權人	促進淨零排放相關說明
	內政部綠建築標章GREEN BUILDING及圖	42	內政部	建築物代表「生態、節能、減廢、健康的建築物」，已取得使用執照、既有合法及尚未完工新建建築物均可進行綠建築九大指標評估系統之評估，包括綠化量、基地保水、水資源、日常節能、二氧化碳減量、廢棄物減量、污水垃圾改善、生物多樣性與室內環境等指標，鼓勵興建省能源、省資源、低污染之綠建築，建立舒適、健康、環保之居住環境。
	綠建材標章Green Building Material	1165516	內政部	建築材料代表該綠建材是對環境與人體無害且品質符合法規及一般功能性要求的建材，確保綠建材標章產品於生命週期各階段中是低環境衝擊的，包括「健康」、「生態」、「再生」、「高性能」等四類綠建材評定基準。
	高性能綠建材標章High-performance Green Building Material	1235650	內政部	建築物具人性化與智慧化之管理，可延長建物之壽命，節省能源、節約人力，並降低建物日後之營運費用。

表12-2　淨零排放有關證明標章實例（續）

標章圖樣	標章名稱	註冊號	標章權人	促進淨零排放相關說明
	金級省水標章及圖	1866599	經濟部水利署	為能在不影響原用水習慣下，達到節約用水之目的的產品，並可促進業界研發省水器材，產品範圍包括洗衣機、馬桶、水龍頭、蓮蓬頭、小便器、沖水器、省水器材配件等11類。自2018年4月1日起，洗衣機及馬桶必須具備省水標章才可以於國內銷售，擁有省水標章不只是省水，還要能洗得乾淨，必須通過耗水量／沖水量、洗淨度／清潔性、耐久性三項測試及CNS國家標準。
	普級省水標章及圖	1866600		
LEED	LEED	1925599	美商美國綠建築協會公司	表示具有節能節水與創造健康舒適建築環境的效益，還有提升業主企業形象、降低溫室氣體排放、減少廢棄物產生量、降低建築物營運費用、增加建築物價值及自我行銷效果等利基。LEED綠建築評估制度乃為「Leadership in Energy and Environmental Design」（能源與環境的先進導入設計）的縮寫，新建築和老建築都能一體適用綠建築的評估系統。臺灣第一家取得LEED認證的公司是台灣積體電路製造股份有限公司，位於臺南的工廠建築在2008年取得了金獎，自2012年開始，臺灣成為美國以外LEED全球十大市場。

表12-2　淨零排放有關證明標章實例（續）

標章圖樣	標章名稱	註冊號	標章權人	促進淨零排放相關說明
	輪胎節能分級標示證明標章（A）	2018583	財團法人車輛研究測試中心	標示此標章的輪胎表示為節能胎，上面會有清楚標示「A」、「B」、「C」三個等級，在選購之時，只要參照標誌上的分類，就可以快速得知這條輪胎的節能實力。節能胎讓輪胎滾動時的能量損失降低，在保有更高滾動動能的情況下，引擎或馬達的輸出自然更有效率，一年約能節省1,200元至2,200元新臺幣的油費支出，節能效果相當顯著，且可以大幅減低車輛在溼地上的煞停所需距離，進而強化行車安全。
	輪胎節能分級標示證明標章（B）	2018584		
	輪胎節能分級標示證明標章（C）	2018585		

資料來源：本章自行製作，參考經濟部智慧財產局，淨零排放有關證明標章資訊專區，2023年5月12日，https://topic.tipo.gov.tw/trademarks-tw/cp-940-903625-d1106-201.html（最後瀏覽日：2023年10月2日）。

參考文獻

壹、中文文獻（按姓名筆畫排序）

一、專書

陳文吟，商標法論，三民書局股份有限公司，2005年2月三版。

曾陳明汝，商標法原理，新學林出版股份有限公司，2007年4月三版。

曾勝珍，圖解智慧財產權法，五南圖書出版股份有限公司，2022年9月四版。

二、學位論文

黃倩怡，論美國法上商標權侵害之合理使用——以商業性言論為主，國立中正大學財經法律研究所碩士論文，2007年2月。

三、期刊

曾勝珍，商標侵害理論之探討（下），全國律師雜誌，2011年12月，頁76-92。

四、官方網站

中華民國司法院，https://www.judicial.gov.tw/tw/mp-1.html。

中華民國立法院全球資訊網，https://www.ly.gov.tw/Home/Index.aspx。

中華民國法務部，https://www.moj.gov.tw/2204/2528/2529/2545/12760/post。

中華民國經濟部智慧財產局，https://www.tipo.gov.tw/tw/mp-1.html。

五、網路資料

Logio勁永智權，【商標註冊費用】多少錢？還有申請費、代辦、延展費你懂嗎？https://logio.com.tw/trademark-fee/（最後瀏覽日：2023年7月2日）。

TIPA智慧財產培訓學院，TIPA智慧財產培訓學院 智慧財產人員能力認證 商標認證 認證簡介，https://tipa-certify.com.tw/trademark/（最後瀏覽日：2023年8月31日）。

112年度「智慧財產人員—商標類」能力認證考試簡章，https://www.tipa-certify.com.tw/trademark/download/112-certify.pdf?20230425（最後瀏覽日：2023年9月30日）。

公平交易委員會，有關事業仿冒行為涉及違反公平交易法第22條規定之爭議，應循何種途徑尋求解決？，2015年5月6日，https://www.ftc.gov.tw/internet/main/doc/docDetail.aspx?uid=1210&docid=14019&mid=1201（最後瀏覽日：2023年12月22日）。

台一國際智慧財產事務所，簡介證明標章、團體商標及團體標章，https://www.taie.com.tw/tc/p4-publications-detail.asp?article_code=03&article_classify_sn=65&sn=702（最

後瀏覽日：2023年5月17日）。

巨群法律事務所，2022年7月21日，http://www.giant-group.com.tw/law-detail-1118.html
（最後瀏覽日：2023年5月10日）。

成眞文創，【授權小知識】認識商標符號R®、C©、TM™，2019年7月12日，http://
www.chengjen.com.tw/index.php/%E5%93%81%E5%91%B3%E5%88%86%E4%BA%
AB-to-share/341-%E3%80%90%E6%8E%88%E6%AC%8A%E5%B0%8F%E7%9F%A
5%E8%AD%98%E3%80%91%E8%AA%8D%E8%AD%98%E5%95%86%E6%A8%99
%E7%AC%A6%E8%99%9Fr%C2%AE%E3%80%81c%C2%A9%E3%80%81tm%E2%
84%A2.html（最後瀏覽日：2023年7月2日）。

自由時報，韓劇「梨泰院CLASS」爆疑似抄襲台灣餐廳商標設計，2020年4月7日，
https://news.ltn.com.tw/news/life/breakingnews/3126200（最後瀏覽日：2023年7月22
日）。

李淑蓮，北美智權報，商標聲明不專用，2021年6月9日，http://www.naipo.com/
Portals/1/web_tw/Knowledge_Center/Laws/IPNC_210609_0202.htm（最後瀏覽日：
2023年3月19日）。

林志豪，商標共有，行!? 不行!?，亞律智權雙月刊，2020年4月20日，https://www.
asialiuh.com/zh-tw/news.php?act=view&id=275（最後瀏覽日：2023年3月28日）。

法商克莉絲汀迪奧香水股份有限公司官方網站，https://www.dior.com/zh_tw/beauty/
womens-fragrance/探索新品?atm_ctx=120587-GADS_KEYWORD-135073058335-
dior%20香氛&gclid=Cj0KCQjw2eilBhCCARIsAG0Pf8sfJjNELzA_Zi95yAt7nkeUPno
oNKWmKfusS0SdgKipsj-9ePDfFEQaAorSEALw_wcB（最後瀏覽日：2023年7月22
日）。

聖島智慧財產專業團體，立法院於2023年5月9日通過商標法部分條文修正草
案，2023年5月9日，https://www.saint-island.com.tw/TW/News/News_Info.
aspx?IT=News_1&CID=266&ID=62608（最後瀏覽日：2023年8月20日）。

遠東SOGO紙袋，https://shopee.tw/遠東SOGO-紙袋-i.210892938.8772682724（最後瀏覽
日：2023年7月22日）。

六、行政函釋

（72）台商玖字第204339號函。
（85）台商924字第220597號函。
經濟部經智字第10204606860號令。

七、法院判決

智慧財產法院97年度民商上字第3號民事判決。

智慧財產法院97年度民商上易字第4號民事判決。

智慧財產法院98年度民商訴字第28號民事判決。

智慧財產法院100年度刑智上易字第59號刑事判決。

智慧財產法院101年度民商上易字第1號民事判決。

智慧財產法院102年度民商訴字第24號民事判決。

智慧財產法院106年度民著訴字第10號民事判決。

智慧財產法院106年度行商訴字第85號行政判決。

智慧財產法院107年度民商訴字第1號民事判決。

智慧財產法院107年度民商訴字第41號民事判決。

智慧財產法院107年度民著上字第17號民事判決。

智慧財產法院108年度民商上字第5號民事判決。

智慧財產法院108年度行商訴字第120號行政判決。

智慧財產法院109年度民商訴字第12號民事判決。

智慧財產法院109年度民商上字第19號民事判決。

智慧財產及商業法院110年度刑智上易字第72號刑事判決。

智慧財產及商業法院110年度行商訴字第84號行政判決。

智慧財產及商業法院111年度民商訴字第32號民事判決。

智慧財產及商業法院111年度刑智上訴字第20號刑事判決。

最高行政法院99年度判字第637號判決。

最高法院91年度台上字第2680號刑事判決。

最高法院93年度台上字第2751號刑事判決。

最高法院93年度台上字第763號刑事判決。

最高法院97年度台上字第2256號刑事判決。

最高法院106年度台上字第1224號民事判決。

最高法院111年度台上字第835號民事判決。

臺北高等行政法院97年度訴字第932號判決。

臺灣桃園地方法院109年度智易字第24號刑事判決。

臺灣高等法院92年度重上字第531號民事判決。

臺灣高等法院95年度智上字第196號判決。

臺灣新北地方法院109年度智易字第11號刑事判決。

貳、外國文獻（按字母A-Z排序）

European Union Intellectual Property Office (EUIPO), Home, Trade marks, Route to registration, Apply now. Fast track conditions, 1/28/1981, https://euipo.europa.eu/

ohimportal/fast-track-conditions (last visited: 2023/8/21).

Moon-Ki Chai, Protection of Fragrances Under the Post-Sale Confusion Doctrine, 80 Trademark Rep. 368, 372 (1990).

附錄一 商標電子申請及電子送達實施辦法

第1條

本辦法依商標法（以下簡稱本法）第十三條規定訂定之。

第2條

本辦法用詞定義如下：

一、商標電子申請：指使用商標專責機關所規定之軟硬體資訊設備傳送商標電子申請文件。

二、使用人：指為商標電子申請之商標申請人或其代理人。

三、商標電子申請文件：指使用人依商標專責機關所規定之商標電子申請表單所填寫之申請書及其所附之電子檔。

四、電子傳達：指使用人利用網際網路之方式，將商標電子申請文件傳送至商標專責機關之資訊系統。

五、資訊系統：指產生、送出、收受、儲存或其他處理電子形式訊息資料之系統。

六、電子憑證：指依電子簽章法許可之憑證機構簽發之有效憑證。

七、數位簽章：指依電子簽章法規定之數位簽章。

八、電子簽名：指申請人或代理人之簽名或蓋章所製成之影像檔。

九、電子公文：指商標專責機關於商標申請及其相關程序中，以電子方式作成之各式公文書。

十、受送達人：指以紙本或電子方式為商標申請及其相關程序，同意商標專責機關為電子送達之人。

十一、電子送達：指商標專責機關將電子公文傳送至電子公文下載平台，並經受送達人下載該電子公文。

十二、電子公文下載平台：指商標專責機關提供受送達人下載電子公文之資訊系統。

第3條

依本辦法所為之商標電子申請文件，與書面申請文件有同一效力。

第4條

本辦法適用於商標、證明標章、團體標章與團體商標之申請案及其他各種申請案。

前項得以商標電子申請之申請案種類及程式，由商標專責機關於受理申請前三個月公告之。

第5條

使用人為商標電子申請前，應先完成下列程序：

一、取得商標專責機關指定之憑證機構所發給之電子憑證,或具備符合商標專責機關所規定之電子簽名。

二、於商標專責機關所規定之網頁,確認同意電子申請約定,並登錄相關之資料。

第5-1條

商標電子申請文件所載代理人有二人以上時,得由其中一人爲代表以其電子憑證傳送,其餘未爲傳送者,除有表示異議外,均推定已受委任。

第6條

電子傳達之商標電子申請文件應符合下列要件:

一、檔案格式、檔案位元組大小、電子封包格式、傳送方式及使用之電子申請軟體,應符合商標專責機關之規定。

二、備具有效之數位簽章或電子簽名。

第7條

商標專責機關收受使用人電子傳達符合前條且無第九條第一項及第二項規定情事之商標電子申請文件後,應即通知使用人;其內容應包括下列事項:

一、商標專責機關之標記。

二、完整商標電子申請文件之收受時間。

三、前款商標電子申請文件之收文文號或申請案號。

四、對所收受商標電子申請文件之訊息摘要。

第8條

商標電子申請文件不符合第六條規定者,視爲未被電子傳達。

有前項情事者,商標專責機關應即通知使用人。

第9條

商標電子申請文件之部分或全部難以辨識或不完整者,全份商標電子申請文件視爲未被電子傳達。

商標電子申請文件含有病毒或其他惡意之程式碼者,視爲難以辨識。

有前項情事者,商標專責機關應將該商標電子申請文件予以隔離,不進行解毒相關程序。

商標專責機關對前項之商標電子申請文件,得於一定期間後,逕予銷毀或爲其他維護系統安全之措施。

有第一項及第二項之情事者,商標專責機關應即通知使用人。

第10條

商標專責機關依第七條至前條規定通知使用人,應以電子郵件或商標專責機關提供之其他方式通知之,不另以紙本送達之。

商標專責機關依前項規定之方式通知失敗者，應依前項規定之方式再通知一次。

使用人應確保所提供之電子信箱可正常收受郵件之狀態，並於電子傳達後適時查閱商標專責機關之通知。

第11條

商標電子申請所應檢送之證明文件，除依本法或本法施行細則規定應檢送原本、正本或證據外，得以商標專責機關規定之電子檔代之。

證明文件依第一項規定檢送電子檔者，應釋明與原本或正本相同。

商標專責機關認有必要時，得另行通知使用人檢送第一項電子檔之原本或正本以驗證之。

第12條

商標、證明標章、團體標章及團體商標申請註冊以電子方式申請者，其應檢送之商標圖樣及商標樣本，應符合商標專責機關規定之格式。

第13條

商標專責機關之資訊系統故障時，應立即於其網站或以其他方式公告之。

第14條

使用人向商標專責機關電子傳達之送達時間，以商標專責機關之資訊系統收受之時間爲準。

第14-1條

使用人爲商標電子申請時，有下列情形之一者，得依商標專責機關公告之電子傳達替代方式爲之：

一、商標電子申請文件電子檔超過商標專責機關公告之限制。

二、商標專責機關之資訊系統故障而依第十三條規定公告。

第14-2條

依前條電子傳達替代方式所爲之送達時間，以商標專責機關收受之時間爲準；如係郵寄者，以郵寄地郵戳所載日期爲準。但郵戳所載日期不清晰者，除由當事人舉證外，以到達商標專責機關之日爲準。

第六條至第十條規定，於電子傳達替代方式準用之。

第15條

商標專責機關收受商標電子申請文件後，應保存收受之原始版本，以供查驗。

商標專責機關對所收受商標電子申請文件原始版本及其複製本之儲存與管理，應確保眞實、完整及機密。

第15-1條

商標專責機關應送達商標申請人或其代理人之公文，得以儲存於電子公文下載平台之電子公文代之，其與紙本公文有同一效力。

商標專責機關就商標案件為電子送達前，應經商標申請人或其代理人同意。

前項同意，由商標專責機關訂定電子形式之同意書，供商標申請人或其代理人簽署。

第15-2條

商標專責機關得以電子郵件通知受送達人至電子公文下載平台下載該電子公文。

同一申請案如有二個以上送達處所相同之代理人，若其中一人同意電子送達，則不另行寄送紙本公文。

同一申請案如有二個以上送達處所相同之受送達人，任一受送達人均有下載電子公文之權限，但其中一人下載完成後，其他人即不得下載。

電子送達之時間，以商標專責機關之資訊系統所記錄受送達人下載電子公文之時間為準，並自次日起算法定期間。

受送達人未於商標專責機關傳送電子公文至電子公文下載平台後五個工作日內下載電子公文者，商標專責機關應取下該電子公文，改以紙本公文送達之。

第16條

本辦法自發布日施行。

本辦法中華民國一百零一年六月二十九日修正之條文，自一百零一年七月一日施行。

本辦法中華民國一百零二年十二月六日修正之條文，自一百零二年十二月一日施行。

本辦法中華民國一百零九年六月九日修正之條文，自一百零九年七月一日施行。

附錄二　商標代理人登錄及管理辦法草案總説明

　　爲推動從事商標代理業務之專業能力認證及登錄管理機制，使商標代理人資訊透明，達成保護申請人及商標權人權益之目的，依一百十二年五月二十四日修正公布之商標法（以下簡稱本法）第六條第四項規定，商標專業能力認證考試之舉辦、商標審查工作之一定期間、登錄商標代理人之資格與應檢附文件、在職訓練之方式、時數、執行商標代理業務之管理措施、停止執行業務之申請、廢止登錄及其他應遵行事項之辦法，由主管機關定之，爰擬具「商標代理人登錄及管理辦法」草案，訂定要點如下：

一、本辦法之授權依據。（草案第一條）
二、商標專業能力認證考試之委託、舉辦及受託資格。（草案第二條、第三條）
三、申請登錄爲商標代理人之資格及應檢附之文件。（草案第四條、第五條）
四、未依本法第一百零九條之一申請登錄爲商標代理人者，應符合本法第六條第二項及第三項規定，始得執行商標代理業務。（草案第六條）
五、申請登錄不合法定程式之補正。（草案第七條）
六、商標代理人在職訓練之辦理方式、時數採計及其違反之效果。（草案第八條、第九條）
七、商標代理人停止執行業務之申請。（草案第十條）
八、商標代理人得受委任商標代理業務之事項。（草案第十一條）
九、商標代理人之消極資格。（草案第十二條）
十、商標代理人之行爲規範。（草案第十三條、第十四條）
十一、執行商標代理業務之管理措施。（草案第十五條至第二十條）
十二、商標代理人名簿應登載之事項。（草案第二十一條）
十三、商標代理人登錄事項有異動者，未變更登錄之效力。（草案第二十二條）
十四、明定任何人得檢舉商標代理人有違反相關法令規定之情形。（草案第二十三條）
十五、商標代理事件評議會之召開及組成。（草案第二十四條）
十六、本辦法之施行日期。（草案第二十五條）

商標代理人登錄及管理辦法草案條文説明

第一條 本辦法依商標法（以下稱本法）第六條第四項規定訂定之。	明定本辦法授權規定之依據。
第二條 本法第六條第三項規定之商標專業能力認證考試，商標專責機關得委託其他機關	一、第一項明定辦理商標代理人之專業能力認證考試，商標專責機關得委託其他機關（構）、團體或學校辦理。

（構）、團體或學校辦理。 前項商標專業能力認證考試之舉辦時間、報名方式、應考資格、考試科目與範圍、成績計算、及格標準與成績通知方式等事項，應於考試前三個月公告之。 第一項受委託辦理之機關（構）、團體或學校，應於辦理完成後一個月內，將考試及格人員名冊及證書字號等資料通報商標專責機關。	二、第二項明定商標專業能力認證考試之相關事項，應於考試舉行三個月前公告之。 三、第三項明定受委託辦理商標專業能力認證考試之機關（構）、團體或學校應通報商標專責機關之義務。
第三條 前條第一項受委託之機關（構）、團體或學校，應具備下列資格之一者： 一、具培訓智慧財產專業人員能力之機關（構）、團體，且曾自行辦理或接受商標專責機關委託辦理智慧財產專業人員訓練。 二、設有智慧財產相關科系之大專以上學校，且曾自行辦理或接受商標專責機關委託辦理智慧財產專業人員訓練。	明定受商標專責機關委託辦理商標專業能力認證考試之機關（構）、團體或學校應具備之資格。
第四條 依本法第六條第三項規定申請登錄之商標代理人，應具備下列資格之一者： 一、通過商標專業能力認證考試各項科目及格，並取得證書。 二、曾在商標專責機關從事本法第十四條規定之商標審查工作十年以上，成績優良並具證明。 本法中華民國一百十二年五月九日修正之條文施行前，通過商標專責機關委託辦理之智慧財產人員能力認證考試商標類各項考試科目及格，並取得有效期限之證書者，視為符合前項第一款之資格。 本法中華民國一百十二年五月九日修正之條文施行前三年，通過商標專責機關指定辦理之智慧財產人員能力認證考試商標類單科考試科目及格，於施行後三年內通過全部考試科目及格，並取得證書者，視為符合第一項第一款之資格。	一、第一項規定依本法第六條第三項規定得申請登錄為商標代理人之資格。 二、為建立商標專業能力認證機制，商標專責機關委託智慧財產培訓學院於一百零六年開始舉辦「智慧財產人員職能基準及能力認證制度—商標類」認證考試，已建立產學界認同之專業認證標準體系，其考試及格標準即為本法所規畫建構之商標專業能力認證機制，為期修法之政策能銜接並落實，爰於第二項及第三項明定本法中華民國一百十二年五月九日修正之條文施行前，通過商標專責機關指定辦理之智慧財產人員能力認證考試商標類各項考試科目及格者，於施行後之認定方式。

第五條 依本法向商標專責機關申請登錄商標代理人者，應備具申請書、最近半年內正面二吋脫帽半身照片一張、身分證明文件，並檢附下列文件之一： 一、商標專業能力認證考試各項科目及格證書。 二、曾任職商標專責機關商標審查工作已滿十年且成績優良之證明文件。 三、符合本法第一百零九條之一第一項規定之案件列表。 前項第一款及第二款之證明文件，經釋明與原本或正本相同者，得以影本代之。 商標專責機關為查核前項影本之真實性，得通知申請人檢送原本或正本，並於查核無訛後，予以發還。	一、第一項明定向商標專責機關申請登錄所應備具之程式、文件及分別依本法第六條第三項及第一百零九條之一第一項規定，應檢附之證明文件： （一）第一款規定通過商標專業能力認證各項考試者，應檢附及格證書。 （二）第二款規定曾任職商標專責機關商標審查工作已滿十年且成績優良者，應檢附在職證明及期間內之考績相關證明文件。 （三）第三款規定中華民國一百十二年五月九日修正之條文施行前三年持續從事商標代理業務，且每年辦理申請商標註冊及其他程序案件達十件以上者，應檢附案件列表，羅列其具名代理商標申請註冊及其他程序之案號、商標名稱、程序事項等案件明細。 二、第一項第一款及第二款證明文件經釋明與原本或正本相同者，得以影本代之，必要時，商標專責機關得通知申請人檢送原本或正本，進行查核。
第六條 依本法第一百零九條之一第一項規定得申請登錄商標代理人，而未於本法中華民國一百十二年五月九日修正施行之翌日起算一年內申請登錄者，除本法第一百零九條之一第二項但書規定之情形外，應符合本法第六條第二項及第三項規定，始得執行商標代理人業務。	明定符合本法第一百零九條之一第一項規定之人，應於本法施行後一年內申請登錄，未於期間內申請登錄者，為避免無法即時納管，其欲繼續執行商標代理業務者，應依本法及本辦法相關規定辦理，以避免與修正後商標實務之運作脫節。但代理人所代理之案件於本法修正施行前業經商標專責機關受理，為保障委任人權益，於該案審定或處分前，依本法第一百零九條之一第二項但書規定執行商標代理業務者，自不在本條限制範圍之內，爰為除外規定，以資明確。
第七條 申請登錄商標代理人不合法定程式，除本法另有規定外，遲誤法定期間、不合法定程式不能補正或經指定期間通知補正，而屆期未補正或補正不齊備者，應不受理。 申請登錄無前項及第十二條規定之情形	一、第一項明定申請登錄不合法定程式之補正程序，並規定遲誤法定期間不能補正（如逾本法第一百零九條之一第一項規定之一年期限）、不合法定程式不能補正（如不具備登錄商標代理人之資格）、屆期未補正或補正不齊

者,商標專責機關應核准登錄,並登載於商標代理人名簿。	備之法律效果。 二、第二項明定申請登錄文件完備,且無不得登錄情形者,商標專責機關應為核准登錄,並登載於商標代理人名簿。
第八條 商標代理人依本法第六條第三項規定每年完成之在職訓練,每年須達六小時以上,其時數採計之項目及原則如下: 一、參加商標專責機關舉辦與商標專業能力有關之課程、研討會、法令宣導、公聽會、座談會、諮詢會等活動,或擔任該活動之主講人、與談人或主持人,以實際參加之時數採計。 二、參加具備第三條資格之機關(構)、團體或學校舉辦與商標專業能力有關之活動,或擔任前述活動之主講人、與談人或主持人,以實際參加之時數採計。 前項規定之訓練時數,除第一款之活動,由商標專責機關登記建檔外,第二款之活動,應由商標代理人或舉辦機關(構)、團體或學校於訓練結束後一個月內,將訓練課程日期、課程名稱、主辦單位、訓練時數及證明文件通報商標專責機關登記建檔。	一、第一項明定商標代理人在職訓練之法定時數暨其採計項目及原則。 二、第二項明定,除商標專責機關辦理之在職訓練,應由專責機關自行登記訓練時數等資料外,商標代理人參加具備第三條資格之機關(構)、團體或學校舉辦與商標專業有關之活動,或擔任前述活動之主講人、與談人或主持人,應於訓練結束後一個月內,將訓練課程日期、課程名稱、主辦單位、訓練時數及證明文件通報商標專責機關,以確定核予之在職訓練時數。
第九條 商標代理人依本辦法完成登錄後,應於完成登錄之次年一月一日起,每年完成前條規定之在職訓練時數。 商標專責機關應於每年三月底前完成上一年度商標代理人最低在職訓練時數之查核。 商標代理人未達前條第一項最低在職訓練時數者,商標專責機關應通知其於三個月內完成改正,逾期未改正者,得為六個月以上一年以下停止執業之處分。	一、第一項明定商標代理人每年在職訓練時數之起算日,係以其當年度完成登錄事實發生之次一年起算,例如:一百十三年十月十日登錄者,其每年應完成在職訓練,應自一百十四年一月一日起算,以確保商標代理人每年持續進修商標法相關專業知識。 二、第二項明定商標專責機關應於每年三月底前完成前一年度商標代理人最低在職訓練時數之查核時間,例如:一百十三年十月十日登錄者,應於一百十四年間完成六小時以上之在職訓練時數,商標專責機關並於一百十五年三月底前完成查核。

	三、第三項明定未完成法定最低在職訓練時數之商標代理人,商標專責機關應通知其於三個月內完成訓練時數,及其逾期未改正者之效果。
第十條 商標代理人完成登錄後,欲停止執業六個月以上,得申請註銷登錄。 註銷登錄前,商標代理人就其已受委任申請商標註冊及其他程序事項而尚未審定或處分之案件,應將不能執業之事實通知其委任人,並向商標專責機關辦理解任或變更代理人登記。 商標代理人經註銷登錄後欲執業者,應於註銷原因消滅後,向商標專責機關申請回復執業。但註銷登錄超過三年者,不得申請回復執業。	一、第一項考量商標代理人於執業期間可能因出國進修或個人因素,無法參加專業訓練或有長時間停止執業之需要,得申請註銷登錄。 二、第二項明定商標代理人辦理註銷登錄之前,應將不能執業之事實通知委任人,並向商標專責機關辦理變更代理人或解除委任登記,否則不得申請註銷登錄。 三、第三項明定商標代理人註銷後,得向商標專責機關申請回復執業,無需重新申請登錄。但為維繫商標代理人專業能力及管理機制,如註銷登錄超過三年未申請回復執業者,依第十八條第四款規定,應廢止其登錄。
第十一條 商標代理人得受委任之商標代理業務如下: 一、申請商標註冊有關之事項。 二、商標之異議、評定及廢止程序有關之事項。 三、商標權之拋棄或延展事項。 四、商標權之變更、分割、授權、移轉、信託、質權及其他登記事項。 五、申請商標註冊及其他程序事項之諮詢或撰寫相關文件。 六、其他依本法及其細則有關商標事項。 商標代理人執行商標各項程序時,涉有其他目的事業主管機關之業務者,應分別依業務事件主管機關法令之規定辦理。	一、第一項明定得受委任之商標代理業務。 二、第二項明定商標代理人執行商標代理業務時,應依業務事件分別遵守主管機關法令之規定,以保障委任人之權益。
第十二條 有下列各款情形之一者,不得登錄為商標代理人;已登錄者,應撤銷之: 一、因業務上有關之犯罪行為,受一年有期徒刑以上刑之裁判確定。但受緩刑之宣告或因過失犯罪者,不在此限。	明定商標代理人之消極資格,其情形於登錄時已存在者,應撤銷其商標代理人之登錄;其情形係於登錄後發生者,應適用第十八條規定廢止其登錄。

二、無行為能力人、限制行為能力人或受輔助宣告尚未撤銷。 三、受破產宣告或經法院裁定開始清算程序尚未復權。 四、受保安處分之裁判確定，尚未執行、執行未畢或執行完畢未逾二年。	
第十三條 商標代理人對於下列案件，不得執行其業務： 一、本人或同一事務所之商標代理人，曾受委任人之相對人委任辦理同一或有實質關連之商標案件。 二、曾在行政機關或法院任職期間處理同一或有實質關連之商標案件。 三、曾受行政機關或法院委任辦理同一或有實質關連之商標案件。 四、委任人有數人，而其間利害關係相衝突之案件。 商標代理人於同一爭議案件中，不得同時或先後受兩造當事人委任，或同時受利害關係相衝突之一造當事人之委任。	一、第一項參考專利師法第三十八條第一項規定及律師倫理規範之體例，明定商標代理人不得執行業務之情形，以避免商標代理人與委任人或先前執行職務間發生利益衝突之情形。 二、第一項各款所稱「同一或有實質關連之商標案件」，指商標申請註冊或其他程序中系爭商標相同或與案件具實質相關連性之商標而言。 三、第二項明定同一爭議案件中，商標代理人不得同時或先後受兩造當事人委任，或同時受利害關係相衝突之一造當事人之委任，以確保商標權人及申請評定或廢止人之權益。
第十四條 商標代理人執行商標代理業務，不得有下列行為： 一、矇蔽、欺罔或恐嚇商標專責機關人員或委任人。 二、明示或暗示與公務機關有特殊關係或影響力。 三、以滋擾公眾或不正當方式推展業務。 四、以誇大不實或引人錯誤之宣傳推展業務。 五、洩漏或盜用委任案件內容。 六、以詐術、偽造或變造等其他不正當方法提出證據。 七、允諾他人假借其名義執行業務。 八、其他執行商標業務有未盡善良管理人之注意義務，致委任人受有損害。	明定商標代理人執行商標代理業務，應本於誠實信用原則，以善良管理人之注意義務執行商標相關事務，以保障申請人之權益。

第十五條 商標代理人違反前二條規定或因業務上有關之犯罪行為受未滿一年有期徒刑之裁判確定者，商標專責機關得視其違規情節，為警告、申誡、停止執業、撤銷或廢止登錄之處分。 商標代理人受警告處分累計達三次者，視為申誡處分一次；申誡處分累計達三次者，得為二月以上二年以下停止執業之處分。 商標代理人受警告、申誡、停止執業、撤銷或廢止登錄之處分確定者，商標專責機關應將處分之事實、理由及期間登載於商標代理人名簿。	一、第一項明定商標專責機關得視商標代理人違反規定之情節，為警告、申誡、停止執業、撤銷或廢止登錄等處分之法據。 二、第二項明定警告、申誡及停止執業處分之輕重效果。 三、第三項明定經警告、申誡或停止執業之處分確定者，商標專責機關應予公告，以維持商標代理人名簿資訊之透明及明確。
第十六條 商標代理人經停止執業、撤銷或廢止登錄之處分者，應主動將受處分之情形通知其委任人。 商標代理人於前項處分前已受委任申請商標註冊或其他程序事項之案件，自處分公告後，不得為其代理人。 前項情形，已受理而尚未審定或處分之申請商標註冊及其他程序之案件，商標專責機關應通知商標代理人及其所代理案件之申請人補正；申請人在中華民國境內無住所或營業所者，並應限期另行委任代理人。	一、第一項明定商標代理人受停止執業、撤銷或廢止登錄處分者，負有通知其委任人之義務，以保障委任人權益。 二、第二項明定商標代理人於前項處分確定公告後，就其已經委任之案件，應不得繼續充任商標代理人，如有繼續執行代理業務之情事，應依本法第九十八條之一規定處罰。 三、第三項明定有前項情形，對於已受理而尚未審定或處分之申請商標註冊及其他程序之案件，商標專責機關應通知補正，以利案件之進行。另考量申請人於我國境內無住所或營業所者，依本法第六條第一項但書規定，應委任代理人辦理申請商標註冊及其他程序事項，故應限期此類申請人另行委任代理人；逾期未另行委任合法之商標代理人者，依本法第八條第一項之規定，其商標之申請或其他程序應不受理。
第十七條 商標代理人受停止執業處分確定者，於公告停止執業之期間內，不得充任商標代理人及執行商標代理業務。 商標代理人於停止執業期間屆滿後，得向商標專責機關申請回復執業，經審查核准	一、第一項明定商標代理人受停止執業處分確定之法律效果。 二、第二項明定商標代理人受停止執業期間屆滿後，得向商標專責機關申請回復執業，經審查核准後，由商標專責機關公告其內容。

者，應登載回復執業之日期及文號於商標代理人名簿。 前項規定，於商標代理人依第十條第三項本文規定申請回復執業者，準用之。	三、第三項明定因自行停止執業而註銷登錄者，得準用前項規定申請回復執業，無需重新申請登錄。
第十八條 商標代理人有下列情形之一者，商標專責機關應廢止其登錄： 一、登錄期間有第十二條所列各款情形之一。 二、受停止執業之處分累計滿三年。 三、未達最低在職訓練時數規定，經商標專責機關依第九條第三項為停止執業處分期滿，仍未改正。 四、註銷登錄超過三年。	明定商標專責機關應廢止商標代理人登錄之情形。
第十九條 商標代理人死亡者，利害關係人得向商標專責機關申請廢止其登錄。 商標專責機關知悉前項事由時，應依職權廢止其登錄。	一、第一項明定商標代理人死亡時，屬於確定無法繼續執行商標代理業務之情形，利害關係人得向商標專責機關申請廢止登錄。 二、第二項明定商標專責機關知悉前項商標代理人死亡情形時，應依職權廢止登錄。
第二十條 商標代理人經撤銷或廢止登錄確定者，自公告日後不得充任商標代理人及執行商標代理業務。 前項經撤銷或廢止登錄者，除因第十二條第二款、第三款情形，得於原因消滅後申請登錄外，於撤銷或廢止公告日後二年內，不得再申請登錄。	一、第一項明定商標代理人經撤銷或廢止登錄之法律效果，並明定以商標專責機關公告之日為準，以資明確。 二、第二項明定商標代理人再申請登錄之限制規定。
第二十一條 商標專責機關備置之商標代理人名簿，應載明下列事項，對外公開之： 一、姓名、出生年、登錄字號。 二、執行業務之事務所名稱及地址。 三、登錄及再登錄之日期及文號。 四、註銷登錄及回復執業之日期及文號。 五、曾經警告、申誡或停止執業處分之紀錄。 六、曾經撤銷或廢止公告事項。 七、其他相關事項。	明定商標專責機關備置之商標代理人名簿應登載之內容。

第二十二條 商標代理人之登錄事項有異動者，應於異動或事實發生日起三十日內，向商標專責機關辦理變更登錄事項，非經變更登錄者，對商標專責機關不生效力。	明定商標代理人登錄事項有異動者之登錄效力。商標代理人於異動或事實發生日起三十日內，應向商標專責機關辦理變更登錄事項，以維持商標代理人名簿資訊之明確性。
第二十三條 已登錄之商標代理人有違反本法、本辦法或其他相關法令規定之情形，任何人得檢附具體事證，向商標專責機關檢舉。	參考無形資產評價人員及機構登錄管理辦法第十條之體例，規定一般民眾或商標申請人、權利人得向商標專責機關檢舉已登錄商標代理人違反本法、本辦法或其他相關法令之情形，以落實執業規範之管理。
第二十四條 已登錄之商標代理人有違反本法、本辦法或其他相關法令之情形，商標專責機關得召開商標代理事件評議會（以下簡稱評議會）進行評議，必要時，得請當事人列席說明。 前項評議會成員，得由商標專責機關依爭議之性質，邀集有關機關代表、專家或學者擔任；主席由商標專責機關首長或經其指定之人員擔任。 前項成員任一性別比例不得少於三分之一。	一、第一項參考無形資產評價人員及機構登錄管理辦法第十一條之體例，規定已登錄之商標代理人涉有違反本法、本辦法或其他相關法令時，商標專責機關得召開評議會處理之。至於其他得執行商標代理業務之專門職業人員（如律師、會計師），有無違反法令之情形，則依其職業懲戒法規辦理，非屬評議會之評議範圍。 二、第二項明定評議會之組成成員。 三、第三項明定評議會組成之性別比例，不得有失衡之情形。
第二十五條 本辦法自本法中華民國一百十二年五月九日修正條文施行之日施行。	明定本辦法之施行日期。

附錄三　商標法施行細則

第一章　總則

第1條
本細則依商標法（以下簡稱本法）第一百十條規定訂定之。

第2條
依本法及本細則所為之申請，除依本法第十三條規定以電子方式為之者外，應以書面提出，並由申請人簽名或蓋章；委任商標代理人者，得僅由代理人簽名或蓋章。商標專責機關為查核申請人之身分或資格，得通知申請人檢附身分證明、法人證明或其他資格證明文件。

前項書面申請之書表格式及份數，由商標專責機關定之。

第3條
申請商標及辦理有關商標事項之文件，應用中文；證明文件為外文者，商標專責機關認有必要時，得通知檢附中文譯本或節譯本。

第4條
依本法及本細則所定應檢附之證明文件，以原本或正本為之。但有下列情形之一，得以影本代之：

一、原本或正本已提交商標專責機關，並載明原本或正本所附之案號者。

二、當事人釋明影本與原本或正本相同者。商標專責機關為查核影本之真實性，得通知當事人檢送原本或正本，並於查核無訛後，予以發還。

第5條
委任商標代理人者，應檢附委任書，載明代理之權限。

前項委任，得就現在或未來一件或多件商標之申請註冊、異動、異議、評定、廢止及其他相關程序為之。

代理人權限之變更，非以書面通知商標專責機關，對商標專責機關不生效力。

代理人送達處所變更，應以書面通知商標專責機關。

第6條
代理人就受委任權限內有為一切行為之權。但選任及解任代理人、減縮申請或註冊指定使用之商品或服務、撤回商標之申請或拋棄商標權，非受特別委任，不得為之。

第7條
本法第八條第一項所稱屆期未補正，指於指定期間內迄未補正或於指定期間內補正仍不

齊備者。

第8條

依本法及本細則指定應作為之期間,除第三十四條規定外,得於指定期間屆滿前,敘明理由及延長之期間,申請商標專責機關延長之。

第9條

依本法第八條第二項規定,申請回復原狀者,應敘明遲誤期間之原因及其消滅日期,並檢附證明文件。

第10條

商標註冊簿應登載下列事項:

一、商標註冊號及註冊公告日期。

二、商標申請案號及申請日。

三、商標權人姓名或名稱、住居所或營業所;商標權人在國內無住居所或營業所者,其國籍或地區。

四、商標代理人。

五、商標種類、型態及圖樣為彩色或墨色。

六、商標名稱、商標圖樣及商標描述。

七、指定使用商品或服務之類別及名稱。

八、優先權日及受理申請之國家或世界貿易組織會員;展覽會優先權日及展覽會名稱。

九、依本法第二十九條第二項及第三項、第三十條第一項第十款至第十五款各款但書及第四項規定註冊之記載。

十、商標註冊變更及更正事項。

十一、商標權之延展註冊,商標權期間迄日;延展註冊部分商品或服務者,其延展註冊之商品或服務及其類別。

十二、商標權之分割,原商標之註冊簿應記載分割後各註冊商標之註冊號數;分割後商標之註冊簿應記載原商標之註冊號及其註冊簿記載事項。

十三、減縮部分商品或服務之類別及名稱。

十四、繼受商標權者之姓名或名稱、住居所或營業所及其商標代理人。

十五、被授權人姓名或名稱、專屬或非專屬授權、授權始日,有終止日者,其終止日、授權使用部分商品或服務及其類別及授權使用之地區;再授權,亦同。

十六、質權人姓名或名稱及擔保債權額。

十七、商標授權、再授權、質權變更事項。

十八、授權、再授權廢止及質權消滅。

十九、商標撤銷或廢止註冊及其法律依據;撤銷或廢止部分商品或服務之註冊,其類別

　　及名稱。

二十、商標權拋棄或消滅。

二十一、法院或行政執行機關通知強制執行、行政執行或破產程序事項。

二十二、其他有關商標之權利及法令所定之一切事項。

第11條

商標註冊簿登載事項，應刊載於商標公報。

第二章　商標申請及審查

第12條

申請商標註冊者，應備具申請書，聲明商標種類及型態，載明下列事項：

一、申請人姓名或名稱、住居所或營業所、國籍或地區；有代表人者，其姓名或名稱。

二、委任商標代理人者，其姓名及住居所或營業所。

三、商標名稱。

四、商標圖樣。

五、指定使用商品或服務之類別及名稱。

六、商標圖樣含有外文者，其語文別。

七、應提供商標描述者，其商標描述。

八、依本法第二十條主張優先權者，第一次申請之申請日、受理該申請之國家或世界貿
　　易組織會員及申請案號。

九、依本法第二十一條主張展覽會優先權者，第一次展出之日期及展覽會 名稱。

十、有本法第二十九條第三項或第三十條第四項規定情形者，不專用之聲明。

第13條

申請商標註冊檢附之商標圖樣，應符合商標專責機關公告之格式。商標專責機關認有必
要時，得通知申請人檢附商標描述及商標樣本，以輔助商標圖樣之審查。

商標圖樣得以虛線表現商標使用於指定商品或服務之方式、位置或內容態樣，並於商標
描述中說明。該虛線部分，不屬於商標之一部分。

第一項所稱商標描述，指對商標本身及其使用於商品或服務情形所為之相關說明。

第一項所稱商標樣本，指商標本身之樣品或存載商標之電子載體。

第14條

申請註冊顏色商標者，商標圖樣應呈現商標之顏色，並得以虛線表現顏色使用於指定商
品或服務之方式、位置或內容態樣。

申請人應提供商標描述，說明顏色及其使用於指定商品或服務之情形。

第15條

申請註冊立體商標者,商標圖樣為表現立體形狀之視圖;該視圖以六個為限。

前項商標圖樣得以虛線表現立體形狀使用於指定商品或服務之方式、位置或內容態樣。

申請人應提供商標描述,說明立體形狀;商標包含立體形狀以外之組成部分者,亦應說明。

第16條

申請註冊動態商標者,商標圖樣為表現動態影像變化過程之靜止圖像;該靜止圖像以六個為限。

申請人應提供商標描述,依序說明動態影像連續變化之過程,並檢附符合商標專責機關公告格式之電子載體。

第17條

申請註冊全像圖商標者,商標圖樣為表現全像圖之視圖;該視圖以四個為限。

申請人應提供商標描述,說明全像圖;因視角差異產生不同圖像者,應說明其變化情形。

第18條

申請註冊聲音商標者,商標圖樣為表現該聲音之五線譜或簡譜;無法以五線譜或簡譜表現該聲音者,商標圖樣為該聲音之文字說明。

前項商標圖樣為五線譜或簡譜者,申請人應提供商標描述。

申請註冊聲音商標應檢附符合商標專責機關公告格式之電子載體。

第19條

申請商標註冊,應依商品及服務分類之類別順序,指定使用之商品或服務類別,並具體列舉商品或服務名稱。

商品及服務分類應由商標專責機關依照世界智慧財產權組織之商標註冊國際商品及服務分類尼斯協定發布之類別名稱公告之。

於商品及服務分類修正前已註冊之商標,其指定使用之商品或服務類別,以註冊類別為準;未註冊之商標,其指定使用之商品或服務類別,以申請時指定之類別為準。

第20條

本法第二十條第一項所定之六個月,自在與中華民國相互承認優先權之國家或世界貿易組織會員第一次申請日之次日起算至本法第十九條第二項規定之申請日止。

第21條

依本法第二十一條規定主張展覽會優先權者,應檢送展覽會主辦者發給之參展證明文件。

前項參展證明文件，應包含下列事項：

一、展覽會名稱、地點、主辦者名稱及商品或服務第一次展出日。

二、參展者姓名或名稱及參展商品或服務之名稱。

三、商品或服務之展示照片、目錄、宣傳手冊或其他足以證明展示內容之文件。

第22條

依本法第二十一條規定主張展覽會優先權者，其自該商品或服務展出後之六個月，準用第二十條之規定。

第23條

依本法第二十二條規定須由各申請人協議者，商標專責機關應指定相當期間，通知各申請人協議；屆期不能達成協議時，商標專責機關應指定期日及地點，通知各申請人抽籤決定之。

第24條

本法第二十三條但書所稱非就商標圖樣實質變更，指下列情形之一：

一、刪除不具識別性或有使公眾誤認誤信商品或服務性質、品質或產地之虞者。

二、刪除商品重量或成分標示、代理或經銷者電話、地址或其他純粹資訊性事項者。

三、刪除國際通用商標或註冊符號者。

四、不屬商標之部分改以虛線表示者。

前項第一款規定之情形，有改變原商標圖樣給予消費者識別來源之同一印象者，不適用之。

第25條

依本法第二十四條規定申請變更商標註冊申請事項者，應備具申請書，並檢附變更證明文件。但其變更無須以文件證明者，免予檢附。

前項申請，應按每一商標各別申請。但相同申請人有二以上商標，其變更事項相同者，得於一變更申請案同時申請之。

第26條

依本法第二十五條規定申請商標註冊申請事項之更正，商標專責機關認有查證之必要時，得要求申請人檢附相關證據。

第27條

申請分割註冊申請案者，應備具申請書，載明分割件數及分割後各商標之指定使用商品或服務。

分割後各商標申請案之指定使用之商品或服務不得重疊，且不得超出原申請案指定之商品或服務範圍。

核准審定後註冊公告前申請分割者,商標專責機關應於申請人繳納註冊費,商標經註冊公告後,再進行商標權分割。

第28條

依本法第二十七條規定移轉商標註冊申請所生之權利,申請變更申請人名義者,應備具申請書,並檢附移轉契約或其他移轉證明文件。

前項申請應按每一商標各別申請。但繼受權利之人自相同之申請人取得二以上商標申請權者,得於一變更申請案中同時申請之。

第29條

商標註冊申請人主張有本法第二十九條第二項規定,在交易上已成為申請人商品或服務之識別標識者,應提出相關事證證明之。

第30條

本法第三十條第一項第十款但書所稱顯屬不當,指下列情形之一:

一、申請註冊商標相同於註冊或申請在先商標,且指定使用於同一商品或服務者。

二、註冊商標經法院禁止處分者。

三、其他商標專責機關認有顯屬不當之情形者。

第31條

本法所稱著名,指有客觀證據足以認定已廣為相關事業或消費者所普遍認知者。

第32條

本法第三十條第一項第十四款所稱法人、商號或其他團體之名稱,指其特取名稱。

第33條

同意他人依本法第三十條第一項第十款至第十五款各款但書規定註冊者,嗣後本人申請註冊之商標有本法第三十條第一項第十款規定之情形時,仍應依該款但書規定取得該他人之同意後,始得註冊。

第34條

本法第三十一條第二項規定限期陳述意見之期間,於申請人在中華民國境內有住居所或營業所者,為一個月;無住居所或營業所者,為二個月。

前項期間,申請人得敘明理由申請延長。申請人在中華民國境內有住居所或營業所者,得延長一個月;無住居所或營業所者,得延長二個月。

前項延長陳述意見期間,申請人再申請延長者,商標專責機關得依補正之事項、延長之理由及證據,再酌予延長期間;其延長之申請無理由者,不受理之。

第三章　商標權

第35條

申請延展商標權期間，商標權人應備具申請書，就註冊商標指定之商品或服務之全部或一部爲之。

對商標權存續有利害關係之人，亦得載明理由，提出前項延展商標權期間之申請。

第36條

申請分割商標權，準用第二十七條第一項及第二項規定，並應按分割件數檢送分割申請書副本。

商標權經核准分割者，商標專責機關應就分割後之商標，分別發給商標註冊證。

第37條

申請變更或更正商標註冊事項，準用第二十五條及第二十六條之規定。

第38條

申請商標授權登記者，應由商標權人或被授權人備具申請書，載明下列事項：

一、商標權人及被授權人之姓名或名稱、住居所或營業所、國籍或地區；有代表人者，
　　其姓名或名稱。

二、委任代理人者，其姓名及住居所或營業所。

三、商標註冊號數。

四、專屬授權或非專屬授權。

五、授權始日。有終止日者，其終止日。

六、授權使用部分商品或服務者，其類別及名稱。

七、授權使用有指定地區者，其地區名稱。

前項授權登記由被授權人申請者，應檢附授權契約或其他足資證明授權之文件；由商標權人申請者，商標專責機關爲查核授權之內容，亦得通知檢附前述授權證明文件。

前項申請，應按每一商標各別申請。但商標權人有二以上商標，以註冊指定之全部商品或服務，授權相同之人於相同地區使用，且授權終止日相同或皆未約定授權終止日者，得於一授權申請案中同時申請之。

申請商標再授權登記者，準用前三項規定，除本法第四十條第一項本文規定之情形外，並應檢附有權爲再授權之證明文件。

再授權登記使用之商品或服務、期間及地區，不得逾原授權範圍。

第39條

申請商標權之移轉登記者，應備具申請書，並檢附移轉契約或其他移轉證明文件。

前項申請，應按每一商標各別申請。但繼受權利之人自相同之商標權人取得二以上商標

權者，得於一移轉申請案中同時申請之。

第40條

申請商標權之質權設定、移轉或消滅登記者，應由商標權人或質權人備具申請書，並依其登記事項檢附下列文件：

一、設定登記者，其質權設定契約或其他質權設定證明文件。

二、移轉登記者，其質權移轉證明文件。

三、消滅登記者，其債權清償證明文件、質權人同意塗銷質權設定之證明文件、法院判決書及判決確定證明書或與法院確定判決有同一效力之證明文件。

申請質權設定登記者，並應於申請書載明該質權擔保之債權額。

第41條

有下列情形之一，商標權人得備具申請書並敘明理由，申請換發或補發商標註冊證：

一、註冊證記載事項異動。

二、註冊證陳舊或毀損。

三、註冊證滅失或遺失。

依前項規定補發或換發商標註冊證時，原商標註冊證應公告作廢。

第42條

異議之事實及理由不明確或不完備者，商標專責機關得通知異議人限期補正。

異議人於商標註冊公告日後三個月內，得變更或追加其主張之事實及理由。

第43條

商標權人或異議人依本法第四十九條第二項規定答辯或陳述意見者，其答辯書或陳述意見書如有附屬文件，副本亦應附具該文件。

第44條

於商標權經核准分割公告後，對分割前註冊商標提出異議者，商標專責機關應通知異議人，限期指定被異議之商標，分別檢附相關申請文件，並按指定被異議商標之件數，重新核計應繳納之規費；規費不足者，應為補繳；有溢繳者，異議人得檢據辦理退費。

第45條

於異議處分前，被異議之商標權經核准分割者，商標專責機關應通知異議人，限期聲明就分割後之各別商標續行異議；屆期未聲明者，以全部續行異議論。

第46條

第四十二條第一項、第四十三條至前條規定，於評定及廢止案件準用之。

第四章　證明標章、團體標章及團體商標

第47條

證明標章權人為證明他人之商品或服務，得在其監督控制下，由具有相關檢測能力之法人或團體進行檢測或驗證。

第48條

證明標章、團體標章及團體商標，依其性質準用本細則關於商標之規定。

第五章　附則

第49條

申請商標及辦理有關商標事項之證據及物件，欲領回者，應於該案確定後一個月內領取。

前項證據及物件，經商標專責機關通知限期領回，屆期未領回者，商標專責機關得逕行處理。

第50條

本細則自發布日施行。

附錄四　海關查扣侵害商標權物品實施辦法

第1條

本辦法依商標法（以下簡稱本法）第七十八條第一項規定訂定之。

第2條

商標權人對輸入或輸出之物品有侵害其商標權之虞者，應以書面向貨物進出口地海關申請查扣，並檢附下列資料：

一、侵權事實及足以辨認侵權物品之說明，並以電子檔案提供確認侵權物品之資料，例如真、仿品之貨樣、照片、型錄或圖片。

二、進出口廠商名稱、貨名、進出口口岸與日期、航機或船舶航次、貨櫃號碼、貨物存放地點等相關具體資料。

三、商標註冊證明文件。

前項申請如由代理人提出者，須另附代理證明文件。

第3條

申請查扣有侵害商標權之虞之物品，應提供相當於海關核估該進口貨物完稅價格或出口貨物離岸價格之保證金或相當之下列擔保：

一、政府發行之公債。

二、銀行定期存單。

三、信用合作社定期存單。

四、信託投資公司一年以上普通信託憑證。

五、授信機構之保證。

前項第一款至第四款之擔保，應設定質權於海關。

第4條

海關就查扣之申請，經審核符合本法第七十二條規定者，應即實施查扣，並以書面通知申請人及被查扣人。

查扣之申請須補正者，海關應即通知申請人補正；於補正前，通關程序不受影響。

第5條

商標權人向貨物進出口地海關申請查扣後，於海關通知受理查扣之翌日起十二日內，未依本法第六十九條規定就查扣之侵權貨物提起訴訟並通知海關者，海關應廢止查扣，如無違反其他通關規定，於取具代表性貨樣後，依有關進出口貨物通關規定辦理。

前項期限，海關依本法第七十三條第二項規定，得視需要延長十二日。

第6條

被查扣人請求廢止查扣時,應以書面向貨物進出口地海關申請,並提供第三條核估價格二倍之保證金或相當之擔保。

前項之擔保,依第三條規定辦理。

第7條

因查扣物侵害商標權所提訴訟經法院裁定駁回確定或查扣物經法院確定判決,不屬侵害商標權之物品,申請人或被查扣人應以書面並檢附相關證明文件向貨物進出口地海關申請廢止查扣。

第8條

有下列情形之一,且無違反其他通關規定者,海關得取具代表性貨樣後,依有關進出口貨物通關規定辦理:

一、海關依前條規定廢止查扣。

二、被查扣人已依第六條規定請求海關廢止查扣。

三、商標權人已依本法第七十三條第一項第四款規定申請廢止查扣。

第9條

本辦法自發布日施行。

附錄五　海關執行商標權益保護措施實施辦法

第1條

本辦法依商標法（以下簡稱本法）第七十八條第二項規定訂定之。

第2條

商標權人認進出口貨物有侵害其商標權之虞時，得檢具相關文件向海關申請提示保護。

前項所稱提示保護，指商標權人在商標權期間內，向海關提示相關保護資料，經海關登錄智慧財產權資料庫之機制。

第3條

商標權人申請提示保護，應以一商標註冊號數為一申請案，檢具申請書及下列資料向海關為之：

一、足供海關辨認眞品及侵權物特徵之文字說明。

二、足供海關辨認眞品及侵權物特徵之影像電子檔（例如眞品、仿品或眞仿品對照之照片或型錄等），且影像內容應為經註冊指定使用之商品項目。

三、商標權證明文件。

四、聯絡方式資訊。

前項申請如經受理，海關應通知申請人；如不受理，應敘明理由通知申請人。

第4條

海關核准之提示保護期間，為自核准之日起至商標權期間屆滿日止。

商標權經商標專責機關核准延展註冊者，商標權人得檢具延展證明文件，向海關申請延長提示保護期間至延展後之商標權期間屆滿日止。

第5條

有下列情形之一者，海關得提前終止提示保護期間：

一、海關依第三條第一項第四款之資訊，未能與商標權人或其代理人取得聯繫。

二、在中華民國境內無住所或營業所之商標權人，與代理人解除合約或有其他使代理關係消滅之事由，未符合第十四條第一項但書委任代理人規定。

第6條

商標權人檢舉特定進出口貨物侵害其商標權時，應檢具下列資料向海關為之：

一、侵權事實及足以辨認侵權物品之說明，並以電子檔案提供確認侵權物品之資料（例如眞品、仿品之貨樣、照片、型錄或圖片等）。

二、進出口廠商名稱、貨名、進出口口岸及日期、航機或船舶航次、貨櫃號碼、貨物存放地點等相關具體資料。

三、商標權證明文件。

海關接獲檢舉時，應研判檢舉內容是否具體，如經受理，應通知商標權人；如不受理，應敘明理由通知商標權人。

第7條

海關於執行職務時，發現進出口貨物顯有侵害商標權之虞，應通知商標權人及進出口人。

商標權人及進出口人自接獲前項通知之時起，依下列程序辦理：

一、空運出口貨物，商標權人應於四小時內；空運進口及海運進出口貨物，商標權人應於二十四小時內，至海關辦公處所或海關核可平臺，確認進行侵權與否之認定，並於三個工作日內，以書面或於海關核可平臺以電子資料傳輸方式提出侵權與否事證。但有正當理由，無法於期限內提出者，應於該期限屆滿前，以書面或於海關核可平臺以電子資料傳輸方式釋明理由向海關申請延長三個工作日，且以一次為限。

二、進出口人應於三個工作日內，以書面或於海關核可平臺以電子資料傳輸方式提出無侵權情事之證明文件。但有正當理由，無法於期限內提出者，應於該期限屆滿前，以書面或於海關核可平臺以電子資料傳輸方式釋明理由向海關申請延長三個工作日，且以一次為限。

海關辦理第一項通知，得以言詞、書面、電話、電子郵件或傳真為之，並製作紀錄附卷。

海關辦理第一項通知時，如無法取得商標權人聯絡資料，得請求商標專責機關協助於一個工作日內提供。

商標權人接獲第一項通知後，得於海關核可平臺取得海關緝獲時所拍疑似侵權貨物之照片檔案，作為判斷是否進行侵權與否認定之參考。但海關提供之照片檔案，不得作為認定侵權與否之唯一依據。

第8條

經商標權人依前條認定進出口貨物有侵害商標權情事，並提出侵權事證時，海關應依下列程序辦理：

一、進出口人未於前條第二項第二款規定期限內提出無侵權情事之證明文件，涉有違反本法第九十五條或第九十七條規定者，應將全案移送司法機關偵辦。

二、進出口人於前條第二項第二款規定期限內提出無侵權情事之證明文件者，應即通知商標權人自接獲通知之時起三個工作日內，得依本法第七十二條第一項規定申請海關先予查扣貨物。

商標權人未於前項第二款規定期限內，申請海關先予查扣，如查無違反其他通關規定，海關得取具代表性貨樣後，依有關進出口貨物通關規定辦理。

第9條

海關執行前二條規定之商標權保護措施，有下列情事之一，且無違反其他通關規定者，應依有關進出口貨物通關規定辦理：

一、海關無法與商標權人取得聯繫，或未能於第七條第四項規定期限內取得商標權人聯絡資料，致未能通知商標權人。

二、商標權人未依第七條第二項第一款規定期限內至海關辦公處所或海關核可平臺，確認進行侵權與否之認定。

三、商標權人未依第七條第二項第一款規定期限內提出侵權與否事證。

四、進出口貨物經商標權人認定無侵害商標權情事。

第10條

依本法第七十六條第一項規定申請檢視查扣物者，應向貨物進出口地海關為之。

前項檢視，應依海關指定之時間、處所及方法為之。

海關為前項之指定時，應注意不損及查扣物機密資料之保護。

第11條

商標權人依本法第七十六條第二項規定申請提供相關資料者，應備具申請書，並檢附下列文件向貨物進出口地海關為之：

一、商標權證明文件。

二、侵權事證。

三、商標權人聲明自海關取得之資料僅限於侵害商標權案件調查及提起訴訟使用之切結書。

前項申請，經海關審核同意後，得以書面提供進出口人、收發貨人之姓名或名稱、地址及疑似侵權物品之數量。

第12條

商標權人依本法第七十七條第一項規定向海關申請調借貨樣，應以進出口貨物於現場進行侵權認定困難，需調借貨樣進行儀器設備鑑定；或具特殊原因經海關同意者為限。

前項申請應備具申請書，繳交保證金並檢附下列文件向貨物進出口地海關為之：

一、商標權證明文件。

二、調借人身分證明及授權文件。

三、商標權人聲明調借貨樣不侵害進出口人利益及不使用於不正當用途之切結書。

貨樣之提取，海關得對相同型號規格貨物取樣一式二件，一件海關拍照存證後供申請人調借，一件封存海關。

第13條

商標權人依本辦法所為之申請或檢舉，應以書面或電子資料傳輸方式提出。

書面提出者,以書面文件到達海關時間為準。但以掛號郵寄者,以交郵當日之郵戳為準。

電子資料傳輸方式提出者,以經海關電腦記錄有案之時間為準。

海關為查核申請人之身分或資格,必要時,得通知申請人檢附身分證等相關證明文件。

第14條

商標權人得委任代理人辦理本辦法所定相關事項。但在中華民國境內無住所或營業所者,應委任代理人辦理之,且代理人應在國內有住所。

代理人處理委任事務,應檢附載明代理權限之委任書。

第15條

依本法第三十九條規定經商標專責機關登記之專屬被授權人,在被授權範圍內,得檢附證明文件,以自己名義行使與負擔本辦法所定商標權人之權利及義務,並排除商標權人及第三人依本辦法為相同之申請。但授權契約另有約定者,從其約定。

第16條

本辦法有關申請人資訊、代理人資訊、提示保護真品及侵權物特徵文字說明、圖像電子檔及其他相關規定事項,如有變更,商標權人應向海關申請變更。

第17條

本辦法自發布日施行。

附錄六　商標審查官資格條例

第1條

本條例依商標法第三十九條規定制定之。

本條例未規定事項，適用公務人員任用法及其他有關法律之規定。

第2條

商標之審查官分為商標高級審查官、商標審查官及商標助理審查官。

第3條

商標高級審查官應具備下列資格：

一、符合公務人員任用法第九條規定，並具薦任第九職等任用資格者。

二、擔任商標審查官三年以上或於本條例施行前在商標審查機關擔任薦任第八職等商標
　　審查工作三年以上，成績優良並具證明者。

三、經商標高級審查官專業訓練合格者。

第4條

商標審查官應具備下列資格：

一、符合公務人員任用法第九條規定，並具薦任第八職等任用資格者。

二、擔任商標助理審查官五年以上，成績優良並具證明者。

三、經商標審查官專業訓練合格者。

本條例施行前在商標審查機關擔任商標審查工作五年以上，成績優良並具證明者，於取
得薦任第七職等任用資格時，得權理商標審查官職務。

第5條

商標助理審查官應符合公務人員任用法第九條規定，並具薦任第六職等任用資格。

第6條

商標審查官於本條例施行前曾在商標審查機關擔任商標審查工作之年資超過五年之部
分，得採計為擔任商標審查官之年資。

商標助理審查官於本條例施行前曾在商標審查機關擔任商標審查工作之年資，得採計為
擔任商標助理審查官之年資。

第7條

本條例所稱專業訓練合格，指研習商標主管機關舉辦之商標高級審查官或商標審查官專
業訓練課程，成績合格並取得證明者。

前項訓練，於晉升官等時，不得取代考試院辦理之晉升官等訓練。

第8條

本條例自公布日施行。

附錄七　商標規費收費標準

第1條

本標準依商標法（以下簡稱本法）第一百零四條第二項規定訂定之。

第2條

註冊申請費如下：

一、商標或團體商標，依指定使用之商品或服務類別合併計收之，其各類之金額計算方
　　式如下：

　　（一）指定使用在第一類至第三十四類者，同類商品中指定使用之商品在二十個以
　　　　　下者，每類新臺幣三千元；商品超過二十個，每增加一個，加收新臺幣二百
　　　　　元。

　　（二）指定使用在第三十五類至第四十五類者，每類新臺幣三千元。但指定使用
　　　　　在第三十五類之特定商品零售服務，超過五個者，每增加一個，加收新臺幣
　　　　　五百元。

二、團體標章或證明標章，每件新臺幣五千元。

依本法第十三條規定以電子方式申請商標註冊者，前項註冊申請費每件減收新臺幣三百
元；其全部指定使用之商品或服務與電子申請系統參考名稱相同者，每類再減收新臺幣
三百元。

第3條

註冊費如下：

一、商標或團體商標，每類新臺幣二千五百元。

二、團體標章或證明標章，每件新臺幣二千五百元。

本法中華民國一百年五月三十一日修正之條文施行前，註冊費已分二期繳納者，第二期
應繳納之註冊費如下：

一、商標或團體商標，每類新臺幣一千五百元。

二、團體標章或證明標章，每件新臺幣一千五百元。

第4條

申請延展註冊費如下：

一、商標或團體商標，每類新臺幣四千元。

二、團體標章或證明標章，每件新臺幣四千元。

延展註冊核准通知前撤回申請案者，得申請退還前項延展註冊費。

第5條

申請分割費如下：

一、註冊申請案，按分割後增加之件數，每件新臺幣二千元。

二、商標權、證明標章權或團體商標權，按分割後增加之件數，每件新臺幣二千元。

三、商標權、證明標章權或團體商標權，於異議、評定或廢止案件確定前申請分割者，依前款規定核計後，加收新臺幣二千元。

第6條

其他申請費如下：

一、申請變更註冊申請事項或註冊事項，每件新臺幣五百元；其於一變更申請案中同時申請變更多件相同事項者，依變更案件數計算之。

二、申請減縮註冊商標所指定使用之商品或服務，每件新臺幣五百元。

三、申請授權或再授權登記，每件新臺幣二千元；其於一授權登記申請案中同時申請授權多件相同事項者，依授權登記案件數計算之；如為再授權登記申請案者，亦同。

四、申請廢止授權或再授權登記，每件新臺幣一千元。

五、申請移轉登記，每件新臺幣二千元；其於一移轉登記申請案中同時申請移轉多件相同事項者，依移轉登記案件數計算之。

六、申請質權設定登記，每件新臺幣二千元。

七、申請質權消滅登記，每件新臺幣一千元。

八、申請異議，每類新臺幣四千元。

九、申請評定，每類新臺幣七千元。

十、申請廢止，每類新臺幣七千元。

十一、申請參加異議、評定或廢止，每件新臺幣二千元。

十二、申請發給各種證明書件，每份新臺幣五百元。

十三、申請查閱案卷，每件新臺幣五百元。

第7條

申請補發或換發註冊證，每件新臺幣五百元。

第8條

本標準自中華民國一百零一年七月一日施行。

國家圖書館出版品預行編目(CIP)資料

商標法——以案例時事理解商標法之實務運用／
曾勝珍，許琇雅著. -- 初版. -- 臺北市：
五南圖書出版股份有限公司，2024.02
面； 公分
ISBN 978-626-366-956-7(平裝)

1.CST: 商標法

587.3   112022555

1UG3

商標法——以案例時事理解商標法之實務運用

作　者 — 曾勝珍（279.3）、許琇雅

發 行 人 — 楊榮川

總 經 理 — 楊士清

總 編 輯 — 楊秀麗

副總編輯 — 劉靜芬

責任編輯 — 呂伊真

封面設計 — 封怡彤

出 版 者 — 五南圖書出版股份有限公司

地　　址：106台北市大安區和平東路二段339號4樓

電　　話：(02)2705-5066　　傳　　真：(02)2706-6100

網　　址：https://www.wunan.com.tw

電子郵件：wunan@wunan.com.tw

劃撥帳號：01068953

戶　名：五南圖書出版股份有限公司

法律顧問　林勝安律師

出版日期　2024年2月初版一刷

定　　價　新臺幣420元

經典永恆・名著常在

五十週年的獻禮──經典名著文庫

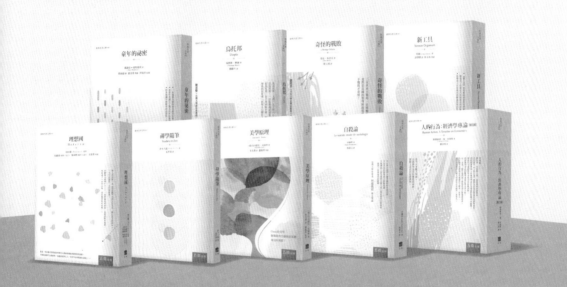

五南，五十年了，半個世紀，人生旅程的一大半，走過來了。

思索著，邁向百年的未來歷程，能為知識界、文化學術界作些什麼？

在速食文化的生態下，有什麼值得讓人雋永品味的？

歷代經典・當今名著，經過時間的洗禮，千錘百鍊，流傳至今，光芒耀人；

不僅使我們能領悟前人的智慧，同時也增深加廣我們思考的深度與視野。

我們決心投入巨資，有計畫的系統梳選，成立「經典名著文庫」，

希望收入古今中外思想性的、充滿睿智與獨見的經典、名著。

這是一項理想性的、永續性的巨大出版工程。

不在意讀者的眾寡，只考慮它的學術價值，力求完整展現先哲思想的軌跡；

為知識界開啟一片智慧之窗，營造一座百花綻放的世界文明公園，

任君遨遊、取菁吸蜜、嘉惠學子！